做好一人公司

李骅 著

自我觉醒的活法

机械工业出版社
CHINA MACHINE PRESS

这是一部深刻剖析个体在现代商业环境中如何独立以一人公司的商业形态立足的作品。

在职场不断内卷、中年失业压力、传统创业越来越困难的环境下，每个人都应该重新思考和定义工作与生活的关系。而回归内心、追求极简平衡的一人公司应该是每个人底线思维的"可选项"。

创立一人公司需要找到自己人生的"北极星"，以强兴趣为驱动，注重方法和实践。本书分为"认知觉醒""方法论""行动手册""参考案例"四个核心部分，引导读者从思想转变到方法建立、再到将理念转化为实际行动的过程，并以真实、多样的案例，鼓舞读者勇于迈出创立一人公司的第一步。

同时，这本书兼顾认知形态和商业形态，既指引读者自省、自知、自爱，在享受生命质量的同时找到自己真正热爱的事业，也能务实地以多种工具和思维指导一人公司的创立和迭代，具有适应时代的意义和支持个体成长的长期价值。

图书在版编目（CIP）数据

做好一人公司：自我觉醒的活法 / 李骅著.

北京：机械工业出版社，2025. 7. -- ISBN 978-7-111 -78660-3

Ⅰ. F241.4

中国国家版本馆CIP数据核字第20252EE598号

机械工业出版社（北京市百万庄大街22号　邮政编码100037）
策划编辑：曹雅君　　　　责任编辑：曹雅君　张雅维
责任校对：郑　婕　张　薇　责任印制：单爱军
保定市中画美凯印刷有限公司印刷
2025年7月第1版第1次印刷
169mm×239mm·16.25印张·1插页·237千字
标准书号：ISBN 978-7-111-78660-3
定价：79.00元

电话服务　　　　　　　　　网络服务
客服电话：010-88361066　机 工 官 网：www.cmpbook.com
　　　　　010-88379833　机 工 官 博：weibo.com/cmp1952
　　　　　010-68326294　金 书 网：www.golden-book.com
封底无防伪标均为盗版　机工教育服务网：www.cmpedu.com

写在前面的话

德国哲学家尼采说："不能听命于自己者，就要受命于他人。"

常常被外界左右者，易陷入被动；完全消解在外界中的人，将失去自我价值。

即便被哲人点醒，我们仍会迷茫。

因我们终其一生都在认识自己、寻找自己。

而在这个寻找的过程中，恰恰忘记了平凡才是自我的本质。

我们忘记了，光环、财富、职位、地位、赞誉，都是外部赋予的，都是干扰我们找到自己那颗微光之星的"光污染"。

当"光污染"不复存在，我们却恰恰忘记了自己本会发光。

我们平凡到如一草一木、一鱼一鸟。

我们和它们一样独一无二、天下无双。

我们也本应和它们一样自由而活、徜徉自得。

希望这本书能帮助每个人找到自己的平凡。

当我们明白自己为何而活，当我们发现了自己的那份独一无二的平凡，就能在平凡中找到自己的独特价值，实现心灵的自由。

这本书是我人生出版发行的第一本书。

在过去的数年"一人公司"的独行者之旅中，我的心灵自由让我：

• 不做"打工人"，做自由人；

• 不依赖外部，只向内求索；

• 对抗欲望，执着内核。

这是一本和心灵对话的书，引导你学会自省、自知、自爱。写作期间，我经历了自我成长、自我整理以及和过去的自己和解、告别的过程。我把它当作自己的"第三个孩子",也被她/他反哺。感谢她/他的到来。

这是一本涵盖多个创业和管理要素的书,可以作为你的一人公司模式定制的精简MBA工具书;它弱化理论、强调行动,也是一本实用的行动手册。比这两者更重要的是,我希望它能带来思想的碰撞,让你拥有洞开的思维和跳脱的顿悟。

这是我未来给孩子的遗产之一,我坚信直到我不在了,这本书仍在影响着更年轻的伙伴甚至我自己的孩子,让他们感受到我的精神仍在延续,也同时带给他们经济回报。这会是怎样的一种恩典。

这本书前期策划、内容编写以及案例收集都得到了我的策划人郭耕辰老师的无私帮助。她是部分灵感贡献者、出版顾问,也是首位忠实读者。感谢她不断地支持和反馈,让我在"独行"路上不再孤单。

书出版后,我将以此开启一人公司推广大使之路,以公益的方式帮助更多的小伙伴。让他们也能言传身教,帮助更多的身边的人甚至他们的子女,有选择"独行"的机会。也希望因此书的影响,每年可以找到并公益支持52个素昧平生的伙伴,践行我"周行一善"的公益目标。

听命于己,因你值得。

2025 年 6 月

目　录

第2章 方法论

从构想到落地的全链路拆解

第3章 行动手册

帮"独行者"在"按图索骥"中启航

第4章　参考案例

九个一人公司创业者的"入世"之路

寄　语

独行路上，与你同行

第 1 章 认知觉醒

一人公司是时代潮流

1.1

我们都被动成了"内卷"的"鞋店老板"

近年来，"内卷"变成了一个"超级流行词汇"。

"内卷"的英文是involution，与之对应的是evolution，即演化。可以简单地字面理解内卷就是"向内演化"。更泛化些讲，所有无实质意义的消耗都可称为内卷。在这个词变成"日常词汇"之前，先是以学术词汇出现的。

这个概念被经济学家韦森认为是由德国哲学家康德在《判断力批判》一书中最初提出的，后来由两位人类学家推动了这个概念的发展。一位是亚历山大·戈登威泽，他在研究新西兰毛利人的艺术图案时，发现它们是简单重复而没有创新的现象，称之为"内卷化"；另一位是克利福德·格尔茨，他在印度尼西亚调查时发现，爪哇岛因为资源和行政限制，农业无法向外扩展，致使增加的劳动力不断填充到有限的水稻生产中，农业内部变得更精细、更复杂，从而形成"没有发展的增长"的"内卷化农业"。

"内卷"被广泛引用始于2020年的互联网。最初用于描述高等学校学生之间非理性的竞争现象。随着互联网的传播，"内卷"一词开始流行起来，描述各个领域里因过度竞争、资源争夺而导致的个体收益与努力不成比例的现象，也被更形象地称为**"努力的通货膨胀"**。

为了更形象地解读"内卷"，智慧的网民创造了一个广为流传的"小镇鞋店"的故事：一个常年人口变化不大的小镇，有几家鞋店，稳定地供应着小镇居民。鞋店每天开业7小时，每周工作5天，达到了完美的平衡。直到一个从大城市迁来小镇的老板也开了一家新的鞋店，平衡被彻底打破。这位鞋店老板沿袭了他在大城市赖以生存的勤奋特质，每天开业11小时，每周开业7天。其他鞋店休息的时候这家鞋店还在营业，他自然卖了更多的鞋，获得了更多的收入。而其他鞋店老板为了防止被这外来的竞争挤压，也纷纷效仿。结果镇上的鞋店工作时长增加了一倍多，但需求并未增加，总收入不变，每家鞋店也并未增加收入。相反，因为鞋店老板的休闲时间变少了，镇上餐饮和娱乐的收入也因此减少。

结果就是：**随着人们付出更多的努力，收入却越来越低，生活质量也随之下降，周边人可能也会受到负面影响。**究其本质，是资源有限的情况下整体产出既定，个体或组织争夺资源带来的投入加大，从而个体、组织的投入产出比反而降低，效益下降。

遗憾的是，**我们似乎都在不知不觉中被动成了"鞋店老板"。**

职场上，别人主动加班，你不跟着加，老板总看到别人在工作，你的产出又比别人慢，老板的认可就更少，升职加薪的机会就更少，甚至被淘汰。不跟着卷，就逐渐被淘汰。跟着卷，遇到企业效益下行，集体降薪，多努力都一样跟着降，甚至无差异地被裁员。有朋友形象地说，<u>内卷就像"一群在下降的电梯里的人拼命比赛跳高"。</u>

大学生就业市场里，你要求 5000 元月薪，别人 4000 元就可以。硕士、博士也来和本科生竞争同一岗位，学历越来越高、对岗位的冗余度越来越高、薪资越来越低，大家似乎努力数年求学、使出浑身解数争取的，却是一个越来越差的结果。2024 年被中国网友戏称为"博士断崖式贬值元年"，甚至有了关于"博士快递哥"的报道，就业内卷的"激烈"程度可见一斑。

做生意的老板更是被内卷折磨得苦不堪言。根据北京统计局的资料，2024 年 1—6 月，北京限额以上的 2628 家餐饮企业，利润总额仅为 1.8 亿元，利润同比下降了 88.8%，利润率更是降至 0.37% 的低点。原因很简单：房租在增加，人工成本也在增加，而消费者的消费力不但没有提升，反而在"降级"。餐饮行业为了争夺客户，价格战就愈演愈烈，结果自然是内卷带来了"一损俱损"的局面。

传统产业也面临重大的挑战。以钢铁行业为例，中国钢铁工业协会发布的数据显示，2024 年中国钢铁工业协会重点统计企业实现利润总额 429 亿元，同比下降 50.3%。根本原因在于，在全球经济低迷的背景下，建筑业和制造业的发展放缓，导致对钢铁的需求下降，反而加剧了行业的恶性竞争。中国钢铁工业协会多次呼吁消除"内卷式"恶性竞争，回归产业健康可持续发展的道路。

不仅仅是在发展中国家，即便欧美发达国家在这场潮流里也难以独善其身，甚至波及更具创新力的科技行业。根据独立裁员追踪机构 Layoffs.fyi 的数据，继 2022 年和 2023 年大幅裁员后，2024 年美国 457 家科技公司裁员超过 13 万人。特斯拉、亚马逊、谷歌、TikTok、Snap 和微软等公司在 2024 年头几个月进行了大规模裁员；同时，2024 年美国申请破产的大小公司接近 700 家，创下近十四年来破产数量的新高。

内卷像浪潮一样，此起彼伏；波及范围之广，触目皆是。

它们不断冲向岸边，又不断把冲上来的鱼虾贝蟹卷入海中，就这样周而复始地重复着"无价值的疯狂"。

1.2
用工作和生活的再定义破解无解谜题

随着工作和生活环境的变化，我们面临的很多问题变得无解起来：

"公司的竞争越来越激烈，经营压力越来越大，压力传导到我身上，为保持原有的职位和业绩，我不得不向公司出让越来越多的时间。这样一来，属于我自己和家人的时间就越来越少，怎么办？"

"我本是后台岗位，但随着公司前中后台一体化要求的集约度和客户响应效率这两方面要求的不断提升，我要处理越来越多而复杂的同事和客户的关系。这并不是我擅长的，甚至开始让我感到焦虑和抑郁，但我又不得不做。怎么办？"

"我陪伴孩子的时间越来越少，我的压力越来越大，不但妻子抱怨、孩子与我越来越疏远，而且我经常陷入无助和自我否定之中。这种情绪还会反噬我的工作状态，让我的事业发展越来越困难。"

……

这些问题并不鲜见，甚至可能是普遍现象。如果我们继续深入思考，就会发现，这些问题无解的原因往往是因为如下一些要素的作用关系存在"不可逆性"：

市场竞争 ➡ 企业压力 ➡ 个人劳动时间 ➡ 个人压力 ➡ 家庭平衡

这些要素往往会形成一条链路，只要市场竞争不断加剧，这个链路就会持续向更极端的方向发展；只要竞争一天不会缓和，这个链路的每个环节就一天不可能"回滚"到昨天的样子，进而形成一种不可逆的持续恶化趋势。

对于无解的问题，如何求解？

我在IBM就职期间，IBM的内部培训中，曾有一句话对我影响至深：

All questions are the frame into which all answers fall.

——答案永远在被问题限定的框架里。

是的，问题与答案"同框"——我们只有打破这个框架，才有机会找到答案；框架就是一种定义，打破框架就是"再定义"。

在特斯拉诞生之前，人类的汽车工业已经发展了110余年。在不可逆的持续内卷环境下，2003年新入局的特斯拉重新定义了汽车：汽车的能源动力从汽油变为电能、驾驶模式从人工驾驶变为自动驾驶、更新模式从硬件更新变为软件更新（OTA）。马斯克通过遵循他一直大力宣扬的"第一性原理"重新定义了汽车，并在接下来的20余年里取得了巨大的商业化成功。特斯拉也成为汽车工业近140年来市值最高的企业。甚至在2024年10月，马斯克开始重新定义出租车，去除了常规汽车里的"方向盘、踏板和油门"，开启了无人出租车的时代。不仅是特斯拉，马斯克的SpaceX面向星辰大海，也重新定义了火箭和航空航天。

同样告诉我们"再定义"价值的，还有达尔文的生物进化论。当物种丰富到一定程度，某些生物已经失去了竞争力，它们通过强大的进化力重新定义了生物特征，形成了看似"不同寻常"的独特特征。于是有了"为逃避水中捕食者而长出翅膀的鱼""为了够到大多数鹿无法吃到的高处的树叶而长出长脖子的鹿",以及"为了在冰天雪地不被发现而全身雪白的熊"——类似的自然界现象比比皆是。虽然我们当下觉得这些现象司空见惯,但回退到进化前,这些生物无一不是在一个恶劣的环境下,为了与环境适配而艰难、长期地改变,最终重新定义了自身特征,获得了更长久的生存能力和种族繁衍能力。

回到我们当下的人类社会,我们的工作和生活在越来越多的无解困境中,都需要重新思考和被再定义:

- 我们的生意方式需要被再定义;
- 我们的雇佣关系需要被再定义;
- 我们的亲子关系需要被再定义;
- 我们的家庭关系需要被重新思考和再定义。

1. 再定义生意方式:简单、可持续、独特

不管你是不是企业主,你可能都要思考一个问题:我们如何做生意?

生意方式也可以称为商业模式。与其说重新定义生意方式,不如像马斯克的第一性原理一样,换一个问法:"如何回归商业本质?"

接下来我试图帮助大家找到答案。

首先,随着创新和创业的发展,这些年来,新的商业模式层出不穷。但随着内外部环境的进一步挤压,有一类商业模式将首先"回归",那就是"复杂的商业模式"。**越艰难的环境越能逼迫商业褪下层层外衣,凸显最本质的东西。**没错,那就是"复杂"的对立面——"简单"。

巴菲特说过,最好的商业模式就是沃尔玛这种买入卖出赚差价的生意模式。道理很简单,复杂意味着更多通路上的损耗或者更高的运营成本。如果你还需要讲一个从A到B,从B到C,从C再到D的故事,那不妨试着讲讲从A到D的故事。如果这个故事不成立,那么请重新思考这个生意到底能不能做。

所以，第一个重新定义生意的关键词就是"简单"。

其次，在越艰难的环境下，我认为，"保有现有局面的能力"比"打开新局面的能力"优先级更高。换句话说，"可持续性比成长性更重要"。

如何保持可持续性？

对外，回归到产品和客户双驱动，以更具竞争力的产品和更极致的客户服务及用户体验来驱动商业。这依然是任何时代都不变的逻辑。回想我们身边的商业，那些"靠关系的""靠特殊渠道的""吃政策红利的"，都不长久——因为没有回归到产品和客户这两个核心上来持续优化，短暂的绽放背后是长期的枯萎。这种商业是"花"，而我们希望打造的是更持续发展的"木"。

对内，员工的可持续性产出和创新能力在艰难的环境中更应受到关注。虽然大规模裁员、劳动力大规模流失已经成为越来越普遍的现象，但在这种环境下，仍不乏裁员少、人员流失率低的企业，恰恰用员工的稳定性证明了企业的竞争力。因为主动或被动的人员变动都是生意不可持续的代价——当开支很难压缩，收入又持续低迷时，最容易的操作就是裁员；企业的"昙花一现"结束后，长时间无法有新的收入来源产生，进取型的员工看不到希望，也会纷纷"出逃"，投奔可持续性经营能力更强的企业。

另一个值得关注的参数是"人均创收"，即"企业总收入/企业总人数"。每个行业的人均创收标尺不同，但假设在自己的行业里，这个参数可以达到行业前1/2甚至前1/4的区间，就代表人员数量控制在了合理范围内。否则仍需进一步压缩员工数量。这个参数的背后逻辑是，把企业中每个个体都单独拿出来核算，如果每个个体都可以赚钱，那企业就有更大的概率可以持续赚钱。

假想一家企业，持续经营产品和客户，组织精简、员工变化不大、人均创收持续提升。这样的企业就是在"步步为营"，一直做得比之前更好一点，这种长期可持续性反而可以带来更强的成长性。在我看来，这就是这个时代的"王者"。

所以，第二个重新定义生意模式的关键词就是"可持续性"。

第三个重新定义生意模式的关键词是"独特"。

这是在简单和可持续之外更进取的追求——因为独特意味着竞争力。巴菲特也提过三个特别关注的企业经营独特性的类型：

一是某种特别商品的卖方，比如可口可乐、吉列，它们都是独特的存在，不需要和其他产品竞争。

二是某种特别服务的提供方。而且这类服务的提供方和接收方都需要具备广泛性，既不是特定群体买，也不是特定群体（如精英团队）卖。否则供需关系都可能不稳定。但在中国这类企业往往处于垄断局面，比如国家电网、中国邮政等。

三是大众有持续需求的商品或者服务的卖方与低成本买方的统一体。比如沃尔玛，薄利多销的广泛性使得它既是低成本的卖家，也是低成本的买家。但这种壁垒往往是需要时间来形成的。

不可否认，这三种具备经营独特性的实现都有难度：有的需要一个非常独特且有吸引力的产品，有的需要独特的服务体系，有的需要更长时间的优化。但只要在简单和可持续的基础上，一直沿着这三个方向之一探索，就有机会在稳定生存的基础上谋求长期的发展。

比如在新人工智能时代来临的当下，所有的科技产品都可以被重新定义和优化。有些垂直行业的巨头，比如设计、教育、传媒，已经在"革自己的命"，创造全新的经营模式，但也依然有后来者可以弯道超车，找到一个切入点做出爆品。

简单有效、可持续发展且有独特性，抓住这三个关键点，新的生意模式就非常有可能被重新构建。

2024年11月01日

虽然一直都有这些思考，也零零散散地录制过相关的短视频（发布于微信视频号"日咖夜酒李教头"），但形成完全逻辑清晰的脉络仍需精细打磨。这个过程不错，"输出倒逼输入"，自我持续精进。以后想不清楚的事，不妨写下来试试。

2024年11月02日

先父十年，祭奠留白。

2. 再定义雇佣关系：平等、自由

谈完"生意模式"，我们再向生意模式的"拥有者"——企业主或者雇主说几句。曾经的雇佣关系是什么？

雇佣关系的本质是基于利益交换的合作。但坦白说，雇佣关系并不是一种优秀的合作关系，而是社会化妥协的产物。劳资双方不管企业多么宣扬员工的价值，不管员工多么声名显赫，都必然会形成一种不对等的地位。究其本质，在企业中，最核心的权力其实是决策权和话语权。这两项权力大多数被雇主掌控，雇员大部分时间只能被动接受。很多雇主会说，我们代表市场利益，代表客户价值，我们以企业的"使命、愿景、价值观"行使任何决策。但哪个雇员又决定了这样的顶层设计？不都是入职这家企业之后被动接受的结果？有了这两项权力，雇主本质**"希望以最低成本获得最高人力价值回报"**的资本逻辑就终将实现，而雇员本质上**"希望以最小的付出获得最高薪酬回报"**的诉求就越来越难以满足。正是在这两个有强烈利益冲突的本质问题面前，矛盾永远无法调和。

当然，不乏优秀的企业，通过良好的经营机制缓解了这些矛盾。比如有效的内部沟通机制、员工参与计划、工会监管机制等，但只能做到量的优化，不能做到质的改变。试想，当公司面临生死攸关的时刻，这些机制是否还能确保以雇员利益为重？那个时刻，前面提到的不可调和的矛盾只会进一步被企业的压力撕开更大的"口子"。

那么，又回到"打破框架的再定义"的解决方法上——在艰难的环境下，雇佣关系如何重新再定义？

答案就在前面矛盾来源的反面。

再定义雇佣关系的第一原则是**平等**。

虽然企业都在宣称平等，但看三个环节就可以判断是否真的平等：

第一，初始环节，薪资体系是否和雇主完全一致？这不只是职级带来的固定薪资和奖金体系，还包括期权、股权和额外激励。假设一个公司的联合创始人或合伙人在公司设立之初就获得了10%的股权，那么平等意味着当有一个员工也达到了这位联合创始人或合伙人为企业带来的价值和持续贡献能力时，也有资格获得等同的股权。但事实是，不管是因为初始的股权设计不够支持还是雇主的观念不够支持，能做到这一点的企业在我看来实数凤毛麟角。还有虽然有的雇主甚至不如高阶的雇员薪资高，也只是"表面文章"，每年雇主都可以以各种独特的名目获得丰厚的"特别津贴或分红"，这也是初始薪资体系不一致的表现。

第二，过程环节，发展的机会是否一致？作为企业的核心资产，人力资源的核心命题就是让包括雇主和雇员在内的每位员工都有不断成长的空间，进而带来企业的增值。但在这个问题上，存在进退两个命题。给予足够的培训、工作机会、企业支持可以无差异，但员工有了成长是否能给予更大的空间，不能适配的人是否会出让空间给更适配的人？对这两个问题，每个企业都很难给出满分的答卷。尤其是第二个问题，大多数是"不及格"甚至"零分"。雇主和管理者因为不适配也可以退出，这是企业利益最大化视角的公平。我们看到过很多创始人主动或被动出局的故事，但大多数出于资本压力。如果没有投资人或外部压力，单纯以内部最公平的视角来考评，依旧可以全体范围内"可进可退"，这样的企业我目前还没看到。这也解释了一家企业的成长的"天花板"往往等同于雇主的"天花板"，更有能力的雇员也只能等待雇主的自我成长，或者不愿等待而选择离开。这是人性，也是资本家的劣根性。

第三，冲突环节，是否有公平的裁决？无论劳资关系还是其他法律纠纷，当矛盾出现时，雇主和雇员往往处于不同的"能量"层次。雇主通常拥有更多的信息和资源，更强的处理法律纠纷的经济实力，以及法律顾问长期提供的主动防御机制，这使得雇主处于证据链上的有效地位。虽然法律给予了劳动者一些权益保护的倾斜，比如最低工资、工作时间限定、劳动合同保护等，但对企业来说，这些最终仍是一个经济性的问题。在更大、更复杂的纠纷面前，雇员因为前面提到的原因，往往处于弱势地位。缺乏底线思维的公平性，自然很难保证关系的平等。

所以，如果你真的希望再造雇主关系，再造公平性，可以试着努力让前三个问题的答案是"Yes"。否则，永无"再定义"的机会。

再定义雇佣关系的第二原则是**自由**。

如果一个雇员高度坚守商业边界、能力完全可以胜任甚至超额胜任岗位、高度遵循公司的基本原则和业务准则（我在此将其简称为"三高雇员"），那么，就不该限定雇员的自由。自由度越大，主观能动性越强，产出效率越高。

一些如乔布斯、马斯克等优秀的企业创始人都提出过类似"优秀的人才不需要管理"的观点，就是这个道理。在我看来，限制这类"三高雇员"的自由有两种可能。一是因为无法做到企业都是"三高雇员"，往往有大量普通的甚至低质量的员工掺杂其中，又无法针对不同的人定义不同的规则，让这个群体也被动地受限了。另一种情况是雇主的心胸和思维限定，不希望"三高雇员"可以冲破自己的"天花板"。当然，后一种情况大概率长期看是伪命题，因为这样的雇主也很难长期拥有"三高雇员"。

所以问题很清晰地摆在面前。不得不有规则限定的时候，如何还能使得"三高雇员"有足够的自由？在我看来，这就是"权衡利弊"的问题：一些普通雇员因为获得自由可能带来的企业损失和"三高雇员"可能带来的利益一起来平衡，最后可能是怎样的结果？这是一个最简化的思维方式。

如果你的结果是利大于弊，那么索性丢掉你那么多以为很重要的规则、条条框框、繁文缛节、汇报总结，让你的"三高雇员"挣破牢笼，从此起飞吧。

大多问题越是究其本质，就越能接近真相。

2024年11月03日

送女儿去下象棋，在宣武门的Tims咖啡完成此部分。虽然字数不多，但自我感觉良好，观点闭环，完成了自洽过程。

开心之余和我的联合策划人郭耕辰商议了"创作者日记"和"感性时刻"入书的思路。前者为了以第一人称视角让读者感知笔者书写这部分内容时的环境、心境，后者是为了在理性支配的逻辑思维"烧脑"一段时间的读者"换换脑子"，从左脑切换成右脑，进入感性的轻松和自然之中。

3. 再定义亲子关系：开放批判、共生共荣

我们不妨把"再定义亲子关系"这个主题"一拆为三"：**重新定义父母、重新定义子女、重新定义二者的关系。**

重新定义父母

曾经的父母是什么？是权威，是压力，是不可挑战的。

这本身是一种落后，但为什么持续了那么多代？因为群体的落后在时代进步的潮流里被淹没了。所以虽然落后，但看起来结果还不错。其实这是一种假象，不是父母的"对"，而是时代的"对"。

下面这个具象化的公式可以直观地表达这一现象：

过去：0.5（父母效能系数）×1.2（时代效能系数）=0.6（综合效能系数）；
现在：0.7（父母效能系数）×0.8（时代效能系数）=0.56（综合效能系数）。

这个公式表明，即使父母的效能提升了40%，依旧可能被时代效能的衰减所摊薄，导致结果不如低效时代。换句话说，**你在父母的角色上努力更多、做得更好，结果反而可能比原来更差。**因为环境变化了。需要说明的是，这里的时代效能系数的衰减，不是时代的落后，而是时代红利的缺失带来的效能降低。可以简单理解为同样的努力产生回报的不同，以及同样提升带来的认可度的变化等，类似于经济学中的敏感性分析逻辑，可以说**"效能提升的敏感度降低了"**。

这些数字并非量化分析的结果，而是定性的体感。相信每位读者都有自己最直观的感受和印证。所以现在的父母需要迅速脱胎换骨，成为"新一代的父母"。

想以新一代的父母重构父母角色，新一代的父母又具备什么特征？

我的理解有16个字：

"开放包容。时间重构。终身学习。科技适应。"

开放包容很容易理解，其实就是一种心态。

这种心态不只是与跨时代的孩子建立平等性和接纳性，还包括在全球化的环境下对不同的文化和生活方式的接受度。当然，这最容易解释的一项也是最难做到的。受原生家庭背景、自身性格以及所处环境的影响，这种心态往往需要更高的能量。暂时无法做到的，只能努力提升自身的能量。能量越进阶，越期待和外界广泛交换，对抗熵增，就自然越开放。如何提升能量是一个更系统性的话题，在此不作展开。

时间重构的核心命题是如何增加亲子的时间。假设你原来工作和生活的时间配比可能是8∶2，生活里孩子又至少占一半，那么工作和孩子的时间配比可能就是8∶1的关系。现在无论用什么方法，都要把这个8∶1调整成6∶2或者5∶2.5，甚至4∶3。

为人父母的中年人处于事业的冲刺阶段无可厚非，但有没有想过，现在父母优化的性价比低于孩子优化的性价比——因为前面提到的"时代效能系数"衰减的原因，孩子现在或未来需要接受的挑战比父母大太多了。如果时间是一种投资，父母和孩子看作一个利益共同体，那么投到孩子身上远比父母身上回报高。明确了这一点，时间重构的原则和优化方向也就无须多言了。

关于终身学习，因为父母一旦停下学习的脚步，在那一刻，孩子的教育天花板就形成了。

你都没有真正融入这个新的时代，你都没有更好地理解当下的新竞争、新格局，你也没有更好的知识体系去形成新的自我闭环，如何能教育子女与时俱进，不被淘汰？道理简单至极，但遗憾的是，大多数父母都在掩耳盗铃。

科技适应。 当下的环境中，科技太重要了。科技不但改变了几代人的命运，而且会以更大的加速度改变下去。也可以说，科技在卷着整个世界，每个人都无差异、不可选择地身在其中。

还是那个道理，在一个快速发展的时代，会不会用电脑、有没有学习科技的能力，都不是大缺陷，因为潮流就在那里。但科技发展到今天，正在或即将形成量变积累的质变效应。毫不夸张地说，新时代的人工智能可能随时把父母的饭碗干翻，也可能把子女未来的饭碗干翻。如果是这样，你还能像爷爷奶奶那样，迷茫地看着电脑，面对各种手机App不知所措吗？

不夸张地说，谁能懂得运用科技，懂得驾驭AI，谁就能在社会中占据主动。父母不学习、不理解、不适应，孩子跟着父母懒惰、迷糊、得过且过，总有一天会被时代淘汰，全家"沦陷"。

重新定义子女

如果子女这个角色的关键词在祖辈是"顺从"，上一代是"平衡"，下一代或许应该是"批判性思维的能力"——独立思考、辨别真伪；不盲从、不屈就于压力——事实上，这本身就是一种强生存能力。

这样，我们的孩子将总能保持清醒，回归事物的本质，这在环境糟糕的时候尤其重要。试想，对于自然界的动物，最重要的是什么？永远是食物和生存。不管在风调雨顺还是冰天雪地的环境下，从未变过。而人作为高等生物，常常在风调雨顺的时候歌舞升平，在冰天雪地的条件下怨天尤人。如果在"风调雨顺"时可以克制收敛，而不是纵情享乐；在"冰天雪地"中努力破局，危中寻机，而不是自怨自艾，一蹶不振，这将是人类的进化，更加回归本质和遵循自然规律的进化。

除了基于第一性思考的以生存为导向的适应力之外，子女还应该学会的是自主学习能力。原来孩子的学习90%都是被动的——被父母安排到学校就读、被安排到课外班上课、被安排到音乐机构练琴，等等。我和我服务过的很多投资人和创业朋友经常探讨一个问题：AI时代，孩子学知识、学技能、学才艺的意义是什么？可能大部分都会被AI替代，或者通过AI在受过训练和没受过训练的孩子之间无差别地实现。我们最终的答案是"学习能力"。

以我最喜欢的运动"爬山"为例，我们需要的是爬山的能力，而不是你上过哪些山的"履历"。因为大部分山都可以有不同的交通工具带你登顶，但你在过程中的体会和解决问题的能力是无法替代的。这个社会信息爆炸、知识爆炸，对如何甄别、如何利用、如何迭代，子女在这个问题上的要求要高于父辈、祖辈数倍。为什么需要自主？道理很简单，因为你的父辈和祖辈大部分也没有太多这种经验，父母是那些持续、卓越的创业者和企业家的除外。

当然，创新能力也是至关重要的。当下的时代，已经没有什么标准的生意、标准的工作流程、标准的业务体系等着你去做了，我们面对的大多数都是"非标的机会"。所以，基因里带着创新力的孩子，看问题的角度都是完全不同的，就更有竞争力。当然，创新力是和自主学习关联在一起的。

重新定义父母和子女的关系

说完父母、子女的再定义，再说父母和子女二者之间的关系的再定义。

这个问题倒推来看也简单了。我们描述了一个再定义后的理想的父母形态和子女形态，那么他们的互动关系就是理想的亲子关系。

我们再回顾一下——

父母：开放包容。时间重构。终身学习。科技适应。

子女：有批判思维。强生存意识。自主学习。创新精神。

你会发现这几项出奇的相似，就像一个硬币的正面和反面。所以简单地做个连线，加个"共同"，答案就有了：

共同开放、包容地看待对方，看待世界。

共同保持生存意识和学习能力，共同与科技接轨，与创新同行。

再加上父母的时间重构后释放出几倍于原来陪伴孩子的时间，就完整了。

说起来容易做起来难。因为不是每个人都有这样自我解构和再造的能力。但我们不妨描述一个场景，体会一下这样的亲子关系的美妙。

说一个最近我经历的场景，我入手了一部最新的VR（虚拟现实）头显设备，开始了一段对新鲜事物的探索。孩子对这种新鲜事物往往会经历从好奇到着迷，再到冷淡的过程。这其实是因为没有把前面提到的一种最佳的亲子关系通过VR这个新渠道建立起来。

我们可以尝试开放、包容。父母也充满好奇的探索，和孩子一样渴求。所有的功能、所有的体验可以充分交流，哪些好？哪些欠缺？为什么会欠缺？进而可以研究这个设备的机理。接受度和学习能力就都在这个过程中被体现、被激发了。

孩子完全可能会有一些独特的视角。我的四年级的女儿告诉我她的一些想法：一些学校要求的社会实践类的作业，可以戴上VR头盔，以第一视角的方式录制短视频，比手机要更真实；她想学习的乒乓球，可以在这里没有障碍地练习一些从没试用过的招式，实地打球的时候就没有了障碍，直接有了手感；她甚至还会开脑洞地想，如果是两个VR，虚拟现实交互的部分和现实的部分同时发生，会怎样？如果VR也是一种虚拟设备，世界被二次虚拟化又会怎样？

充分和孩子基于这些开放的思考、不拘一格的行为去体会和实践，会非常有收获。当然，这里需要的一个增量就是时间。有借口、有理由去压缩陪伴孩子的时间的父母其实永远没有革新的机会。很多人说，人在江湖，身不由己。但其实成年人都懂得，想做的事总能做到。如果你的工作是"996"，可以考虑更换一个有更多空闲时间但收入可能打些折扣的工作，少赚的钱就当换成陪孩子成长的投资，依旧是值得的；如果你总需要应酬，晚上很少在家，思考一下多少是无效社交，按照"二八原则"的逻辑，把酒局、饭局压缩到之前的四分之一，大概率也不会影响大局。所以还是那句话——"思想决定行动"。

2024年11月04日

这部分行云流水、一气呵成，因为不吐不快。或许也同时带有一定的"批判性"和"情绪性"。亲子的问题往往是仁者见仁、智者见智的，有一个声音出来，就一定有另外的反对声音。但正念和正和永远没错。这些在我因为重构自我、释放出更多的亲子时间后，感触越来越深。

感性时刻

你不必

你不必博爱
你只需认真爱自己
用极致自爱后外溢的部分爱别人

你不必博学
你只需持续好奇
就可以在终生学习中保有源头活水

你不必乖巧
你只需底色正直诚实
性情也好沉默也罢都是你最完美的样子

你不必富有
你只需内心充盈
外界起伏变化的日子里只向内求索

你不必接纳一切"必须"
你只需自洽并接纳不完美的自己
在深海、险滩、峭壁、沼泽之间
如水一般的
活着

（写给挚爱的女儿Amy、儿子Allen）

4. 再定义家庭关系：个体独立、网状连接

中国大概是这个星球上最重视家庭关系的国度之一。

在中国的传统观念里，亲情被视为最重要的关系，通常凌驾于其他所有社会关系之上。在这个高优先级的定义之下，长辈被"赋予"了亲情关系里更高的地位，即"尊老"，甚至"老吾老以及人之老"；子女在长辈之下，"理应"负有对长辈的责任和义务，甚至"膝下有黄金"；兄弟姐妹之间，因先天性的血脉联结，"应该"比其他关系有更高的团结互助的要求，正所谓"兄弟齐心，其利断金"。

这是中国的传统观念，也是一种美德。但如果你留意我加了引号的几个词，就会发现两个特征，一是这些是外界施予的，二是"准则化"。也就是说，这种道德属性的概念已经被强加形成了准则化的要求。当然，外界施予准则本身并没有问题，但我们会发现，无论是一个国家的宪法，还是我们引以为傲的民族企业华为的"华为基本法"，以及我受雇于IBM时公司极力要求员工履行的商业行为准则（Business Conduct Guideline，简称"BCG"），都指向一种"底线思维"。也就是说，如果做不到，将破坏一个国家、一个企业或一个组织的社会关系。但显然，前面提到的家庭关系的观点，并非基于底线思维形成的准则。

对比分析世界另一头的美国，家庭关系显得更扁平和"松散"。美国家庭趋向于"网状结构"，而不是中国家庭的"塔式结构"，就像这张图中的多个点互相联结，每两个点之间的"连线"并无粗细和图层的差别，每个点也并无大小和图层的差异。也就是说，各个成员更注重相互独立和彼此平等尊重，不因血脉、辈分存在特定的优先属性。

在这两种对比之下，我们可以想象，当巨大的震荡来临时，"塔式结构"和"网状结构"哪个更稳固。所以这是我们需要重新定义家庭关系的一个启示。家庭关系的本质是基于血缘、婚姻和收养等法律承认的关系而形成的亲密社会联结。它包括了特殊的亲密性的福祉追求，但更是存在于普遍性的社会关系的前提下。社会关系的核心就是前面提到的那张网里的"点"和"线"，也就是**"个体"**和**"联结"**。

个体属性不应在家庭关系里迷失或沉沦。

美国人高度评价个体独立和个人主义，家长也会向孩子灌输这种观念，希望孩子保护好自己的"私域"。这样的好处是，当所有的"线"因为各种原因切断或消失时，"点"都不受影响，而不至于要承担"骨肉分离"式的个体再建设。反过来想，**保有个体生理和心理的健康，是任何社会关系能存续的基石**。

所以，重新定义家庭关系，首先要像美国那样，重新定义每个个体。我希望祖辈常挂在嘴边的"敢和老子顶嘴，反了你了"，以及父辈常说的"连你都是我的，我有什么不能看的""他可是你亲哥哥"这些观念，能在下一代和下下代个体的独立性逐步增强的发展之下彻底消失。子孙也好，兄弟姐妹也罢，首先是一个独立、鲜活、有独立判断和见解的人，有独立的人权、人身自由和个体隐私，不存在任何从属关系、上下级关系和依附关系。这一点看似简单，但最简单的底层思维却会决定很多行为方式：

X："走，和妈妈去参加这个艺术展，它非常棒，能培养你的审美情趣。"

Y："你是否喜欢参加艺术展？如果你喜欢，且希望我陪你，我们可以一起。"

如果家庭中永远是"Y"的沟通和行为方式，那孩子的人格注定是独立和健康的。

联结属性以"保有"为原则。

家庭关系的各个线段，如果组成的是一张独特的社交网络，这张网络的健康度以"木桶短板"理论为准，取决于最薄弱或者缺失的那一项。因为如同用渔网捕捞一般，单个线段的破损会造成网络效应，最终导致整张网的破裂。所以在这个问题上，我一直认为保有比健壮更重要。

回到前面的问题，我们在建立家庭任何联结的过程中，首先需要考虑的是"底线思维"而不是"上限思维"。我们常会看到父母和子女因为一套房子断绝关系，兄弟之间因为争夺继承父母的财产反目为仇，这些都是把底线思维和上限思维混杂在一起的结果。底线思维就像前面提到的准则，在每件事上有独立的运作规律和无异于其他社会关系的处理原则，这是加载家庭关系这一层的基石。简言之，就是"任何特殊关系都需要建立在普通关系之上"。

这在压力大甚至极端的环境下尤其重要。当亲人变故、失业破产接踵而来时，任何"拉力"不会因为一个"线段"的拉紧而传导到"另一个线段"，是对另一个线段最好的保有策略。这样只需重新恢复"故障线段"，而不是一损俱损，最后只能通盘修复。这在家庭之间的借贷关系的问题上时有发生。也有老话"救急不救穷"，这是一种很明智的处世哲学，但这个原则在家庭关系上时常失效，使得一人的困境常常会成为全家的不堪。

同时，在中国还有一个隐性的"规则"，就是亲子关系优先于夫妻关系，不管你承认不承认。结合前面对于个体和联结的分析，这个"规则"的弊端也就不难理解。两个"线段"并没有主次、层级关系，否则夫妻关系的破裂往往会以亲子关系为代价。相信这样的事在你我身边都已司空见惯，绑架了子女也绑架了夫妻。但相反，之所以这种情况很少在美国发生，就是因为充分尊重了个体和联结的独立性。重新定义家庭关系，在中国的当前环境下，要从重新定义亲子和夫妻关系的平等性出发。

再有一个视角，就是"所有的关系之间都有关系"。也就是说，一个关系的优化，可能会反哺其他关系以及个体。夫妻关系优化，亲子关系自然就好了；兄弟姐妹和睦，父母和子女的关系也会随之改变；整个家庭和睦，家庭里的个体的事业发展也就往往越顺利。因为能量是流动的，是可交换的。这是正向思维。反向看，在极端环境下，家是安全的底线、温暖的港湾，还是压力的加持、双重甚至多重暴击，决定了家庭里的个体可以有多大的发展空间。这一点恰恰是中国传统家庭意识的沿袭和发展，是中国家庭的优势所在。

保有个体独立性、家庭关系的独立性，加强各种家庭关系的正反馈，这样的家庭既纯粹又温暖，这才是人间该有的福祉和社会进步的基石。

2024 年 11 月 05 日

> 一边写这段文字，一边发现自己的"理工男"思维方式——把个体看作"点"，把家庭关系看作"线段"——不过可以让读者把抽象的思维具象化，似乎更容易理解和接受。

1.3
用交换与融合体会家庭和事业的浑然天成

现在开始，准备重塑你的人生吧——以一种全新的生活态度和思维方式。

过去，工作和生活、事业和家庭距离很远。甚至处在两个时空之中。偶尔讲到的"工作与生活平衡"（Work-Life-Balance）也只是一种"时空的平衡或度让"：我可以工作时更努力，休假时更彻底；我可以保有自己的私人空间，不与工作圈交叠；我可以用工作之余的兴趣爱好对抗工作带来的压力……

但如果换一种生活态度和思维方式呢？

首先需要明确的是，我们这里提到的"生活"是广义的，和前面的狭义概念不同，甚至可以包括工作的部分。除了终点的死亡，"生"和"活"就是我们经历的起点和过程，是我们的一生历程。

那么生活态度是什么呢？在我看来，就是对生活的理解。**对一件事的理解视角不同，就会有完全不同的解读。**就像拼多多、京东和淘宝，同样是电商，对于交易的解读不同，就形成了泾渭分明的不同方向的平台；很多孩子，他们的父母都是同一工厂同一级别的工人，上一样的中学、一样的大学，毕业后十年再相聚，从商的、从政的、自由职业的，千差万别。**对职业的解读不同，也就会有不同的走向和体验。**

不夸张地说，除了基因带来的分化之外，个体的分化都是从态度而来的。但同时，人作为生命体，不管怎么分化，其终极目标都是一样的。既然每个人生活的终点是一样的，对生活大可不必只是相对单一或者从众的态度。我们无法选择起点和终点，那就为过程而活吧。当然，态度也不是一成不变的，我们完全可以随着环境的变化不断地思考这个问题。

我们上一节中提到的"再定义"，也是在把工作和家庭分割开来思考的。我们试着实验性地把生活里最重要的这两个要素放在一起，做些交换和融合，看看会怎样？见图1-1。

也就是说，工作再定义的核心"换给"家庭，家庭再定义的要素"换给"工作——我们就得到了这样的交换结果：

- 个体独立地工作，保有和外界的联结，形成扁平的网状；
- 组建简单有效的家庭，注重家庭的可持续性发展（有生命力）和独特性（有趣）。

结果是不是让人既惊讶又期待？

这样的工作，不内卷，不依附；这样的家庭，不复杂，不乏味。

之所以要素可以交换，是因为每个要素都是基于底层思维产生的。而工作和家庭，本都是生活的一部分；生活本就是一个整体，只是人和社会刻意地把他们区分了。如果底层要素有效，你完全可以以家庭的理念设计工作，以工作的精神对待家庭。

我们继续把工作里最重要的"雇佣和被雇佣"关系和家庭里最重要的"父母和子女"的关系做一个交换，于是有了：

- 平等、自由、可持续地维护亲子关系；
- 开放、共生、共同进步式地实现雇佣和被雇佣关系。

如你所预设的一样，结果依旧让人充满向往和期待，甚至可以说更优。作为一个真实、鲜活又积极、正向的个体，不管是在职场还是家里，都期待自由，都期待被周围人平等地对待，这是我们生来的权利；我们都期待成长，都

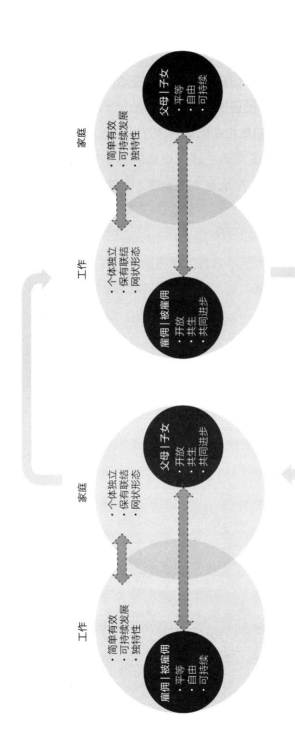

图 1-1 再定义后的工作和家庭的要素"交换"

渴望和身边最亲密和喜爱的人共同成长。这是我们社会属性存在的要义。

你会发现职场关系和亲子关系真的很像。你期待一个开放、开明、不太干涉你又能对你好的老板，无异于期待如此的父母；你期待和你轻松合作、有边界感的同事，和你期待的兄弟姐妹如出一辙。

曾经有一次对一位双向情感障碍的朋友进行心理疏导，我就推荐了这种替代方式。她可以基本正常地处理工作里的各个角色，却无法和自己的父母、丈夫和婆婆释怀。我告诉她，把你的父母想象成你的董事长和总经理，把你的丈夫想象成你团队里合作最紧密的同事，把你的婆婆想象成给你贡献最高收入的核心合作伙伴。大家都是一个利益共同体，用你工作中和这些人完全一样的态度、沟通方式和危机处理机制对待他们，不妨试试看。经过一段时间的调整，她告诉我，她用这样的强映射和心理暗示，走出了笼罩她许久的阴影。

所以你看，当你以一种从未有过的视角审视你的生活，可能会有完全不一样的发现；如果你秉承这样的态度走下去，就一定会有和现在完全不同的人生。不是吗？

这只是交换，但我前面提到，生活无意分割。如果不再人为地有工作和家庭的区分呢？将二者融合在一起会怎样？见图1-2。

「 全域视野的生活 」

图1-2　再定义后的工作和家庭的要素"融合"

这就是我要表述的"全域视野的生活"：

- 面对事业、家庭和其他环境里从未有过的境遇，我们可以坚持简单有效的原则，坚持可持续性发展和独特属性；

- 同时在这里不迷失自我，不依附他人，不强化和外部连接的强度，更多地注重保有和平衡，让我们自身和外界的关系都在可持续性中稳态、健康地成长；

- 在紧密或者亲密的关系里，我们思想上更要时刻秉承平等、自由，行动上开放、共生，让彼此在没有压力的环境下互补和互哺。

从分裂到交换，从交换到融合，请试着静心思考这个过程，就像把你回归到自己本真的状态里——你甚至不必在哲学体系的"本我、自我和超我"的人格分层里把自己"择"出来，你可以试着把自己"揉"回去，用一个"水、面"交融形成的"面粉团"再去塑造千万种面食的可能性。这会是一种美妙的感觉，又有点《道德经》里"道生一，一生二，二生三，三生万物"的意味。每个人都可以有自己的道，我们的道就是"回归本质思考自己的生活的能力"。这样你才不是傀儡，不是牛马，不是那个唯唯诺诺的爱人和忍气吞声的下属。

打开全域视野，让自己回归自己，一切都会变得不同。

2024年11月06日

> 这两千余字，就像两头掘进隧道最后交汇打通的一刹那。这种感受让人"上头"。我努力克制感性的成分，让感性和理性能适当配比，水乳交融。我记得读那些巨匠的书，读到精彩的章节心潮澎湃甚至热泪盈眶的场景，我期待我的文字也能让人觉醒，血脉偾张起来。从这一刻开始，不只是"上头"，而是带着暖意，开始全心全意、热情地生活。

1.4
一人公司是重新定义生活、整合生活的最优解

如果你认真读完前面的两节，并基于自己的环境做了思考，你可能会豁然开朗：**一人公司是重新定义生活，整合生活的最优解**。因为一旦受雇佣于一家企业，你可能只能做到"局部优化"，无法做到"彻底改变"。

具体来说，就和前文提到的一样，你无法要求你的雇主给予你足够的平等和自由，你无法要求你的雇主开放、和你方向一致地实现共同成长，更无法左右时间的配比而按你的期待平衡事业和家庭。所以要想在雇佣关系里实现前面提到的理想状态，你的选择有三个：

（1）不停地寻找符合你生活态度的最佳雇主；

（2）等待你的雇主成长和觉醒；

（3）自己成为能具备这种态度的雇主（同时雇佣到可以满足你需求的雇员）。

这三个选择似乎都不那么容易。

第一、二选项有很高的时间成本和不确定性，第三选项就等于选择了创业，而创业对雇主本人而言，有更高的要求，远非大多数人可以驾驭的。**我们需要一个大多数人都可以实践的最优解，那就是摆脱雇佣关系，实现基于一人公司的自我经营。**

不必心存压力，后面的部分，我会抽丝剥茧一般，告诉你如何实现。但同时我也要告诉你一个好消息：此时如果你已经形成了自己期待的生活态度，准备即刻改变，开始自己全新的旅程，那么，在我看来，你已经实现了一半。因为在整个过程中，最难迈出的就是由态度决定的第一步——一人公司的旅程未必"道阻且长"，但一定"行则将至"。

1.5

不该"被定义"的"定义"：一人公司

有很多人问我，一人公司如何定义？

很多书籍、文章对这个名字做过定义。但我想，如果这是一场全新的人生旅程的一部分，我们不应该形成定义，被定义过的人生注定受限。不过，我们依旧可以从我们前面的分析中提炼出一人公司的特征：

- 不雇佣任何人（无法保证雇主和雇员双向"紧密关系态度"的一致性，很难实现生活融合）

- 不被任何人雇佣（原因同上）

- 独立自主地实现持续生存

- 以个体为节点实现外部联结

如果做个类比，一人公司有点像单细胞生物，这一生物形态已经在地球上存在了大约35亿年到41亿年，如今仍以细菌、藻类、真菌等原生生物和我们共存。翻阅生物知识文库就可以发现，它们的特征和我们前面提到的特征高度吻合：

- 简单性：单细胞生物的细胞结构相对简单，没有复杂的器官和组织；

- 独立性：单细胞生物能够独立完成生命活动，如营养摄取、代谢、繁殖等；

- 适应性：单细胞生物具有高度的适应性，能够在各种环境中生存和繁衍。

最简单，最原始，也最持久。我相信，即使人类灭亡后，这种生物形态仍旧可以存在数亿年。

英文直译一人公司为"One-Person Company"（简称"OPC"）。这个描述更贴近法律场景，一些国家的公司法中有明确的定义，比如印度和新加坡。在很多国家，"OPC"被明确为一种法定商业实体类型，拥有独立法人地位，但允许单人经营。而对于一人公司的创立者，另一个英文单词描述更为精准——"Solopreneur"：

- "Solo"：词根"Solo"源自拉丁语的"solus"，意为"单独的""唯一的"，后进入意大利语（solo）、西班牙语（solo）等语言，均表示"独自"或"单独行动"，强调一种无须团队合作的独立工作模式；
- "preneur"：源于"entrepreneur"（创业者/企业家），来自法语（字面意思为"承担任务的人"），意为"从事某项活动"或"承担风险"。指识别机会并整合资源、承担风险以创造价值的个体。

因此"Solopreneur"这个词，更精准地概括了一人公司创立者的工作和精神状态——"独立工作的同时独立承担责任，作为商业唯一个体创造价值"。既是唯一责任主体，又有独立创业精神，这是借一个英语单词对一人公司的另一个视角的精准解读。

在我推介一人公司的过程中，除了定义之外，问得最多的两个问题是：一人公司是不是就是自由职业？一人公司是创业吗？

1.6
一人公司 ≠ 自由职业

自由职业是指不依赖于单一雇主，而是独立工作，为自己创造收入的职业形态，从业者又被称为自由职业者，英文为 freelancer。

"freelancer"这个词的词源可以追溯到中世纪的雇佣战士。freelancer 由

"free"（自由的）和"lance"（长矛）组合而成。这个词最早出现在1820年沃尔特·司各特爵士的小说《艾凡霍》中。在书中，一位封建领主提到了他雇佣的"自由长矛兵"（free lances），这些战士会为任何支付他们报酬的国家或个人而战。

在我从业的24年里，身边一直有很多不同的freelancer。从我最初从事的咨询行业，到后续的IT行业、培训行业，都有大量的自由职业者，他们被称为"独立顾问""独立开发顾问""独立培训师"等。我没有做过统计，或许这三个行业中是独立顾问最多的。比如我身边有朋友做了20年SAP系统的功能顾问，其中前十年在埃森哲公司就职，后十年以独立顾问的身份和埃森哲、凯捷、德勤等公司以分包合同的方式合作，服务客户主要是中国石化、中国石油、中海油等大型石油石化企业。这样的角色在全世界范围内都非常普遍，可以灵活地选择合作方，不受雇主单一性和排他性的限定，进而可以最大限度发挥个人专业能力。

但如果以前面的几个特征来衡量，雇佣战士也好，独立顾问也罢，都和我们期待的目标存在一些差异。

你会发现，自由长矛兵如果没有若干雇主的存在，不可能建立雇佣关系；独立顾问如果没有长期的合作的咨询公司或总包服务商，也无法获得自己的合约以及收入。也就是说，很多自由职业者的形态，是一种更为灵活的"准雇佣关系"，可以为多个雇主所雇佣。但雇主如果不存在，这类群体很难有独立获得市场和客户的能力：没有战争的发起方，雇佣军不会自己创造一场战争而获利；没有咨询公司做整体项目管理和背书，通常中大型企业的客户也很难独立和某个顾问合作，否则无法规避法律风险和项目责任。从这个角度想，这样的独立和自由是相对的。

而一人公司首先是公司。公司的形态就要求自负盈亏、独立生存。所以一人公司往往有更高的独立性要求，是自由职业者的一种更为独立的业务结构；一人公司也有更高的自由度，可以是战士也可以是医生，随时为市场所需切换，只要市场需要、能力适配，随时可以发生任何变化。

另一个差异是，自由职业者可能没有法人主体依托，以个人承担风险，很难建立清晰的品牌标识。而面向企业合作时，越重要的工作往往越需要清晰的法人主体承担责任、需要清晰的企业标识和独立品牌支撑信誉或口碑。这些都是一个以法人为基础的商业体系所带来的。

简言之，一人公司是独立性更强、自由度更高、体系更健全的自由职业。

就像单细胞生物，它可以独立完成所有的摄取食物、活动和代谢、繁衍等生物体所需的环节，实现不依赖任何客体而生存。当然单细胞生物依旧需要在环境中竞争、获取资源，否则依旧面临淘汰甚至死亡，这是另一个层面的问题。

对比一人公司，从获客到交付产品或服务，从交付到收款，再到新的客群的扩展，都需要独立完成，而不是在一个或多个"依附的供养"中长大。一切因你而产生，因你而成长，因你而闭环。周边的人，周边的企业，周边的商业可能都是你获取资源、实现交换的环境，而你因适配了环境而生存。这是生命的最底层的逻辑，一人公司是类似生命个体一样真实而鲜活的存在。

至于第二个问题，答案更容易得出。创业是指创立新企业或启动新商业项目的活动，那么一人公司当然是创业。只是我们通常意识里给了创业更多附加的潜意识，觉得创业是专业人士的事、是需要一个经营团队的、是需要大的资金支持的、是未来要被并购或上市的，等等。其实创业有很多形态：从街头小吃摊的个体创业（未必是公司形态）到加盟某个品牌的连锁经营，再到一个公司内部孵化的独立项目组甚至成立组织从事公益活动，种种形态，不一而同。

但我们抽象创业的核心要素，无外乎创业主体和资源。创业主体包括创业的组织和创业者本人，资源包括资金、能力、场地等。这时你会发现，一人公司是创业主体和资源最小化的创业形态。资金、场地、团队这些都是外在的，抛开这些你仍能通过出让自己的时间和精力换得收益，这在我看来是一种质朴又神奇的形态。就像美好的爱情，不掺杂任何金钱、地位和外界的干扰，简单又纯粹的东西往往最美。

2024年11月06日

北京上地华联的Costa咖啡馆，固定靠墙的角落位置，一杯美式咖啡从滚热到冷却之间，我的思绪已经游离到中世纪甚至35亿年前——只为论证我的一些观点——与此同时，我在想，在时间的长河里，一切存在都那么合情合理，又都那么无足轻重。

1.7
一人公司≠超级个体公司

但有人会问，既然一人公司是独立性更强、自由度更高的自由职业，那么一人公司的创立者要求岂不是更高？即便不是各方面都强得可怕的超级个体，至少也应该是叱咤职场的高知群体，或者是各领域的高手达人才能创办属于自己的一人公司吧？

这是一个普遍性问题，同时也是一种刻板印象。**超级个体自然可以成就不错的一人公司，但一人公司绝非仅限超级个体可为。**这一认知偏差来源于对一人公司所需的必要条件理解不足。

我们通常所说的超级个体，一般是指在某个领域或多个领域具有卓越能力、广泛影响力和高度自主性的人。比如罗永浩，他既是知名创业者又是网红；比如樊登，曾经是央视主持人，转型成为知识付费领域的知名IP（知识产权、个人品牌）。其实不难发现，因为"超级"，他们往往同时担任多个商业体的创始人；所谓"个体"，其实是"知名个体"。是一种具有IP属性的存在，而这种IP的打造往往需要一个专业团队。从这两个视角来看，我们日常所说的"超级个体"反而不太可能是"一人公司"。

那么是不是只能是其他相对低阶的超级个体或者领域达人呢？我先举几个我亲历和听闻的一人公司的例子。

　　我的造型师婷婷，80后，高中学历。十年前她来到北京，在中关村租了一个小loft，开始专注经营自己的半永久文眉工作室。她以匠人精神做手艺，以口碑传播做客户，至今每天工作都很饱和，每年稳定在30万~50万元的税后收入，跑赢了很多职场白领。

　　《金陵晚报》上曾报道过一个女孩，有一次一个朋友问她是否可以做一件特别的礼物送给朋友当结婚贺礼。她想到在红底板上钉钉子，用黄线缠绕出"红双喜"的形状的创意，朋友很满意。她把这个简单的"钉子绕线画"制作视频发到抖音上，当天的播放量就突破了2000万，粉丝暴涨7万多人。于是她发现这个市场是可以经营的，开始研究制作绕线画，并成立了"手宫艺"工作室。从设计到交付独立完成，并在电商平台售卖，带来了近百万元收入。

我为孩子制作的"钉子绕线画"作为生日礼物

　　脱口秀最近是比较热门的新兴娱乐赛道，从业者很多是一人公司的状态。我们可以做个保守分析，以一个二线脱口秀演员为例，假设一年办10次个人专场巡演，每场以200人、人均300元计算，对应60万元收入。扣除渠道和营销推广的30%费用，还有42万元入账；平时的线下小型演出以每场收入1000元计，100场可以有10万元的收入。保守估计，这样的演员年度税后收入在50万元以上。而这类群体的学历和职业经历非常多元化，这样的收入是他们在职场未必能获得的。而且随着知名度的提升，收入也会不断增加，未来还有商务广告的更大收入机会。

　　通过这三个例子可以发现，这些一人公司往往不需要创立者有过高的学历以及丰富的工作经历就可以实现。

如果分析一人公司能够成功运作的必要选项，笔者认为可以从领域、能力、资源和意愿四个最主要的方面进行评估。参照超级个体，我们会发现这些"较低门槛"的一人公司的基本特征有：

- 往往不需要跨界和多技能的融合能力，在单一领域即可展开；
- 需要在所从事的单一领域有一定的能力或者多种能力的复合，达到中等专业度要求；
- 需要的资源较为开放，大多数人都可以获得；
- 基于兴趣和自我满足感，具备较强的意愿。

如果大致以"雷达图"勾勒（以"超级个体"为满分基准评估），可能呈现如图 1-3 的"纺锤"形态，而非面面俱到的"正方"形态。这里要求最高的意愿是主观的，和教育背景和工作背景无关，而背后所需的兴趣点，每个人都能根据自身特质找到。因此在我看来，一人公司具备普遍性原则。就像脱口秀行业的宣传语"人人都可以说五分钟脱口秀"，"人人都可以做一家小而美的一人公司"。

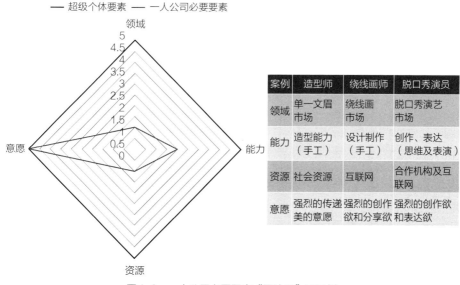

图1-3　一人公司必要要素"雷达图"及示例

当然，你可能质疑，这里是否有"幸存者"偏差？我需要说明的是，"一人公司"也是公司，是公司就和多人公司一样，存在公司的起伏成败和生命周期，这一点和任何一家创业企业并无二致。因此，没有做成功的一人公司肯定也广泛存在。但只要有兴趣、有韧性，一人公司就会和其他创业形态一样，越来越逼近成功的彼岸。

2024年11月11日

前两天为儿子准备绕线画的生日礼物。经历过去年给女儿的制作历程，我知道这对于我小学生水平的手工能力而言，是一次"巨大挑战"。因此没有更新。恰好这个手工背后的故事也为我提供了素材。

1.8
用工作新"锚点"保持内心的平静和坚定

如果你已经蠢蠢欲动，想要开启独行者的航行，我会非常支持你为自己而工作的勇气！这也是我写这本书的意义——激活你生命力被压抑但一直充满能量的部分。而勇气就像是能量爆发的导火索，一个瞬间可能带来巨大的影响。

但我同时也希望你能有一个"锚点"，在出发之前就找一个能让你内心安定、方向明确的支点，这样不管你经历多大的风浪和迷途，都能找回自己出发时的那份安定，进而再出发。从事创投工作8年以及自己的两次创业经历都告诉我，在不确定性和挑战面前，能保持内心的平静和坚定是做出明智决策的先决条件。

1. 青年人，别在"情绪价值"和"体验感"上妥协

对于刚刚毕业或者毕业两三年的"00后"或"准00后"青年人来说，

工作有着不一样诠释。前不久听说一个调查显示，这个群体最看重工作的两个要素，**一是情绪价值，二是体验感**。如果这个问题让 20 年前曾经也是二十出头的"70 后"回答，这两个核心要素或许是收入和前景。我们会发现仅仅一代人的间隔，新世代的青年对工作的期待更为主观，更为感性，更关注精神层面的满足。

这在我看来绝对是一次巨大的进步。工作的主体是人，打工人也好，老板也罢，自由职业者也一样，都是一个个鲜活的人。工作的客体其实也是人。无论你从事的事是面向消费群体的，还是面向企业的，一路归因，最终都是为了提升每一个人的生命生活质量而存在，实现一个个个体的"自我满足"。但如果在工作中的每个自我都没有被很好地满足，那岂不是违背了工作的意义？举个更形象的例子，这有点像一个人做卖鸡蛋赚钱的工作，假设鸡蛋是生活必需品，赚了钱又要花钱买回鸡蛋。那为何最初不直接留下一些鸡蛋给自己呢？

工作首先是为了自我满足，这是非常棒的工作的根基。而更进步的一点在于，在自我满足的过程中，新世代更关注精神层面。情绪价值和体验感远比物质带来的满足感更持久，更深入。

"情绪价值"之于工作，多表现于两个场景：

- 情绪支持：当我压力满满的时候，或者对自己是否能胜任某项工作忧心忡忡的时候，我希望同事和老板能关注到我，鼓励我，认可我，协助我走出情绪困境，以更好的面貌面对工作；
- 情绪表达：我对工作有正面或负面的情绪时，我需要表达，需要因此形成"情绪闭环"。而此时我不必担心这种表达带来的职业后果，而是能保持我的身心健康。

"体验感"之于工作，又是另一种感受：

- 不管入职还是离开，我都希望有温暖而友好的体验。我不希望被看作牛马一样的工具，"感受到了什么"比"得到了什么"更重要；

- 我喜欢工作中有质量的互动，激发我的多巴胺和内啡肽。可以是一次业绩达成后集体的狂欢，也可以是一次会议上无职级限定地开放地表达自己的观点和心声；
- 我喜欢 "work hard，play hard"（工作时努力工作，玩时用力玩），而不必工作时摸鱼游戏，游戏时被工作打扰。我的每个时刻都应该专注、极致。

这时，我希望你在对美好工作的畅想中暂停一下，不妨回想前面"重新定义雇佣关系"中提到的两个要点：平等、自由。你会从这些场景中发现，如果你无法达成这种情绪价值和体验感，往往恰恰就是因为这份工作中，缺乏足够的平等和自由：老板不会平等地支持情绪，同事不敢自由地表达态度，等等。

换个角度讲，平等和自由的地基之上，才能有更好的体验感和情绪价值；而工作如果是这地基之上的"房子"，新世代最希望在地基之上，首先盖出的房间就是体验感和情绪价值这两个"房间"。

那么年轻人，不妨就把这两项当作你工作中的锚点吧：平等和自由就像水和空气一样必需但无法锚定，那么就让情绪价值和体验感这种你可以切实体会的部分成为让你内心安定和目标明确的根源吧。从此你的所有选择和决策都在这两个"房间"里完成，坚定不移地相信，这是工作带给你最柔软也最坚定的部分。

此时你还需要知道，**工作并不等于"上班"，"上班"也未必是工作。**能满足这两个诉求又能同时带来收入的才称得上"工作"，每天有工资但毫无体验感和情绪满足的上班人更像新世代流行语中的"牛马"和"社畜"，谁会说田间地头的牛马是在"工作"呢？同时，在我看来，"牛马"和"社畜"是新世代自嘲的情绪表达，也是对情绪价值和体验感的渴望的一种对抗性表现。

如果你把这样的想法表述给你的父辈听，他们中的大部分人会觉得这种想法是荒谬的。不必气愤或对抗，因为每一代人都有自己的认知局限性。你只要让他们知道，这遵循你的内心，而且因为年轻就是你的资本，你有足够的时间去试错。

那么，有了新的锚点，我们不妨试着换一种方式启航。

2024年11月08日

写出这段文字，我似乎和未来工作中的我的女儿和儿子和解了。我也有时代的烙印，我也曾不理解新世代的行为，但我也善于自我批判和思维重建。我越发觉得，整个世界最重要的部分，本就应该是由每个人内心重要的东西汇集起来的。

2. 中年人，在人生下半场，你应该"舍五取一"

如果你是一个中年人，正陷入伴随着自我怀疑和无可奈何的职业生涯的"焦灼期"，那么你需要的锚点和20年前刚毕业时不同。你的人生过半，你已不是20年前的那个"你"，那么你需要放弃之前的"失效锚点"，进入一个盘整环节：你需要停下你匆忙的脚步，静心凝神，花一些时间认真思考"人生的下半场"应该如何度过。

在我自己寻找这个问题的答案的过程中，一本书给了我清晰的指引。

这本书的名字就叫《人生下半场》，作者是鲍伯·班福德（Bob Buford），一位在美国享有盛誉的人物，曾任班福德电视公司（Buford Television Inc.）的董事长，以及彼得·德鲁克基金会的创会主席。这本书从何而来我已经记不清了，只记得青年时期我翻阅过，但毫无印象。直到七年前，四十岁的我再翻阅这本已经泛黄的书，竟然被精准地"击中"了。如今，我也希望以曾经指引过我找到"锚点"的这本书里的核心要点，引导你锚定你的下半生。

这本书在我看来，是一次思想化学反应的"催化剂"，其中两句话最催人反思。

第一句话是："如果你能拥有完美无缺的人生，你认为它应该是什么样的？"

这是一种积极建设的引导，也是典型的"以终为始"的逆向思维。这个看起来简单的问题，其实大多数人没有认真思考过。你方向感缺失了，信念感降低了，满足感不复存在，很多时候是因为没想清楚自己的终局。

类似地，我经常问创业中的小伙伴：对你而言，创业的终局是什么？是公司上市吗？是做行业的No.1吗？是个人巨额财富的积累吗？是跻身国内甚至全球500强企业的光鲜吗？假设这些你今天已经获得，你的人生就完美无缺不留遗憾了吗？如果这些都不能给你真正完美的人生，那还有什么？于是有些小伙伴沉默了，陷入了思考；有些则坚定地给我清晰地描绘了她/他最底层的诉求。

其实这个问题是对人生上半场的反思。透过纷繁复杂的外在表现寻找自己内心所关注的东西。这时，Bob和我都希望你写下对你而言，让人生最完美、最有意义的六项：

1	2	3	4	5	6

这是加法。

你可以深思熟虑后，真实地填写在上面的表格里。相信这难不倒你，人最擅长的就是做加法。上半场我们大多数时间也在做加法。

另一句话是，"你的'盒子'里装的是什么？"

这不是普通的"盒子"，是承载了你"生命不能承受之轻"的"最重"的"盒子"。因为盒子里只允许放一样东西。就是在你前面列出的六项里，划掉相对优先级低的项，只保留一项。那这项是什么？金钱？自由？事业？家庭？还是其他？

你可能依然很难马上给出答案。因为"只在此山中，云深不知处"。那么，"山"中的你，不妨歇马驻足，跳出这座"山"，从第三方视角远远看清楚"山"里的事：就像抛锚那样，关掉引擎，收起桅杆，静下心来，看看"盒子"里到底是什么。这过程就好像让混杂了所有不同配料的鸡尾酒自然沉淀下来，看看最上层的是什么。我理解，在嘈杂不堪的生活环境里，中年的你背负了太多过往和期许，但此时在"中场"的你，应该忘掉上半场的得分和下半场的目标，彻底让自己安静下来。书中说，"中场不应是喧嚣之地"。

另一本我最喜欢的畅销书《月亮和六便士》中的主人公斯特里克兰，放弃了责任、家庭和世俗的认可，放弃了现代社会衍生的价值观，无视身边其他人的眼神，如同疯狂的朝圣者一样追求此生的梦想——绘画，此时他的纯粹和坚定让人动容，他无上的满足也让人艳羡。虽然这个故事很极端，但这是一个非常清晰的"盒子"的例子。

我身边也有一些看似极端的例子，一个企业家在40岁放弃了创业十余年成就的高成长期的企业，放弃了对财富的追逐，选择了投身此生无比向往的宗教事业，成立了自己的基督教会，从此内心非常富足；也有一位在外企任高管职位十余年的资深白领（也是我在IBM的前老板），放弃高薪和职位，加入一家初创的儿童自闭症研究和治疗团队，以微薄的薪资和半公益的方式追求着内心的宁静和满足。

这个问题就是对人生下半场的展望。在自己关注的项里"舍五取一"，更能形成人生下半场的专注力和对纯粹的追求。继续做加法会让你心力疲惫，进而迷失在无尽的自我消耗里。此时你需要做的是"减法"，给自己一个无可替代且唯一的选项，让你不再左顾右盼，心无旁骛地为之投入下一个20年。

日本作家吉野源三郎在《你想活出怎样的人生》中说，在人生中，我们要多方面感受，从真实的感受出发，思考其中的意义。当我们有深切的感受和发自心底的想法时，绝对不能有一丝敷衍。这样，我们才能通过具体的经历得到真正的意义。

1

当你深思熟虑，填入这个表格中的唯一单元格，当你经历了"加法"又以"减法"回归后，你就得到了最遵循内心的答案，你就可以开启独一无二的属于你的最完美的"人生下半场"。

这就是再出发的中年的你的唯一"锚点"：面对它，锁定它。

2024年11月07日

今日莫名状态不佳，心思杂乱。恰逢北京的三哥叫我去望京和他喝茶聊聊天。聊的多是中年无奈的境遇。但幸运的是，我们从未失去事业和生活的斗志。我想问他，如果可以重新选择，你会选择怎样的人生下半场？

1.9

一人公司"基因检测"法：你能做"一人公司"吗

这本书读到现在，如果你已经随之开始了自我重塑过程，希望重新定义你的生活；渴望整合好顾此失彼的事业和家庭，摆脱卷无上限的雇佣关系的束缚，进入独立、自主工作的状态中，那么我建议你能在启程前做最后的审视和评估。

评估的方法也很简单，还是基于前面章节所述的基于超级个体的参照，我们稍加改动，设立"输入"和"输出"，你就可以清晰地认识到你所期待的一人公司是否已经"万事俱备、只欠东风"。不妨按我的引导一步一步完成整个自我审视和评估过程，见图1-4。

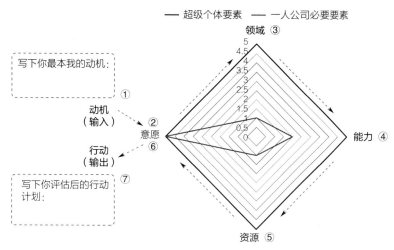

图1-4　一人公司自我评估过程

①动机。这是整个计划的唯一"输入项"。你为什么要做一人公司，发掘你内在最真实的声音。动机应该是"主动性的""向内求索的"，不应是"被动的""外部推动的"。否则，这样的一人公司无法撑得长久。举几个例子，见表1-1。

表1-1　一人公司动机分析示例

示例	是/否
我想一边工作一边有足够的时间享受生活：我喜欢爬山、游泳、滑雪、阅读，这些让我不断保持高能量的状态	是
我想逃离现在的职场，我不善于人际交往及合作关系处理	否
我不想错过孩子最需要陪伴同时也是心理最敏感的时期，我想将自己的事业和孩子的成长完美地结合起来	是
我一个朋友自己在做一个小众手办IP，做得很不错，她建议我也试试从职场出来自己做我擅长的花艺	否

现在合上本书，用十分钟闭目凝神，听听你内心的声音吧：如果十分钟你得不到答案，那你依然需要时间想清楚最根本的部分；如果你已经想得很清晰，不妨写在图1-4的方格里。

②意愿。意愿，意愿，还是意愿——重要的事说三遍。意愿的背后包含两层含义：兴趣和耐力。意愿不是强加的，是基于你的动机自然而然产生

的。它天然就在那里，就像一座取之不尽用之不竭的宝矿，只是因为动机建立了链接的通道。想想你什么事情是做起来永不疲惫的，那就是你的强意愿在推动。**意愿也是唯一需要"五星"的要素。**如果你的意愿"马马虎虎"，并没有那么强烈，我就会强烈建议你不要开始这段旅程。因为你很有可能因为"4星到5星"的差距半途而废。如果一人公司也是一个"盒子"，只能保留"一项"，那么我想"意愿"是不二选择。

你有没有发现，**成功的一人公司往往伴有创造力。**无论是"造型师"创造一个个美丽的妆容、"绕线画师"创造形形色色美的作品，还是脱口秀演员通过不断创造内容，给观众带来愉悦的心情。原因很简单，创造力是从不重复的，每个妆容、每个作品、每段内容，都会给自己和受众带来不同的体验。人就会乐在其中，保持持续的兴趣和耐力，即我们的意愿所需。

如果你自我评估你的意愿不是"满格"，可以暂时停下来，或者回到原点。

③**领域。**当然，你的意愿已经加载了领域选项。因为这是你重构产生的，它应该是：

- 某一个细分领域；
- 无关乎大众还是小众，不要在乎现在市场中有没有经营者。

你可以用"归纳法"或"演绎法"论证这一领域的市场存在。如果市场存在这一品类的产品或服务，也有做到你期待的当量的例证，且你身边做过调研发现很多人对此都有兴趣消费，你大可以一试——这是"归纳法"；如果你从逻辑推理的角度认为某一个品类的产品或服务有存在的合理性，对某个特定的客群有特定的价值，也大可以一试——这是"演绎法"。

网上流传着一个鲜活的以演绎法启动一人公司的例子。

一个女孩喜欢上壁球这个在中国很是小众的运动，因为这项运动可以一人进行，也可以结伴对战，锻炼了身体的同时又省去了"找搭子"的麻烦，而且很具个性，彰显自我的风格。她发现和她一样想法和爱好的女孩很多，就琢磨是不是能以某种方式满足这个群体的情绪价值。最终锚定了"壁球运动周边产品"这个市场。

经过 3 个月的市场调研，她发现全球范围内这项运动的周边产品都很少。互联网上售卖的壁球相关产品基本只有球和球拍，零星还有一些壁球公仔，能展示壁球文化、体现爱好者特质的周边则几乎没有，甚至因为爱好人群的总量不够多，在壁球运动相对发达的欧美，相关的周边产品也非常匮乏。恰好她也擅长平面设计，于是尝试以最简单的周边产品手机壳切入。没想到第一个产品设计稿在社交媒体上一发布，就获得来自全国各地甚至国外"壁球女孩"的期待，纷纷表示非常希望拥有这样的产品。潜在用户的正反馈给了她非常大的信心，经过打版制作，第一款试销的产品也备受好评。这样，她就顺利地迈出了一人公司的第一步。

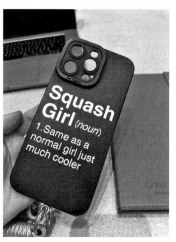

"壁球女孩"设计的手机壳
（图片来源：上观新闻）

这就是一个典型的基于演绎法的定位过程：

群体	性别	年龄	产品|服务	切入品类	价值	差异性
壁球爱好者	女性	20~30 岁	运动周边	手机壳	情绪价值 使用价值	市场稀缺

你也许发现了，手机壳虽然大众化，但加上一堆定语后，可能就变得小众了。而一人公司是最适合切入一个"足够细分"的"小众存量市场"的。道理很简单：假设市场上根本没有手机壳这个品类，新品的教育成本之高，完全不适合一人公司运作（即便大公司创立新品的增量市场都有很大风险）；足够小众的市场细分，经营者大多觉得体量太小赚不到什么钱，经营者少反而更有利于客户聚集，对一人公司所需要的较低目标就更容易达成。一旦是一个相对大些的市场，往往经营者就开始看到别人赚钱了趋之若鹜，内卷迅速形成，每个人都只能收获红海的微薄红利。这是商业的规律，也是人性。

我们可以简单、不严密地用推演法算笔"逻辑账"：假设中国壁球爱好者只有 100 万人，年轻女性占 70%，90% 有手机壳，30% 会选择壁球主题的手机壳，市场有5家提供针对这一群体的手机壳，每家可能的销售量就是$100 \times 70\% \times 90\% \times 30\%/5=3.78$万个。假设换成乒乓球，据统计经常打乒乓球的业余爱好者在中国超过8000万人，假设年轻女性占20%，90%有手机壳，10%会选择乒乓球主题的手机壳，市场有100家提供针对这一群体的手机壳，每家可能的销售量就是$8000 \times 20\% \times 90\% \times 10\%/100=1.44$万个。这里面适配客群的占比、因为彰显个性选择运动周边的概率和商家数量都是变量，但最大的差异变量还是商家数量（20倍）。

有了这样的基本逻辑和推演，你在选择一个窄小的市场的时候，完全无须顾虑。还有一个未经验证但有趣的说法是，"**任何一个人，只要三个定语，你就能成为全球唯一**"。那么太棒了，你的独特性的标签自然也就因为这种唯一性形成了。那么我们不妨从为大公司或者"多人公司"因为高边际成本和低收益永远不能经营的一个足够细分的"超级利基市场"（Super Niche Market，指较大的细分市场中具有相似兴趣或需求的一小群顾客所占有的市场空间）开始。就像硅谷创业教父Paul Graham说的，"**最好的护城河，是别人根本不想进入的战场**"。

④ 能力。一人公司启动前的能力评估不以高度专业化为原则。就像前面雷达图中的"2分"的分值，概括起来就是"**三四成专业就够起步**"。前面的手机壳也是印证。在一种强烈的情绪表达和个性态度面前，这样的手机壳的用料、设计感都是辅助选项。这里我们更强调"专业适配"。大白话说就是，"**你基本能做得来，对客户也大致够用**"。当然很多专业领域比如顾问、医生如果做一人顾问公司、一人诊所，这一点一定是重头戏。但我们现在在谈普遍性地启动一人公司所需要的"必要要素"评估。

⑤ 资源。你有什么资源可以做这件事？是有个你多年所处的圈子的特定群体恰好是你想做的事情的目标群体，还是你有很多工厂合作伙伴可以为你的产品低成本地进行生产加工，抑或是你的老家有一片土地可以让你尝试不同花品的嫁接和栽培……但资源依旧不是强选项，"**两成资源就够起步**"。甚至资源只是成本的一个附加选项。你要的资源除非极为稀缺，一般性的资源欠缺大多都可以用时间成本或采购成本来弥补。所以，笔者认为，相比那

三四成能力的要求，资源的实现更为简单。

⑥ **再回到"意愿"。**你发现经过一个链路的思考和评估，你此时的意愿已经不是当初的意愿了。因为有了这样的系统思维，你的意愿被大大加强了。如果你实现了"从4到5"的跨越，那么恭喜你有了启动的契机；如果你已经"从5到了5+"，那么恭喜你有了十足的动力！

⑦ **行动。**不行动，一切都是空想。行动之前，让我们从行动计划开始。把你的整个思考过程和结论不拘一格地写出来。可以是一段文字，可以是几幅图像，可以是一段录音。可以画在你所在咖啡馆的餐巾纸上，可以记录在你手机的备忘录里——一切形式都不重要，给自己一个清晰的出发的信号吧，这比一切都重要。

当然，如果你能非常具体，非常具备操作性，那就太好了。不过作为"毛坯"计划，怎样都是对的。后面的章节，我会手把手教你把"毛坯房"变成"精装房"。我在此时已经无比期待纸张对面的你，因为这个初始的"信号"，一步一步创造出属于你的天马行空又精彩纷呈的未来。

2024年11月07日

> 这段文字的产生非常顺畅自然。在这过程中我似乎和无数种可能链接了。我有点盼望可以收到一大堆读者的反馈，告诉我，他们已经做好准备出发了。这将是对我极大的鼓舞，甚至优于看到他们的成功。

第2章

方法论

从构想到落地的全链路拆解

2.1
一人公司商业构想

1. 以收敛的一人公司商业模式画布作为"战略"

有了思想的革新，就要鼓起勇气付诸行动。但阻碍我们行动的"拦路虎"往往有这样两种可能：

第一，不知从何做起；

第二，不知行动的结果会是如何。

无论哪一个原因在施加阻碍，归根到底都是对未知的恐惧。而消除未知的最有效的途径，就是构建方法体系。这就好比一个菜单和一个菜谱同时放在一个想学做饭的人面前的不同效果。"蚂蚁上树"这道菜可能是未知的、陌生的，但如下所示的菜谱对大多数人是熟悉的：

- 食材
  - ✔ 主食材：粉丝和猪肉末
  - ✔ 配料：生姜、葱、豆瓣酱、老抽、生抽、料酒等
- 预处理
  - ✔ 温水泡软粉条
  - ✔ 肉末翻炒至变色
- 调味
  - ✔ 肉末中先后加入生姜、豆瓣酱、老抽、生抽、料酒、糖和鸡精
- 中期处理
  - ✔ 加没过肉末的清水，小火煮肉末
  - ✔ 把泡软的粉丝加入锅里，用筷子轻搅吸收汤汁

- 后期处理
  - ✓ 大火收汁并不停翻炒，防止粉丝糊锅
  - ✓ 汤汁收到浓稠，粉丝变得透明，撒上葱花，翻炒均匀出锅

　　是不是有如上的方法、步骤，基本不再有未知的恐惧？在我搜索这道菜的菜谱前，我也从不认为我能做出这道有点"另类"的川菜，但直到看到了这些具象的方法，同时加载曾经做菜时每个步骤类似的操作经验，我想试试这道菜的欲望马上被调动起来了，于是尝试的行动可以就此展开。

　　这就是方法的重要性。方法就像一座联通思想和行动的桥梁，让人不但可以看到对面的景色，也能真实地感受每一步都在靠近行动的彼岸。

　　提炼方法的方法就是方法论。就像加速度之于速度。因为一个人不太可能了解每个人的"食材"和"工艺"，但可以更高维度地提炼整体的工作方法的逻辑，来适配更多的人，于是有了各个领域可以以一套体系赋能成千上万甚至百万千万人群的赋能者。但方法论绝不是由"大师级"的人杜撰出来的，在笔者看来，它是经过大量验证的归纳法和演绎法的完美融合的产物。方法论就像是实践活动的"产品"，担纲了知识传播、能量传递和实践助力的多重重任，充满了魅力。

　　同时经历过十年以上西方商业体系的洗礼和十年以上中国企业的实践和观察后，我越来越感受到能否成功提炼出方法论的重要。不少企业的偏好更贴近"实用主义"或者"经验主义"，喜欢一些现成的工具，以"拿来主义"的心态用一用，试一试，看会不会立竿见影，因此有大量的"××宝典""××速成"和"一夜学会×××"充斥知识市场；而方法论往往有"哲学因素"，需要从底层构建，需要人参与其中，需要不断地批判与反思。

　　现在你应该能感受到，我想向你传递的是，那两个"拦路虎"面前，无论眼下的可以"先做起来"的方法，还是进一步深化思维的方法论，都会在行动上助你一臂之力。当下你需要做的，只是对自己的目标足够专注、坚定。

　　方法的第一步是规划你的蓝图。蓝图是能为自己所做的事情提供指导和

规划的"图纸"。巧的是，如何设计商业版图，本身在商业界就有一个经典的工具，它也是一张"图纸"，这就是鼎鼎有名的"商业模式画布"。

对于一些专业人士，应该听过或者用过，那么不妨以空杯心态看看结合自己要做的"一人公司"模式，这张"画布"还能有怎样的理解；对于一些经验、资历尚浅的朋友，我们一起从零开始理解它、应用它。

"商业模式画布"（Business Model Canvas）是由亚历山大·奥斯特瓦尔德（Alexander Osterwalder）和伊夫·皮尼厄（Yves Pigneur）在他们的书《商业模式新生代》（*Business Model Generation*）中提出的**一个战略管理工具**。它是一个可视化图表，用于描述、设计、创新和概括一个组织的商业模式。

"商业模式画布"由九个基本模块组成，这些模块代表了创建一个成功商业模式所需考虑的关键方面。图2-1列出了这九个模块以及对这九个模块的解释说明。

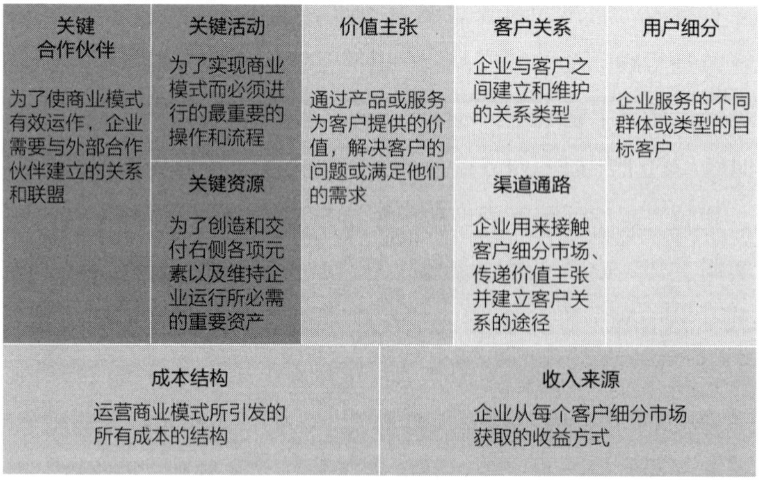

图2-1　商业模式画布及模块介绍

商业模式画布的优势在于它的简洁性和直观性，**它帮助企业主和组织清晰地思考他们的商业模式，快速地沟通和迭代他们的商业想法。**通过填写和调整这九个模块，企业可以更好地理解其商业模式，发现新的机会，或者优化现有的业务流程。

而我第一次应用商业模式画布是在二十年前我供职的公司。虽然那是个只有四十余人的民营企业，在我第一次需要承担公司整个营销体系和销售执行的那一天，我产生了极大的压力，同时也充满了极大的探索欲。虽然此前我曾经在咨询公司以咨询顾问的身份参与过战略和组织相关的咨询项目，但没有亲自操盘过一家企业或一家企业的某个单元，那些经历显得非常局限。没有"第一视角"审视并设计（或再设计）过一家企业，并参与这家企业在设计之后的成长和变化。视角不同，结果天壤之别。一个企业的商业模式应该是怎样的？作为营销单元如何在整个企业运作体系里产生互动作用？幸运的是，我搜索到了这个经典工具，经过一夜的思考和一页纸的输出，我豁然开朗。

所以接下来在这家公司做销售总监的过程中，我一直会不停地以"画布的更新"的方式思考：这样新的渠道能否和我们一起践行我们的价值主张？这样新的资源获取对成本和收益带来怎样的变化……是的，它更像一个准绳，时刻度量着商业的边界和价值。

我们不去解释每个"字面能看懂意思又晦涩"的表述，试着以一个例子作为分析的案例。还是回到那个"壁球女孩"周边产品的例子，我们可以基于这个框架思考：

- 客户是谁？与客户维护怎样的关系？
- 传递怎样的价值主张？
- 以什么渠道触达客户，传递价值？
- 最重要的业务活动有哪些？
- 自身需要何种资源，欠缺的资源哪些合作伙伴可以补全？
- 收入来源和对应的成本结构是怎样的？

我试着替这个一人公司的企业主设计一下她的企业的商业模式画布，见图 2-2。

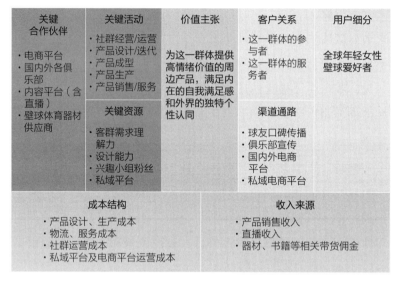

关键 合作伙伴	关键活动	价值主张	客户关系	用户细分
·电商平台 ·国内外各俱 乐部 ·内容平台（含 直播） ·壁球体育器材 供应商	·社群经营/运营 ·产品设计/迭代 ·产品成型 ·产品生产 ·产品销售/服务	为这一群体提供 高情绪价值的周 边产品，满足内 在的自我满足感 和外界的独特个 性认同	·这一群体的参 与者 ·这一群体的服 务者	**全球年轻女性 壁球爱好者**
	关键资源 ·客群需求理 解力 ·设计能力 ·兴趣小组粉丝 ·私域平台		**渠道通路** ·球友口碑传播 ·俱乐部宣传 ·国内外电商 平台 ·私域电商平台	
成本结构 ·产品设计、生产成本 ·物流、服务成本 ·社群运营成本 ·私域平台及电商平台运营成本			**收入来源** ·产品销售收入 ·直播收入 ·器材、书籍等相关带货佣金	

图2-2 以"壁球女孩"周边产品为例的商业模式画布

通过这个例子，相信你可能因此有了更直观、形象的理解。商业模式画布不再是"高级玩家"的专利，谁都可以花上半小时或一小时画出一张。即便再经过深思熟虑和打磨，也不会超过两小时。但你会感觉到这短短两小时的价值巨大：这张画布几乎梳理了实现你商业目标所需要的所有必要元素，并建立了彼此的关联关系。这张图中，唯有"用户细分"和"价值主张"我用了"黑体"标识，因为在我看来，这是两个"核要素"。

所谓"核要素"，就是当它发生变化的时候，其他的要素都会跟着发生相应的变化。试想，假设客户的范围从"全球"变为"中国"，如下几项都会跟着发生变化：

- 渠道通路：不再需要亚马逊、易贝、抖音国际等平台；
- 关键资源：不必再关注国外的客群差异化，国外群体不再纳入粉丝资源范围；
- 合作伙伴：国外的电商、内容、行业经营者都排除在外。

我们进一步观察、感受这张画布，就会发现它的设计是精良的：

- "价值主张"是商业模式的核心，其他要素左右对称地展开；
- 左半部，眼光向内，审视企业内部所需；右半部，眼光向外，观察企业外部环境；
- 上半部是"业务"，描述我们做事的条件；下半部是"财务"，描述做这件事的投入和产出。

这样，你就会进一步理解这张画布既有以中心形成的对称之美，又有平衡左右内外部的平衡之美，以及兼顾经营和经济属性的综合考量。

再加载上时间属性，每隔半年更新一次，你就会看到"一沓"画布叠的越来越高，不断调整，越来越逼近你"理想的天空"。

你可能会问，这样一张画布，我似乎看不出任何一人公司的特征，它似乎放在多人公司和一人公司都适用。

是的，一人公司也是企业，一人公司是多人公司的浓缩。商业模式画布是究其本质的过程，而本质层面的东西不会因为企业的特征不同而发生变化——这是"硬币的正面"。

"硬币的反面"对我们的启示是，我们要在商业模式画布的设计中，充分**尊重一人公司的特有属性，以这种属性去不断校准各个单元的有效性**。

比如，普遍意义上一人公司财力有限，我们在成本结构上很难有类似"投流"（通过购买广告位或推广服务，将企业或个人的信息展示给目标受众，从而获取流量、提升知名度、促进销售的一种营销方式）的成本形态。

再如，因为一个人无法进行广泛的线下客户交流和经营工作，而客户的触达和转化、长期维护又是任何商业的"刚需动作"，那么在关键活动中，"线上的社群经营"或者"某种以线上为载体的客户联结"就变成了大概率要有的活动之一。

也就是说，因为一人公司的特征，形成了商业模式画布的各个单元的诸多**"约束条件"**或者**"收敛条件"**。

我试着用图2-3总结我所能理解的一人公司的这些条件，本身这些从公司形态出发的特定性带来的条件对于创立者而言，就非常有指导意义。

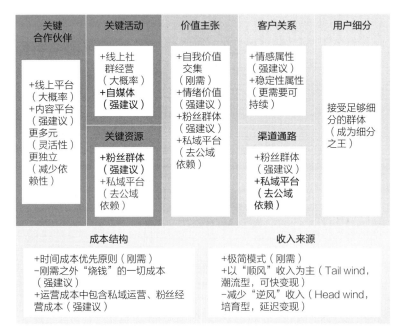

图2-3 一人公司商业模式画布特征

这些基于一人公司的初始化思考引申的部分，相信你可以完全感知到；大多数这样"约束"或"收敛"的立意也不难理解。对其中黑体的三个部分，我会在后面的章节展开分析这些要素存在的合理性和必要性。我建议暂时把这些当作事实看待，即便在日后发现不适配的情况，也可以在此基础上以"批判地继承"的方式迭代。

一人公司的商业模式画布在你脑海中应该具体而丰满了。那么，现在就着手画出你一人公司的第一张商业模式画布吧。我建议你因地制宜，不拘一格：随手抓起身边任何一张纸、一杆笔，或在你的笔记本电脑上、pad上画；文档编辑器，绘图工具统统都是最佳选择——甚至可以在这本书中我为你提供的空白图里，见图2-4。即刻行动起来，比一切空想更重要。

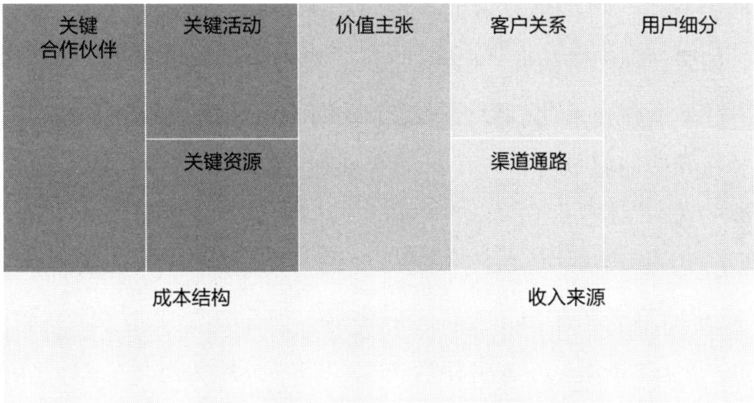

关键 合作伙伴	关键活动	价值主张	客户关系	用户细分
	关键资源		渠道通路	
成本结构			收入来源	

图2-4　在空白商业模式画布上绘制你的一人公司画布

当你终于画完，在恭喜你踏出行动的第一步的同时，我强烈建议你做如下"复核"，算是一次"校准"动作（在前面的方框中输入"✓"或"×"，也可能是"？"）。

☐ 确认一下，这的确是你最想做的事，对吗？

☐ 确认一下，你确实因为这张图对这件事所需要的商业要素都更加清晰了解了，是吗？

☐ 确认一下，你的客户群体足够细分了吗？

☐ 确认一下，你的价值主张和客户的需求高度一致，也和你的价值观高度一致，是吗？

☐ 感觉一下，是不是不存在左右不平衡的情况？也就是，外部强，内部弱；或者内部强，外部弱？

□ 感觉一下，上半部的业务向下半部你定义的收入模式变现的可能性，在你看来真的很大，是吗？

□ 感觉一下，你的收入可以持续，成本可控，也就是你可以持续不断地盈利，这是一件赚钱的事，而不是公益事业，对吗？

如果如上七项你的输入都是"√"，恭喜你，你的复核过关了，换句话说，你在这件事上实现了高度的"自我认同"；如果仍有"×"或"？"，建议你回到起点，再把你要做的事细致梳理一遍，直到全部为"√"。道理很简单，如果你都无法实现"自我认同"，既没有长期的驱动，又没有落地的信心。当然，也存在借此机会否掉这个计划的可能性，那么更加恭喜你，因为你已经在开始前就放弃了一个可能实现难度很大的选项，那么就着手设计你的"第二选项"吧。

2024 年 11 月 09 日

> 被牙疼困扰了几日，工作有所停滞。但今日自从到了中关村有名的"赛先生咖啡馆"，思路并没有因此阻塞，因为这里的学习氛围实在是太浓厚了。我看到咖啡店员和在学习或者读书的顾客都非常专注，这让我更加相信会有更多的人进入自我闭环的商业世界。

2. 用"卡片"来设计一人公司的"平衡感"

你的"画布"已经展开，但你可能会感觉它过于"战略化"。它的确为方向提供了战略指引，但似乎离战略落地还有一段距离。这就像设计好了一个"盒子"，但不知道"盒子"里应该装什么，以及如何装。

我们来尝试另一个工具——商业领域常用的一种"卡片"——"平衡计分卡"来解决"装东西"的问题。

平衡计分卡又名BSC，即"Balanced Score Card"的缩写。和"商业模式画布"一样，它也是一个西方管理学的"舶来品"。需要说明的是，我并非想用专业工具营造一种专业的氛围，毕竟专业工具常常伴随着晦涩难懂。然而，因为这些工具的抽象能力极强，适配性也很强，而且历久弥新，所

以依然适合分析一人公司这样的商业形态。这情形有点像用生物学的原理
分析一个"简单又复杂"的单细胞生物。结合这一正一反的优劣，我希望
能把这一部分的分析讲得更浅显、实用。

　　平衡计分卡其实是**一个绩效管理体系，体现在从战略管理到战略执行落
地的路径上**，它所关注的四类指标是财务、客户、内部运营与流程、个人学
习与成长（见图2-5）。如果你是在职场被"卷"过的专业人士，你应该对
"OKR（目标与关键成果法）"或"KPI（关键绩效指标）"并不陌生，平衡
计分卡和它们一样，也是从战略到落地的一种绩效工具。但平衡计分卡会给
各主题设定一些问题，然后用结构化的体系显示出目前处于的位置，未来如
何做得更好，最后用打分的方式指导未来发展方向，并对当下的评估和对未
来方向逐步清晰化，再设定中间的路径。

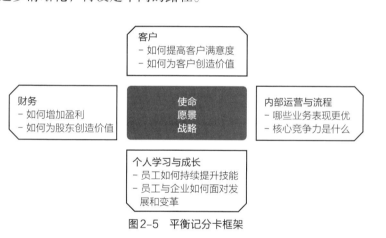

图2-5　平衡记分卡框架

　　说得浅显些，**就好像你把你要做的事结构化地分类成几个部分**，给每个
部分定义和打分，最终知道自己的得分以及未来如何可以打出更高分。这样
非常易懂，但与此同时我们会发现一个新的问题：这样每个部分逐步优化的
思路不就是企业不断"内卷"的效果吗？我们真的需要一个最优的100分的
一人企业吗？答案一定是否定的。想想我们前面讨论过的"全域视野"，想
想我们希望兼顾事业和生活的一人公司的初衷，用这样的分析方法是否会事
与愿违呢？

　　结论是不会的。因为平衡计分卡本身就是一种平衡感的设计。这一点从

设计的角度就可以看出来。即便"财务"和"客户"都是满分，"内部运营"和"个体成长"如果是低分，就像形成了"木桶短板"，仍会使公司失衡，也使得商业很难保持持续性。它兼顾的平衡原则有：

- 外部与内部评价平衡
- 成果与驱动因素平衡
- 财务与非财务评价平衡
- 短期与长期利益平衡

而我们作为一人公司的创立者，需要的平衡反而更广阔，还有：工作和家庭的平衡、工作和自我的平衡，而且这部分应该在第一层，反而商业的部分放在第二层。就像"木桶套木桶"。

因此，我们可以将平衡要素调整为：

- 事业和自我的平衡
- 工作和家庭的平衡
  - ✓ 外部与内部评价平衡
  - ✓ 成果与驱动因素平衡
  - ✓ 财务与非财务评价平衡
  - ✓ 短期与长期利益平衡

在此立意基础上，平衡计分卡的"财务、客户、内部运营、个人学习和成长"四类指标也随之更新成**"生活满足、个体独立和发展、财务、客户、内部运营与流程、个人学习与成长"**六类，且有级别之分。里面的指标元素的一些内涵，也会发生一些变化：比如一人公司的"股东""老板"和"员工"是同一个人；一人公司业务应该更单一而非多元等。于是这个平衡计分卡的框架变成图2-6这个样子。

接下来，我们把每一项分解成一人公司的典型目标和实践方法。毕竟在当下，它只是一个"预绩效"系统，重心是兼顾各种平衡要素做前置分析，得出最适合自己的行动方向。当然，你也可以在日后持续以此评估自己的一

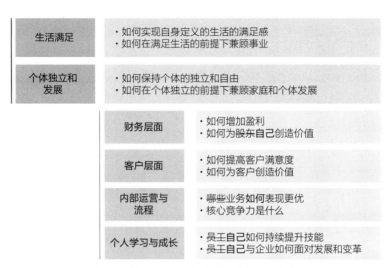

图2-6　基于一人公司调整的平衡计分卡框架

人公司的表现。见图2-7。

　　此图中，自上向下分别对应"基础目标""中等目标"和"高等目标"，针对不同目标项有不同的解读；行动层面，更多从"建设型"到"优化型"再到"成就型"，有不同的建议的行动方向。

　　一人公司的生活满足上，**"如何管理欲望"是一个核心命题**。如果欲望一直高位运行，很难有效启动一人公司，或者很容易在初始阶段就夭折。比如，以获得原有职场薪资目标作为初始目标，就是一种高位欲望心态。为什么呢？原因之一是你进入了一种全新的工作和生活模式，需要适配的时间和空间；二是经过时间重构，你已经获得了更多的生活空间，这本就是曾经需要以金钱为代价获得的生活质量，但同时要求收入不减、质量上升，在短期内几乎是不可能的。所以，**有效的预期管理和控制欲望才是能付诸行动的切实之举**。

　　我曾经和朋友说过这样一句话：**生活不难，自由也不难，对抗欲望才难——欲望无限膨胀，永无自由之日；欲望可控可调，自由行云流水。**

　　在一人公司的个体独立和发展指标中，**我建议初期立足自身优势进行独立选择。**这是职场中最为缺失的部分，既缺乏个体的独立决策能力，又可能

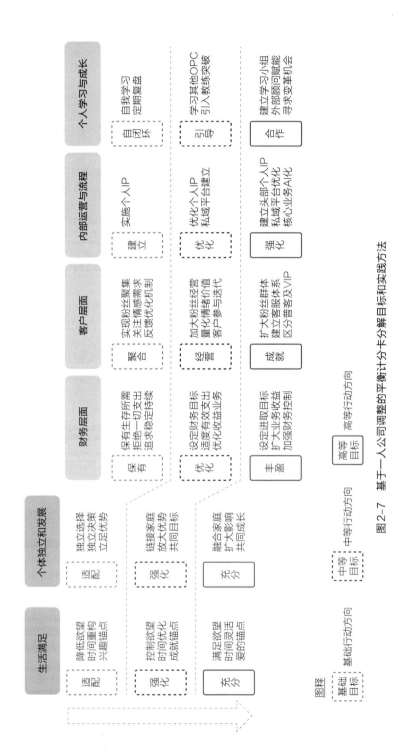

图2-7 基于一人公司调整的平衡计分卡分解目标和实践方法

没有充分考虑自身优势和工作的适配度。因此，如果不在这种"颠覆性"的工作模式中扭转，那这次个体的变革就失去了本质的意义。当自我的根基立住之后，可以考虑如何将家庭成员融入自己的事业中，甚至引导家庭其他个体也进入一人公司序列，实现类似原有企业内部各单元协作的融合效应。唯一的差别是，因为每个人独立存在、独立经营，不存在公司的内耗，完全在市场运作的基础上实现一种高度融合。毕竟，每个人都是在做自己喜欢又擅长的事，这与自身生活态度紧密关联，这种融合的效果就是共同追求美好生活。

　　一人公司的财务层面与多人公司有很大不同。多人公司必不可少的包含员工薪资的支出项，初期就意味着亏损或者需要时刻有相应的收入与之对应，以保持公司的盈亏平衡下的持续发展。而一人公司可以采用保有的方式启动，初期即便无法实现收入，只要拒绝大多数不必要的支出，仍可依靠自身的财务积累满足生活所需。因此，盈亏平衡的第一个目标就可以设定为"如何让收入满足生活所需"。

　　在财务收入的选择和取舍上，"稳定持续的收入"要优于"一过性的收入"，就像滚雪球需要一个坚实的内核，否则容易随时溃散。关于优化和进取目标的设定，也应远比多人公司要"节制"。道理很简单，更快的财务回报往往是以更多的时间投入为代价，这与上层的"生活满足"和"个体独立发展"的部分会形成对抗，进而破坏整体的平衡。

　　我一直主张一人公司无论业务扩张还是财务目标，都要足够谨慎和客观，耐得住寂寞，耐得住性子，方能在不迷失初衷之间渐进优化。你还要明白一个道理，**一人公司真正的成长曲线，与个体的认知、能力的提升是正相关的**。而这些并不是短期内可以"跳跃式"发展的，因此也就不必对财务的变化有过高的要求。

　　一人公司的客户层面也有独特属性。首先你很难将客户和粉丝区分开。你的客户可能就是你的粉丝，你的潜在客户可能和你的粉丝群体一致。毕竟，能直接或者通过网络获取到有那么一个人在做着那么特别的一件事，又没有第三方品牌的背书，如果不是被这个人的个体魅力以及独特价值所吸引，不太可能为此买单。而这两者也恰恰是粉丝经济的内核。经营粉丝群体，其实是有相对标准的体系的：

内容输出 ➡ 分析粉丝特征 ➡ 社交平台聚集 ➡ 保持中高频互动交流 ➡ 社群建设（线上线下活动）➡ 通过产品或服务满足情绪价值 ➡ 迭代粉丝经营策略 ➡ 口碑影响进一步扩大

经过这样的周而往复的过程，就实现了和客户群体的交流。当然还有一类客户，是未曾谋面的单向的客户，我们不知道对方在哪个城市做什么工作，只需持续输出内容，以吸引力法则吸引这类群体，形成购买或者关注，就可以并入粉丝经营的圈层。这也是我多次提及的个人需要建设自媒体的原因。

一人公司的内部运营与流程，其实是最简单的。毕竟从多人公司到一人公司，去掉的就是复杂冗余的内部流程，将运营成本几乎减少到零，才在时间和成本上得以有突围的空间。**如果谈唯一的运营主题，那就是个人IP。**自媒体是个人IP建设的一个路径，我在前文论述过一人公司需要通过自媒体建立个人IP的必要性，因此在行动层面，哪怕是最基础的目标，仍然需要建立个人IP，否则你的获客将变得随机、高时间代价且不可持续。后续可以设定个人IP的优化目标，甚至致力形成头部IP，这样的变化都会不断地把个体价值传递和个人商业变现有机地融合起来，实现更高效的个体运营。与此同时，为了防止公域网络可能带来的重大影响，尤其是那些以交易为主的生意形态，在稳定运行之后要尝试私域平台的建立，可以从一些轻量的微信群、QQ群、小程序、App开始，逐步滚动经营，弱化对第三方系统的强依赖。

一人公司的学习与成长，其实就是自我学习和成长。就像前面讲到的，一人公司的持续性和收益性与个人的成长息息相关。开始我们可以以自我学习的方式展开，学习一项技能、学习一种设计方式、学习有效的沟通方式、学习粉丝的经营、学习个人IP的建设，等等。这里除了学习，最有效的成长策略就是"复盘"。如果不能定期"跳出来"以观察者视角自我复盘，往往就很难发现自己成长过程中的问题所在。这和我们做任何工作的自闭环的部分逻辑没有任何差别。

当我们开始追求更高的目标时，就需要引入其他一人公司的经验，或者引入专业的商业教练带给我们更多启发和思路，协助我们实现更大的突破。更可以系统地成立学习小组，通过外部顾问的支持寻求一次更大的蜕变。这个过程就是"对抗熵增"的过程。我曾经在多次演讲场合表达过，**创业是一种极致的不断创造"负熵"的过程。那么，一人公司就是这种"极致里的极致"。** 对抗熵增、创造负熵最好的做法就是与外界实现交换，这一点在这个极致的环境下更为有效。所以，如果希望个体在一人公司过程中不断成长，那么你需要"打开自己"，哪怕你是个性格内向的人，仍需多一些和外界的交流和信息交换，让能量在一个更广袤的环境里"流动起来"。

2024年11月24日

> 这几天北京的天气阴冷阴冷的，可能初雪即将到来。晚上十点写完初稿，走在从咖啡馆回家的路上，想到未来我的文字和体系可能鼓舞或帮助更多的伙伴能自己持续创造能量和价值，便心生暖意。这是渺小又伟大的商业。

感性时刻

阿尔伯特·哈伯德商业信条

我相信自己。

我相信自己所售的商品。

我相信我所在的公司。

……

我相信生产者、创造者、制造者、销售者以及世界上所有正在努力工作的人们。

我相信真理就是价值。

我相信愉快的心情，也相信健康。我相信成功的关键并不是赚钱，而是创造价值。

　　我相信阳光、空气、菠菜、苹果酱、酸乳、婴儿、羽绸和雪纺绸。请始终记住，英语里最伟大的单词就是"自信"。

　　我相信自己每销售一件产品，就交上了一个新朋友。

　　我相信当自己与一个人分别时，一定要做到当我们再见面时，他看到我很高兴，我见到他也很愉快。

　　我相信工作的双手、思考的大脑和有爱的心灵。

　　节选自《致加西亚的信》

3. 从最适合的类型切入，向不断复合的方向延伸

此时我们再考虑一个问题：一人公司有哪些分类？

分类本身并无实际意义。**我们之所以要研究分类，是为了更好地了解自己。**

美国心理学家威廉·莫尔顿·马斯顿博士提出"DISC模型"(一种基于行为特点的对人类个体的分类工具)，是为了帮助人们更好地理解自己和他人的行为特征，从而优化沟通和合作；美国作家伊莎贝尔·布里格斯·迈尔斯编制了一份以卡尔·荣格理论为基础的迈尔斯–布里格斯类型指标人格量表，即现在的年轻人所熟知的"MBTI十六型人格"，是为了帮助人们了解自己在接收信息、做决策和生活方式上的偏好，进而更好地与自己和他人相处。

对于每个个体而言，是无须定义和分类的。个体差异之大，无法用科学严格验证；人的行为和性格变化之多，也无法保证这些分类的可靠性。但同时，人又是希望自我认知和自我革新的，因此这些分类就变成了一个辅助手段。

对一人公司的商业也是如此。我们研究分类，是为了解释另一个问题：**你适合做什么类型的一人公司？** 这可能是一个极简的商业模式的问题。

经过大量的观察和总结，我将一人公司分类成"STP"三个类型，见表 2-1。

表2-1　一人公司分类

类型	解释	说明
S（Sales）	销售型	以销售产品或服务获取差价换取收益的一人公司
T（Technical）	技术型	以技术或手艺换取收益的一人公司
P（Professional）	专业型	以某专业领域的综合能力换取收益的一人公司

"STP"分别作为三个英文单词的首字母，代表了"销售、技术和专业"三个不同类型的一人公司。我们试着进一步展开，方便你的理解。

"销售型"：销售型一人公司是最容易切入的一种模式，也容易有很高的变现效率，适合能力和资源都相对欠缺的一人公司创立者。商业模式就是广为人知的"沃尔玛"模式，即卖出价格和买入价格的利差。对于"沃尔玛"，这个差价是毛利润；而对于一人公司，这个价差就接近净利润。销售型门槛最低，最容易理解，身边这种类型的也最多。我们熟悉的做微商、代购的人，甚至一人经营的杂货铺老板这种最常见的一人业态，都属于销售型。当然，也完全可以是某个产品的代理商、经销商。往往这类创立者的核心能力在于商业嗅觉灵敏，善于销售渠道搭建和客户拓展，喜欢和人打交道，也懂得积累相关的资源。

"技术型"：技术性一人公司也是一种典型的模式。创立者利用自己在某些方面的特殊技术能力，来换取具有差异性的服务或者形成独特的产品。他们既包括自由程序员、设计师、摄影师这类直接提供技术服务的人，也包括我们通常说的"手艺人"，比如从事电子产品维修、手工艺品制作等。这类型的创立者往往不善交际，但都有很强的创造力，更喜欢沉浸在自己喜欢的事情中，研究能力强，工具利用能力强，专注力强，直接为客户交付对方因技术难度难以自行完成的成果。

"专业型"：专业型一人公司是以某专业领域的综合能力换取收益的一人

商业形态。因此往往需要综合专业能力，比如咨询、教练、顾问等，也可能需要更高度的专业知识，比如财务顾问、法律咨询、职业教练。这些人通常具有深厚的行业经验，能够提供解决方案，而不仅仅是执行。这个类型更适合有了丰富的领域积淀的"老法师"，通过多年积累的认知和经验给这一领域的新人或资历尚浅的人指点迷津。

如上三类可能会产生一些混淆。比如专业型和技术型有时很难区分，但核心差别在于是"授之以渔"，还是"授之以鱼"。专业型更多是通过专业赋能、传递价值，而技术型直接交付、输出，创造价值物（也可能是非实物类）。比如摄影师是提供拍摄服务的技术型角色（T），而摄影培训师可能更偏向传递经验和技能的专业型角色（P）。

如上三类可能也会有一些重叠。技术型创立者可能也需要长期合作的渠道将产品卖出去，也会存在时间和空间带来的信息差，用于套利。专业型创立者的部分工作也可能需要直接协助客户交付，比如帮客户策划图书的独立策划人也可能需要通过自己的写作能力修改部分章节或字句。

但更有价值的点在于，**不同类型的技能可以复合起来，而复合后将产生更大的价值空间**。比如销售型和技术型的复合，会营销懂技术，就像"飞机"有了两个"翅膀"，更平衡，更有动力；专业型和技术型的复合，在一些技术相关的主体上能既懂原理、又会输出，甚至可以和客户共创，将带来更为丰富的用户体验和黏性，比如新技术顾问结合了部分程序开发工作；销售型和专业型的复合，可以在提供解决方案的时候推荐更有效的支撑客户目标达成的产品，使收入形态更为多元，比如我们常见的健身教练推荐营养粉，鉴酒师推荐适合对方的红酒类型，往往客户的接受度会比纯销售更高。

如果能将三者充分复合，就更加达到了一种"理想状态"。比如：

- 经营线下宠物用品店（S型卖货）→给宠物做美容服务的同时拍摄宠物美容教学视频（T型手艺）→撰书《开宠物店避坑指南》（P型经验）

- 设计师接单（T型）→把作品整理成素材包出售（转成S型）→开

设计思维训练营（升级为 P 型）

- 管理顾问提供咨询服务（专家 P 型）→在咨询的过程中推荐管理软件工具（延伸 S 型）→配合软件协助设计 SOP（标准作业流程）并导入系统（T 型）

这种"全复合形态"的价值体验在于，当任何一种类型的变现方式失效或无法延续时（例如所销售产品因为同质化程度加剧很难有利润空间），依旧存在较为有效的商业空间，商业更具持续性。

概括起来，我们总结出不同类型的切入点和路径，如图 2-8 所示。

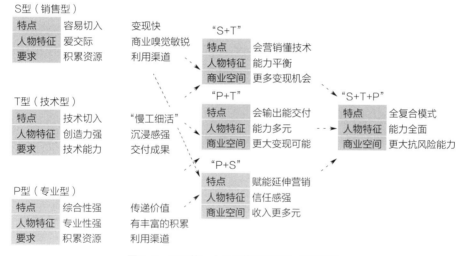

图2-8　不同的一人公司类型的切入点和路径

我们前面提到，我们无意定义每个人。但我们从规划一人公司商业的角度，这样分类的意义在于，可以更好地定位自己的切入点和延伸方向，也就不断更新了自己的商业模式。

一句话表达就是："从最简且最适配自己的方向切入，向最有可能复合的方向延伸，争取最全面的商业空间。"

4."苹果核"：独一无二的一人公司的"版图"

到现在为止，我们可以整理出一人公司的版图，见图2-9。

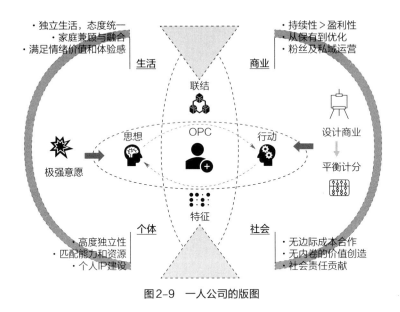

·独立生活，态度统一
·家庭兼顾与融合
·满足情绪价值和体验感

·持续性＞盈利性
·从保有到优化
·粉丝及私域运营

生活　商业

联结

思想　OPC　行动

极强意愿　　设计商业

平衡计分

个体　特征　社会

·高度独立性
·匹配能力和资源
·个人IP建设

·无边际成本合作
·无内卷的价值创造
·社会责任贡献

图2-9　一人公司的版图

　　"版图"这个词很有趣，它在不同的领域有不同的含义。更有趣的是，每个含义对一人公司的版图都适用。

　　"地图版图"指的是地图上的疆域或领土范围。例如，我们常说"维护国家版图的完整"。那么一人公司的版图就是一人公司的边界和范围，而我们可以以此最大程度上"维护一人公司版图的完整"。

　　"印刷版图"指的是木板、铜板、锌板等印刷用的图版。我们也恰恰希望每个人在此基础上印制出自己的一人公司蓝图。

　　"集成电路版图"的核心是凸显集成电路设计中各个组件的联结。我们也希望将个体、社会、生活、商业等多个一人公司需要贯穿和平衡的要素联结起来。

　　"游戏版图"指游戏所用的棋盘或地图，玩家在上面移动游戏元素进行游戏。我们希望一人公司的创立者像游戏者一样在多个曾经无法平衡的要素间自由腾挪。

　　所以，这张版图不但界定了边界，实现了必要要素的联结，而且有很强的可复制性和指导实践的意义。从版图创造出适配自身的"一人公司蓝图"，而蓝图的创造者有一天可以在这片空间里自由穿梭。

这就是我提炼的一人公司版图的样子——看起来线条众多，但它一点都不复杂。我们试着从几个关键点理解它。

内核

内核是什么？内核就是你自己。

记住，现在开始你是OPC（One-Person Company，即一人公司的英文缩写），不再是"NPC"（"Non-Player Character"的缩写，意指"非玩家角色"）。

你虽然普通，但你可以因为是OPC而"Plus"（叠加）很多，变成升级版的你自己，甚至有一天，成为顶级的你自己（见图2-10）。

图2-10　一人公司整体版图之内核

没有什么比能够保有健康的身心、不丧失爱的能力、不断形成自我精神内核的环境下的自我成长更让人内心富足的了。内心富足了，一切都会变得不同，一切富足都会自然而来。而太多人物质富足的同时，内心空洞迷茫，那物质财富也会随之逐渐消散。永远记住，物质只是你自身内核外化的部分。

横看"人"

锁定了你本人这个内核，你这个鲜活的人的视角就延展开了。从思想到行动，是所有商业运作的最普遍的规律。见图2-11。

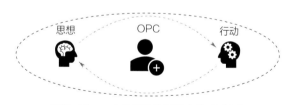

图2-11　一人公司整体版图之横看"人"

思想上，你需要一些"不破不立"的思维方式，要敢于打破常规，敢于尝试从未挑战过的事物，要"敢为天下先"。假如你曾经很长时间在一个固定的环境里，我理解这对你而言会非常不易。但无论是主动防御还是被动适配，在当下这个极度内卷的时代，我都强烈建议你迈出这一步，或者在保持现在的工作环境的前提下"尝试"迈出这一步。

我一直有一个观念，"安全就是最大的不安全"。在一个舒适的温床一样的环境里，看起来一切风平浪静，那可能是恰逢风调雨顺，或者恰逢有人为你扛下了所有。如果没有危机意识和未雨绸缪，当这个环境不复存在的时候，就是对这个人毁灭性打击的时刻。

所以在我职场期间，一旦进入一种舒适状态，我就会马上"逃离"，进入一个外人看起来更具挑战性的新岗位或者新领域。恰恰是这种锻炼，让我拥有了比一般职场人士更强的生存能力；也恰恰是这样丰富的经历，让我能从多个视角思考工作、事业，以及更宏观地看待他们和周边的关系。时刻保持冷静和热烈，时刻迎接更糟糕又更完美的自己。

一旦你的思想障碍消除，那么就迈出第一步吧；然后走到一定阶段再反思，如此反复迭代，如同图2-11中的闭环。我需要强调的是，一人公司的行动是100%的主动、内驱行为，不会有一丝一毫在职场上的非内驱的行动。哪怕是99.9%，你都要重新反思要不要做一人公司，如果你没有明确的答案，不妨停下来或者放弃。试想，你是编剧、导演、制片、摄影、演员、发行，你是一部电影的一切，你只希望这部电影可以成功发行、有更多的观众买票、观看并喜欢，并无任何可以为它无法面市、没人看或不够好而推脱的理由。你就是创造者、协作者、产品或服务提供者，你是一切。你需要在过程中思考每个环节的做法和可能的效果，然后做出来。

不用担心你无法独自完成这一切，你从来都可以。如果担心做不到，那只是你长期处于一个有其他人协作的环境里产生的惰性阻碍了你。本质上，这和你第一次自己照着菜谱或者看着印象里别人的样子照猫画虎做一顿饭并无二致。也许你第一次会手忙脚乱，会把事情办得一团糟，没关系。想想我们还是孩子的时候，所有生活里的事情几乎都被我们搞砸过，而经过迭代和成长，现在的你可以搞定一切。所以，你只需坚定地相信自己，并付诸行动。

当然，如同前文分析的那样，我们还需要思考关于能让我们长期不会感觉枯燥的终身热爱的事业，以此形成强意愿推动自己长期投入这份新的事业；我们还需要一些商业模式画布、平衡计分卡等商业工具的加持，让自己的行动更有目标、更有成效。非常希望它们可以变成你思想和行动的助手。

纵看"事"

一人公司有自身特征和外部联结的属性，见图2-12。

我们在前面总结过，一人公司的特性有：

- 不雇佣任何人
- 不被任何人雇佣
- 独立自主地实现持续生存
- 以个体为节点实现外部联结

以及同时具备"简单性""独立性"和"适应性"。

但人不是孤立的，商业也不是。人具备社会属性，商业也具备。一人公司的商业就和一个人的生活一样，需要和不同关系的外界人或组织发生各种各样的联结。

图2-12 一人公司整体版图之纵看"事"

我们把前面的特性映射到社会属性的联结上看，就会有如下的视角和价值，见表2-2。

表2-2 一人公司特性对应的联结特性和价值

特性	联结特性	价值
不雇佣任何人	没有劳动关系型的联结，只有商业原则的联结和合作	完全遵循商业准则和市场规律
不被任何人雇佣		
独立自主地实现持续生存	不消耗外部资源，其他人和组织的时间不会成为一人公司主体的成本项，各自独立对自己负责	如商业持续，联结更简单和持久
以个体为节点实现外部联结	联结清晰有效	不存在推诿扯皮和权责利不一致的低效现象

反观不以商业准则出发的"人情利益"、复杂的合作产生的依附关系、因为组织的复杂导致的人浮于事，都是当下商业的顽疾。而这些顽疾在这个"单细胞生物"体内"自然免疫"了。试想，如果我们把一家有100名员工的公司分化成100个一人公司，然后重构商业，这种合作和产出效能会提升

多少？遗憾的是，不是没有老板这样思考过，但因为多人企业受限于其自身的基本逻辑和运作规律，不太可能以此为基础又"背道而驰"，构建一个没有雇佣关系、独立自我负责的多人企业，大多将以实验失败而告终。但一人企业的模式仍可以给多人企业很多优化的启示。

底层看个体和社会

一人公司的特征注定带来个体属性和社会属性的独特性，见图2-13。

个体层面，如果要我提炼最关键的一点，我依旧坚持独立性。就像我们论证的一人公司和自由职业者的差别，如果一人公司背后有一个长期、重度需要支撑的平台或机构，那么商业模式画布就会失效。你会发现，自己其实是其他公司画布的一部分，自己没有独立让这个体系运作下去的能力。

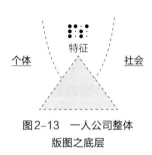

图2-13 一人公司整体版图之底层

所以在我看来，**独立性是一人公司的第一属性。**

此外，就像前文提及的，我们需要在高独立性、高意愿度的基础上，匹配自身能力和资源，我们并没有过多提及能力和资源的部分。如果需要系统性的思维，也可以通过如下盘点的方式进行，见图2-14。

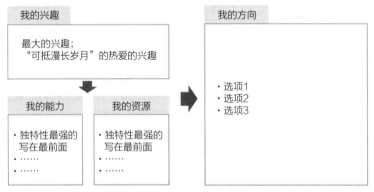

图2-14 盘点你的一人公司的过程

找到你最能持续的兴趣，以此为轴看到围绕这个兴趣你的能力和资源分别有什么。注意，无论能力还是资源，独特性都比强弱更重要。

然后你就可以推演出你可能的几个事业选项。这里你大可以天马行空，信马由缰，先用发散性的思维形成一些可能性，然后逐步评估和验证，最后收敛到最可能的选项上。

这个方法非常简单，不是吗？只需要一杆笔、一张纸、四个框框和数行文字。但这种"手工盘点"的方法的玄妙之处在于，当你能真正写下来这些内容的时候，你的思路因为这张薄薄的纸片越来越清晰了——你不但挖掘出了各种可能性，还充分关注了各个要素之间的关联性。

我在职场带领团队时常常会说这样一句话，"输出是最好的输入"。当你将你的计划付诸笔端，就是一种有效的输出。在输出的过程中，你会发现曾经模糊的、混沌的渐渐清晰起来，也会因为不了解的内容进行搜索和调研，你已经在进步中了。另一种更为有效的输出就是"讲出来"：我强烈推荐当你有了这个初步的想法的时候，去和你的朋友、家人、合作伙伴讲出来，不用过多关注反馈，而是用这种"输出方式"倒逼自己把"输入侧"整理好。

回想在职场时，我曾经多次想过，为什么每家企业要有固定的岗位？这就像给了一些固定的模板，把一个个确定的人往里"塞"。最有效的人才评估的方法应该是基于兴趣、能力和资源，就像上面的那个表格一样由人力资源负责人盘点出来，并去用某种方式进行验证，这样再根据企业所需进行匹配，反而是对一个人最客观的评价，也是"人尽其用"最有效的初期评估方式。这过程更像是基于模具浇筑熔化的金水、银水或者铜水、铁水，打造出我们所需的有价值又符合市场需求的金属物品。这和绝对的价值量无关，只和每个个体的"价值利用率"有关。遗憾的是，企业因为其特定性，无法实现这样理想化的评估和招聘方式，所以有了大量人岗不匹配、人才不能充分发挥自身能力和资源的情况发生。幸运的是，你在一人公司可以充分实践这一点。把自己解构，再高度定制化地重组起来，你独一无二的事业就此有了坚实有效的基础。

个体之外的社会层面，我们也可以试想一个假设的场景，做些推演。

三个小伙伴，分别经营自己的一人公司：

- A在北京，做家政服务；
- B在深圳，做新奇特的小型家居电子产品代理；
- C在成都，做维修服务。

他们都是95后，都有自己的自媒体。

A声音甜美，通过短视频娓娓道来自己的全新的"整理好房间即收拾好心情"的高情绪浓度的家政服务理念，以及自身对家政细节的把握，获得了近5000个粉丝。由此超过200个以女性为主的年轻人私信找她去做家政服务。她的日程每天排得满满的，而且工作的时候雇主很喜欢和她聊天或者学习收纳技能，她还因此结交了十来个好朋友。

B原来在大厂工作，主要的业务领域是家用小电子产品，对新奇感很强的小电子产品格外有兴趣。当他发现这个窄的"猎奇赛道"有很多人关注，但存在"很难找到""要么性价比不高、要么粗制滥造"和"新奇感过后变成电子垃圾"这几个痛点时，他就开始不断在国内外设计圈和生产源头寻找性价比高、质量过关的产品，并通过短视频和自己的商城进行售卖。他还和各个厂家分别谈妥了两年内的回收策略，并用自己的利润部分为回收提供包邮服务。因此，B成了一个既有独特性又能提供服务的代理商，圈粉上万。经过一年的线上经营，他每年可以稳定产生300万元的流水，因为是和厂家直接合作，他个人的获利空间有近50万元。

C是善于钻研的理工男，可以鼓捣电子产品。有一次他自制了一个机械和电子控制的自动化妆台，拍了个视频发到网上，没想到浏览量超过10万，由此带来了2000多个粉丝关注。从此，他一发不可收拾，开始发布由他废物利用的电子产品的创意视频。他发现越来越多的以男性为主的95后找他把十几年前非常复古的电子产品"救活"并进行"升级"，变成既怀旧又有趣的东西。比如，一个2000年初流行的PocketPC，被他增加了网络和控制模组，做成了一个自动实时语音识别成文字的"展示屏"。

A、B、C经营的客群都是刚刚买房的95后职场白领。这个群体对生活质量有和父辈不同的追求，但更关注情绪价值的满足。一套整洁的房子、一个有趣有温度的小产品、一个有创意的"重生的废品"，都让他们经营的客群对他们既认同又有很高的黏性。也是因为目标群体一致，他们是通过短视频平台的相同标签推荐认识彼此的。

结果呢，他们先是成了价值观高度认同的朋友，又在朋友的交流中碰撞，最终实现了以下几方面合作：

联合营销：他们开始利用各自的自媒体平台，互相推广对方的产品和服务。例如，A在家政服务中推荐B的家居电子产品，B在产品代理中推荐C的维修服务，C在维修服务中推荐A的家政服务。

套餐服务：他们将三者的服务打包成套餐，提供"家政+家用电子产品+维修"的一站式服务，起了个很有吸引力的名字"走心三新"，吸引了更多客户。

资源共享：他们也尝试共享客户资源和供应商资源。例如，A的家政服务客户有的需要维修服务，C的维修服务客户有的需要家政服务，B的电子产品客户可能需要维修服务。

大家可以想一下，这样的合作是不是毫无边际成本？没有一分钱的投入、没有内部的大量会议、没有领导的层层审批，每个人都是自己的老板，每个人都是唯一的决策主体，一个三者都觉得是可以尝试的好主意瞬间"三拍即合"，结果就是**大家都出让自己的时间和资源来试错或者获得、分享收益**。

更重要的是，每个人都"不卷"别人。不但三人的**合作点都是基于并无交叠的服务展开，三者各自价值的总和就是全价值**。而不是像很多产品公司，原厂和分销商、产品和服务单元，以及内部不同的产品，都存在很多交叠和博弈，让多方的价值量在合作中衰减。更重要的是，每个人在做的事，放在同行视角也不是一种卷，最多是一种差异化经营。细分后形成的差异化是精准的经营，而"卷"是无差异的恶性竞争。

更何况，当企业即便初期有差异化的优势，随着扩大经营、跑马圈地，开始从地方到省市，到全国甚至全球，做的越大就会出现越来越多的竞争者与之抗衡，而企业的员工也不得不被动进入强竞争的环境，为此承担代价。而一人公司并不关注扩张，每个人之间也很难有真正的竞争，有点"弱水三千，只取一瓢"的感觉。

现在从这个案例分析中收回思绪。你要知道，这完全是我杜撰的一个场景，是不是反而觉得这些商业和合作都挺可行，甚至很有吸引力？这就是一人公司思想设计带来的魅力。

我们再扩大一下视野。如果我们身边有三分之一的人都进入这种一人公司的序列中，那么世界会怎样？这种局面带来的绝对不仅仅是就业率的提升。去除了"内耗和外卷"的商业本身就自然释放出非常大比例的价值空间。我们在创造等同价值时获得更高收益，我们在创造等同收益时获得更多时间，我们在消耗等同时间时享受了更多的生活和家庭的陪伴。**每个人每天轻松满足地做着自己可以做一辈子的事业，伴随从内而外的喜悦，整个世界都会变得更为和谐和美好。这或许就是一人公司的社会价值所在。**

2024年11月09日

> 虽然初期的模型是灵光一现，但这几天我在不断地让它变得充实和饱满，就像"先赋予灵魂，再注入血肉"。这时我和这本书就像和我的子女一样，产生了"血脉联结"。我每天都因创作而满足，希望给别人带来一生财富的时候，我自己先获得了富足。"给予是最好的获得"——这是一种美妙的感觉。

顶层看生活和商业

一人公司的顶层看生活和商业，见图2-15。

关系

个体和社会属性在凸显自身特性后，通过社会联结进入生活和商业。生活是衣食住行，喜怒哀乐；商业是追名逐利，商场沉浮。在我们分析一人

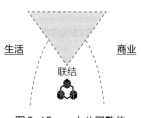

图2-15　一人公司整体
版图之顶层

公司的生活和商业版图之前，我们先来重新思考生活和商业的关系。

前面我们提到过，所有商业存在的意义都是为了人类生命和生活的质量。即"生活需求是商业活动的源泉"。没有生活的需求，商业活动就失去了存在的意义。但同时，商业活动的发展又极大地丰富了人们的生活内容，提高了生活质量。比如互联网的普及，电子商务的广泛应用，极大地改变了大众的生活习惯。这是相互依存的关系。

但商业和生活又是对立统一的。在市场经济中，商业追求效率和利润，而生活追求的是质量和幸福。这两者既对立又统一。商业的运行可能损失了劳动者个体享受生活的时间，而真正成功的商业最终是要服务于生活的幸福。

融合

知名学者陈春花说，"人的生活让商业得以永续。未来对于商业来讲，融合生活、驱动人类进步会是下一个篇章。"我深表赞同。融合确实是生活和商业统一的第一选择。试想，你的生活活动就是你的商业活动，这是多么美好的事情。我认识一位来自台湾的Kari老师，爱花如命，视花卉为自己的整个世界。年过半百仍未婚的她，持续经营自己的一人公司——一个花艺工作室。没有跌宕起伏，没有险滩峻岭，三十年如一日，自在其中。相信她从未因为工作的收入低或者劳累而苦恼，因为对她而言，**商业即生活**。

Kari老师将工作和生活融合的花艺工作室

我增加一个视角，这个认知反过来看也成立，**让生活和商业越来越分裂的形态都是落后形态**。因为分裂会让依存关系和对立统一关系越来越弱。

平衡

但现实世界里，二者的分裂感一直存在。分裂感的最关键的一个根源就是时间。当二者对立时，时间在商业里消耗，就在生活里缺失。因此，当没有实现融合的第一选择时，时间的平衡就变成了一个核心命题。那么，应如何平衡时间？

在我看来，答案很简单：**简化商业。放弃不断追求高盈利的目标，放弃不断高增长性的执念，注重商业的有效性和持续性。**我们大量投入商业的时间被"枝枝丫丫"分流了，那往往是性价比很低的部分，因为它源于欲望扩张的"触角"。

我们在投资领域也有一个公认的逻辑："高持续性收入"的溢价远比"不可持续的偶发收入"要更值钱。如果一个商业持续性收入占50%，而以投资视角看，一个基本的规律是同等收入量的情况下，持续性收入的价值是非持续性收入价值的三倍，这样也就意味着砍掉另外的50%收入，整个商业的价值量只打了七五折：

$$0.5 \times 3 + 0.5 \times 1 = 2$$
$$0.5 \times 3 = 1.5$$
$$1.5 \div 2 = 0.75$$

而且可持续性收入可能来自一个稳健有效的商业模式、稳定的客户群体等，时间成本可能仅为非可持续性收入的一半。这样算来，这个"七五折"的生意从时间的角度"非常划算"。

对于商业的发展，我也推崇顺势而为，自然发展。因为但凡需要加快发展速度，就需要承担相应的代价，往往为此付出的代价是成倍的。**在平衡时间的视角下，我们更应该像农夫，尊重作物的生长周期、尊重作物在四季不同的长势、尊重不同作物的生长规律，以最小的时间单元维护作物最自然和可持续的生长方式。**农业如此，商业亦然。我们希望一人公司的商业可以自然长成，在合适的时机去优化（关于优化的思路，我们会在后面的章节分析何时扩张、如何扩张）。

一人公司的属性和我们对生活和商业的理想关系完全一致。我们生活中需要更多的家庭互动和陪伴，需要有独立自我的时间和空间，我们就需要让渡工作的时间出来，而最有效的方式就是简化，是从关注营利性和成长性转为关注持续性，从保有开始，自然而然地过渡。

当然，此外，为了独立运转，我们要有商业的客户群体运营作为必要要素；为了满足生活中非常重要的体验感和情绪价值这些物质之外的东西，就需要将情感投入商业中，让商业反馈给我们卓越的体验——就像Kari老师之于花艺的情感链路，时刻得以闭环。

当你也进入这样的一种融合又平衡的状态里，试想一下，生活和商业对你而言是何其美妙。**生活像牛奶，商业像咖啡，按平衡比例融合之后就像一杯拿铁，牛奶消除了咖啡的苦涩，咖啡丰富了牛奶的风味，这样的结合体香味融合，视觉美观，沁人心脾。**

整体形态："苹果核"

现在，你应该可以理解这整个版图里的各个部分以及它们之间的关系了。

- 从思想到行动，从个体到社会，从生活到商业；
- 从自身特征到联结属性；
- 它们互为前提，又互为因果；
- 它们交织起来，构成一个完整、对称而稳定的形态。

是的，这和我们倡导的一人公司的意识形态和经营形态的理念非常吻合。

细心的你可能还会发现个体和社会之间的三角形，生活和商业之间的三角形。大理石的纹理表示这是"基石"，让多个要素因彼此的联结变得稳固。一人公司个体和社会的属性支撑了独有的特征，而这种极简的商业对外联结后，扩展出了生活和商业的融合。至此，整个盘面有了"顶"和"底"。

如果你足够有趣，并擅长图形化思维，会不会觉得整个图形（图2-16）很像一个**"苹果核"**和苹果外部的轮廓？

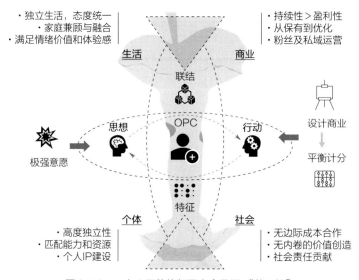

图2-16 一人公司整体版图之全景图："苹果核"

你看，中心部分是"苹果核"，就是被人或动物啃食后可以在自然界长成一棵苹果树的内核部分。一人公司最内核的内外部属性就都在这里了。如何理解自身，如何理解和外部的关系，如何在当下行事，如何在未来发展，都应该受这个"苹果核"的约束。**坦白说，时下很多商业是"无核"的，更像是一堆果肉的堆积；但一人公司不可以"无核"。**如果没有这个"核"，一人公司就失去了独立存在的意义。

一个有趣的冷知识是，苹果在发芽之前，核里面是没有叶绿素的，完全不需要光合作用来获得能量，发芽时主要是消耗自身的营养物质而生长的。这是不是也很贴合"从思想到行动""高度内驱、自我闭环"的逻辑？一人公司就像一个生命体，一旦开启，完全可以像自然界的生生不息一样自然美妙。

当有了内核，我们唯一要做的是基于我们对每个要素的分析，在内核的周围沿着分析的方向拓展一人公司和自我的边界，就像不断长出的"果肉"。这"果肉"关乎企业收益、关乎社会价值、关乎个体成长、关乎健康富足。

在自然界，果肉有两重作用。生长期是"保护"，保护果核不受虫子侵害；成熟期是"诱饵"，由动物通过吞食种子把它们带到更远的地方繁衍。而对一人公司，"保护"是为了保持内心，以长出来的部分建立正反馈，不忘初心；"诱饵"则可以让外界（客户或合作伙伴）通过被你个体价值的吸引把你带到更远，远离自身环境的局限和本土竞争。

至此，除了让内核"平衡"，我们有了新的命题，就是让整个商业不断"充盈"，一直到形成一粒完美的果实，见图 2-17。

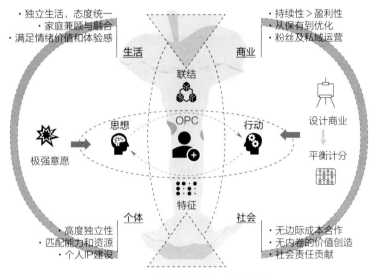

图 2-17 从"苹果核"到"苹果"

希望你能喜欢这个"苹果核"。

不管你目前的形态只是一个"果核"，还是"半个苹果"，甚至是"被咬了一口的苹果"，我依旧希望你怀揣一个完整"苹果"的一切：苹果的内核、苹果的内在组织、苹果的平衡性、苹果的营养成分。有一天你的"苹果"可以逐步丰满、变得完美。哪怕只是小小的一颗，依旧是你此生可以给自己的最美的馈赠。

2024年11月29日

在北京的网红胡同五道营的一家咖啡厅的露台位，我迎着秋日暖阳喝完一杯拿铁咖啡。在内心温暖充盈的时刻，我完成了这个"苹果核"的创作。想起"苹果核"是女儿看到我这张图后的第一反应，觉得有趣又贴切，于是，我生活里的小情人也参与了我事业中的创作。

感性时刻

如果我是NPC

如果我是NPC

可以让我看脚本吗

如果我看到了脚本

我可以修改吗

老板

你可知我同时是个编剧

可以让你的整个故事

因为我这个NPC

更精彩

2.2
一人公司落地要点

我们在做中餐的时候会有一种体会：知道菜谱似乎只是知道食材和过程，距离真正把这道菜做好还有一定的距离。产生这种距离的要素往往包括：

- 用量（少量盐是多少？）
- 火候（中火片刻，是多大的火，多久？）
- 感官（怎样的色泽是熟且口感最好的尖椒？）
- ……

所以，除了菜谱外，厨师还会增加一些如下的内容：

- 肉要这样切，防止×××
- 一定注意×××时就关火
- 看到×××变色就把火调小
- 这里的×××可以用×××替换，增加×××的口感
- ……

这些在餐饮里叫"烹饪秘诀"。这些点处理得当，可以让整道菜增色不少。同样地，在一人公司的体系之外，也有类似的关键秘诀，让一人公司的实战变得更卓有成效。要想你的规划可以顺利落地，就需要对这些落地的方法和要点有全面的理解。

1. 自媒体是一人公司价值传递的"必选项"

前面我们不止一次倡导一人公司要建立IP，而个人IP最有效的方式就是自媒体。在中国，自媒体大多通过社交媒体平台实现，比如微信视频号、抖音、小红书、微博、哔哩哔哩（B站）、快手、今日头条、播客等。在自媒体时代，每个人都"可以"成为信息的生产者和传播者；而在一人公司的

环境下，每个人都"应该"成为信息的生产者和传播者。

但很多人对自媒体存在误解，概括有三。

误解一："自媒体不是谁都可以做的"。

很多人认为做自媒体这件事，只有表达欲和表达能力很强的人才能胜任，甚至还有人认为创作者形象要好。这是对自媒体的刻板印象。当你看过的差异化自媒体越多，就越不会再产生这种狭隘的认知。

你会看到满头白发的老者娓娓道来自己的养生经验，会看到害羞内敛的理工男低头一言不发地记录自己制作的电子产品，还会看到家庭主妇一边记录和自己宝宝的互动一边由衷地分享着自己育儿的经验，甚至只有宠物出镜的可爱的猫猫狗狗被照顾的过程……形式之多、内容之丰富，只有想不到，没有看不到；创作者的跨度之大，也和在北京的天安门广场、上海的人民广场你能见到的形形色色的人一样。

你还要知道的是，中国自媒体的观众规模相当庞大。据QuestMobile的数据，截至2023年9月，抖音、快手、小红书、哔哩哔哩、微博这五大典型新媒体平台的去重活跃用户规模达到了10.88亿。此外，《2023中国网络视听发展研究报告》显示，截至2023年12月，中国网络视听用户规模达到了10.74亿。

中国有句古话："萝卜白菜，各有所爱。"当你理解了自媒体是在"公网"面对十亿以上的用户，就会明白总有人会喜欢你这一款的道理。我们听说过的千万粉丝的"大V"，也不过是这个群体的1%；即使喜欢我们的人是"万里挑一"，你仍可能拥有百万级别的粉丝。

因此，首先要消除的就是创作者的误解，迈出自己的第一步。当你把自己思考特别独到的一段话、做得特别好的一盘菜的过程、特别棒的一次爬山经历，以一两分钟的短视频或者数张图片的方式分享出来的时候，你会发现自媒体的创作如果是发心而为，并没有那么难。

在一人公司的商业模式里，我们鼓励大家基于兴趣选择自己的赛道，同时通过自媒体去触达更多的伙伴和客户。内容的创作也应源于自己的兴趣。迈出思想障碍的第一步后，再加上理解这是自己个人商业的一个必要组成部分，反而会比大多数创作者更有动力、更持续。

误解二："自媒体的变现是卖货和打赏"。

很多人认为自媒体的变现方式就是卖货和打赏，其实这样的理解有些狭隘。这些是自媒体经营到可以流量变现后的两个主要组成部分，但绝非全部。我整理了自媒体可以变现的主要方式，见图2-18。

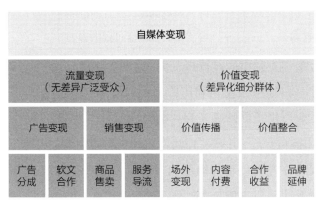

图2-18　自媒体变现方式

自媒体变现方式可以分为两大类：流量变现和价值变现。

流量变现的受众群体大，用户更多是无差异的消费群体。很显然，流量变现需要粉丝群体巨大、流量足够，才有可能通过视频内嵌广告、软广或者售卖商品的方式变现，否则变现难度很大。对于一人公司，通过日积月累成为某个独特赛道的"大V"是有可能的，但是所需的周期更长，难度更大。因此，这部分并不是我们所要谈的重点。

而价值变现并不以粉丝群体的数量取胜，更多面向你所经营的细分群体，走的是高度差异化的路线。我们前面谈过的"壁球女孩""绕线画女孩"以及"创意电子产品小哥"，在自媒体变现中都属于这个模式。

如果有人看了壁球女孩的作品视频关注了她，进而进入她的淘宝店铺产生了购买；如果有人看到神奇有趣的绕线视频，私信绕线画女孩希望能够付费帮他代做一幅作品；如果创意电子产品小哥开通了兴趣电子的版权课，有人看到他的创意也想成为创意达人，便在线采购了他的课程，那么这些创作者伴随着这样的过程都实现了基于价值传播的变现。

之所以称之为价值传播，是因为传播的是对特定群体有价值的东西，其至不一定是物化的、与售卖的产品和服务一致的东西，见表2-3。

表2-3 自媒体价值传播示例

售卖的产品或服务	传播的价值
壁球周边	壁球的文化、运动快乐、群体的个性
绕线画产品或代绕服务	绕线画的创意、过程的趣味性、多作品的美感
兴趣电子版权课	电子创意、制作过程的喜悦

我自己也是一人公司的经营者，同时也是价值变现的受益者。

我的一人公司简单来说是利用曾经的职场和创业二十余年产生的积累，为几家科技企业提供长期的成长和并购顾问服务。我不仅通过时间和智力获取咨询月费，还在融资、并购、IPO等金融交易中获取财务顾问收入。

同时，我也在经营创投领域的自媒体（视频号及抖音、哔哩哔哩、小红书："日咖夜酒李教头"；微信公众号："创投李教头"）。我的自媒体有清晰的目标设定，那就是向创投领域的商业体和个体传递创投相关的价值。我同时也像这本书一样在宣传和倡导一人公司，希望更多人能有机会加入和我一样的群体。后来我发现二者是可以贯穿和互通的，这就形成了我一人公司自媒体的内容边界设定。这张经过近半年时间打磨和整理后的"路线图"，一直钉在我写字台正对面的面板上。

一开始，我对自媒体的价值变现方式也是一片懵懂，只是持续保持高质量的内容输出。直到有一天，一位企业的创始人在微信公众号里看到我的文章《我现在的最佳状态》后，私信给我，只是说也在北京，希望和我聊聊。还有人看到我转发的视频号内容后，约我去他上海的公司坐坐。在与前者的三次见面后，这家企业成了我的长期顾问业务客户，贡献了我年度固定收入的20%左右（我的商业模式设定只允许长期深度服务4~5家客户）；后者则有希望在新的一年签约，协助其实现并购资本。

后来我反思这两段经历，发现自媒体充当了绝佳的价值传递工具。邀请我的企业家在看到我的内容后产生了"价值链接"或"价值认同感"，再加上场外的认识和沟通，从两个陌生人以极低的时间成本转化成了自己的客户或潜在客户。

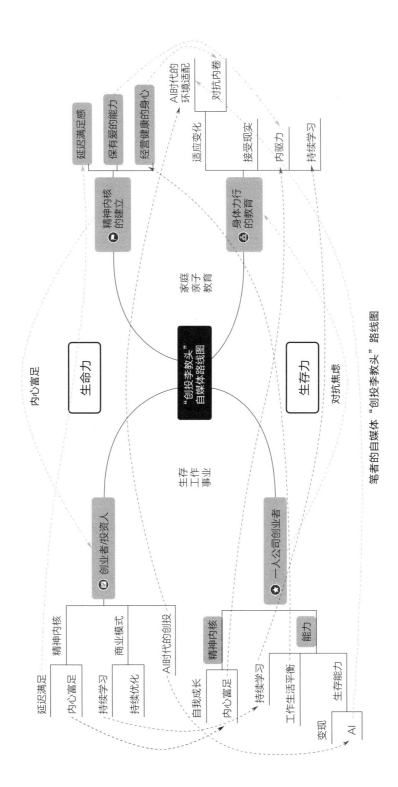

笔者的自媒体"创投李教头"路线图

因此，不管是前面的例子，还是我自身的经历，都告诉我们，**自媒体的另一种变现方式是向精准的受众群体传递你的认知、能力甚至是你的态度，以这种高度价值化的方式吸引"有缘的朋友"在场外产生收益。**

当然，如同前面我们提到的"A、B、C"的例子，一人公司的自媒体也为能找到合作伙伴，产生增益价值和附加收益带来可能性。这一点随着自身价值传播的持续也会自然而然地产生，其逻辑与多人公司的商业逻辑完全一致。

误解三：自媒体已经过了"红利期"。

这个误解和前面关于自媒体变现的误解是关联在一起的。这个误解的前提是认为自媒体的变现依赖于流量，而流量的背后是"注意力经济"。的确，如果这个前提成立，确实存在"红利期"的问题。

在早期，由于进入门槛低、竞争不激烈，很多自媒体创作者能够轻松吸引大量关注并获得收益。然而，随着越来越多自媒体创作者的涌入，行业因为"内卷"变得越发成熟和规范，**现在要想以流量模式取得成功，需要更多的努力、创意和专业性。**

但如果我们锚定价值变现的模式，则不必担忧红利期的问题。核心逻辑是：只要受众的需求存在，这类自媒体就能精准满足受众的价值需求。他们有的需要获取财经的专业信息和建议，有的需要看到创意的生活秀，我的自媒体粉丝则希望得到创业中成长和资本相关的知识、建议和鼓励。这些需求各不相同，因为这类细分的基于兴趣或者事业的需求带来的关注远比泛化的注意力要更稳固。因此，哪怕只有几百个、几千个粉丝，也可能带来一些商业机会。本质上这类自媒体的内核是满足某种需求，而非单纯打发时间，因此更有持续的生命力。

这里需要补充一个视角，所谓需求，包括两方面：**情感和知识。**

不是只有获取知识才能满足需求，满足情感诉求同样也是满足需求。当然，能兼顾情感需求和知识需求的自媒体的价值更为全面。你会发现，价值变现好的自媒体都同时具备这两个特征。还需要特别注意的是，<u>自媒体受众需要的情感包含情绪，但不只是哗众取宠的情绪，而更多是传递热爱；需要的知识也不只是为了实用，也可能是增进认知或开阔视野。</u>

消除了这三个误解，也就消除了你为自己的一人公司做自媒体的行动障碍。那么，现在就着手建立自己的自媒体吧，见表2-4。我们从思想到行动做个汇总。

表2-4 自媒体建立从思想到行动汇总

思想	行动
"你可以做到。"	用你的专业和持之以恒，吸引"万里挑一"的受众群体
"自媒体内容创作并不难。"	发心而做，不拘一格，在过程中日益打磨
"你的自媒体可以变现。"	坚持对你的细分领域持续经营，传播价值，就会产生更多的客户、生意机会和合作机会
"你的自媒体红利不会消失。"	不断满足潜在受众和客户的知识需求和情感需求，持续输出真实的价值
"你并不需要过多的粉丝。"	粉丝的质量比数量更重要。把1000个粉丝设定成第一阶段的目标。持续输出细分领域的有价值的内容，粉丝会持续稳定地增长

那么加油吧。**通过自媒体打造一人公司强有力的传播引擎。**有一天你会为这个引擎而骄傲，甚至"持续优化引擎"这件事，也变成了你生活里非常有营养、有意义的一部分。至于具体的操作手法，怀揣你的热爱和信心去研究、去尝试，甚至去向其他自媒体学习经验和技巧，都可以。相信那些就像每个需要一日三餐的人学会用自己的餐具一样简单。

2024年12月03日

在北京北苑天街的Wagas，我和一位朋友喝咖啡，顺便提及我的写作。我讲了一些框架，请她给些反馈和意见。她提到她也曾经经营自己的自媒体，发现很难吸粉，也很难坚持。我发现了一些误区，于是以"逆向"思考、不破不立的方式展开这一部分。

2. 粉丝和"私域":经营好你最有价值的"鱼塘"

在一人公司的商业模式画布里,粉丝群体和私域平台既是对内的关键资源,又是对外的渠道通路。这两部分是同一个群体的情况在多人公司里很少见。如果一个资源既是自己价值创造的核心,又是外部价值传递的主要力量,那势必让经营主体容易被这个资源所控制。

在中国,有两个可以参照的案例。财务软件出身的用友集团早期通过代理商实现全国渠道扩张,后期反而成为企业的关键资源之一,只能通过代理商收编为分公司的方式转化成内部资源,以防止外部资源不可控带来的经营风险;早年的格力集团以空调业务为主,通过发展全国线下代理商获取了空调行业的市场第一的位置,但当线上的电子商务汹涌而来的时候,这些线下的资源反而形成了掣肘。同时,作为外部渠道和核心资源的代理商开始和新零售的经济模式产生博弈,对业务的稳定性和营利性产生了较大冲击。

核心问题是这两个角色所代表的利益不对等。一个代表内部利益,一个代表外部利益。当企业快速发展、一帆风顺时,这两个利益主体的利益可以实现统一,但当企业开始转型或者市场环境发生变化时,这两个利益主体的利益可能就会发生分化。

而对于一人公司,我们前面提到过,**粉丝和客户群体是相互渗透和转化的**。这在多人公司也有可参照的例证:早年的小米公司,最成功的经营特色就是粉丝群体的经营。早期小米在短短几年就积累了几百万忠实的粉丝群体,称为"米粉",后发展到上亿的庞大群体。即便在小米处于艰难的发展时期,创始人雷军仍将这个资源视为小米的"基本盘"。这些粉丝既不断购买、体验着小米最新的产品,又不断参与社区的互动和讨论,为产品迭代和反馈贡献力量,更作为"推广大使"的角色不断为小米的产品进行宣传和口碑营销。粉丝中的"意见领袖"不断协助小米扩大市场影响力。很难界定这个群体是最核心的客户还是合作伙伴,对小米而言,"米粉"既是核心的资源,又是重要的渠道通路。更重要的是,小米的商业模式中,这两个角色的利益是高度一致的:共同为小米创造价值,并一起参与价值的传递,"米粉"视小米的成长为自身生活更美好的源泉之一。

　　小米公司的粉丝经营案例堪称经典。粉丝群体直接充当了小米价值的直通车。对于一人公司，这种逻辑同样成立，这样的粉丝经营同样有非常核心且内外部一致的价值。我们讲过一人公司通过自媒体实现的更多是价值变现，这个过程中作为受众的粉丝既通过关注和黏性认同了创立者的价值（物化价值和精神价值），又愿意通过分享和推荐协助价值传递，以及如果有机会也自然愿意体验创立者可能提供的产品和服务，让自己生活更美好的同时，回馈自己认同的朋友。这里没有甲乙方关系，而更多是类似朋友的一种互动和交流。

　　提起粉丝话题，我想到前面提到的我的造型师婷婷。三年前，当我身边的一个朋友了解到我有文眉的想法的时候，直接向我推荐了她。她说，婷婷是她的一个很好的朋友，人好、手艺精。后来我了解到，其实我的朋友也是被她的朋友推荐认识婷婷的。我在婷婷那里做了文眉，效果非常满意。第二年去她的工作室免费补色，又喝了会茶聊了聊天，了解到她的勤奋和对这份工作的热忱。她说，驱动她愿意一直投入做这件事的不是收入，而是让一个朋友变美的感受。"赠人玫瑰，手有余香"——就像我因为文眉整个人显得更有精神更自信，她也在同时收获了一份满足。第三年，我看到她的朋友圈有一些体验项目的推荐，第三次去了她的工作室，看有没有自己需要的项目，顺便可以帮得上她。但她看完我的状态，说："你现在什么都不需要，气色和状态都非常好。我们还是喝喝茶聊聊天吧。"我们愉快地喝着茶交谈了两个小时，她也分享了自己烘焙的点心。

　　这之后我终于理解了为什么性格偏内向的她，可以不做太多营销又能独立获得相对稳定的收入：她用专注的潜心研究和精进的业务获得自身价值和他人的认可；她热爱这份别人看起来并不高大上的工作，爱美的自己和因为她变美的人；她像朋友一样经营每个服务过的客户，甚至因为她的工作和生活有很大的重合度，身边的朋友大多都曾经是她的客户，就像把她推荐给我的朋友和我。这里，她的"粉丝"既是她的客户，又是她的推广力量，还是她一个个可以交流的好友。**兴趣即事业，客户即朋友，工作即生活，这是多么完美的一种融合。个人价值的根基就在这种水乳交融之间点滴积累，越发扎实。**

我们可以得出粉丝经营的要点和策略，见表2-5。

表2-5　粉丝经营的要点和策略

粉丝经营要点	粉丝经营策略
互动和交流	持续伴随生活和工作，售前、售中和售后
推荐与转介绍	从内容到产品（或服务），价值为王
粉丝-用户转化	参与产品设计和优化迭代
粉丝黏性	"朋友式"的有温度的发心经营

一样的，我们不需要一步到位，或者设定任何粉丝经营的KPI（关键绩效指标，一种企业绩效考核体系）或者OKR（目标与关键成果法，是一套明确和跟踪目标及其完成情况的管理工具和方法）。我们只需要像积累生活点滴的美好一样积累这个群体、体会他们的感受。这件事就既自然又持续，一直到有一天回头看去，你已经在你的细分领域有了和雷军一样引以为傲的"基本盘"。

再说说私域经营。

所谓私域经营，大白话解释就是从"放养到圈养"，经营自己的"鱼塘"。如果你的业务都依靠京东、淘宝、拼多多这样的电商平台展开，你的客户也本质上都是这些平台的客户。那么有一天，无论任何原因你被平台"封杀"，你的客户就像大海里的鱼群，瞬间散去其他海域。那么你潜心经营多年的积累可能"一夜清零"。私域经营就是自己有个能够让你的客户和粉丝群体在这种情况下也能触达你的"自留地"。对于基于认可和信任的长期伙伴，在哪里形成购买和合作并不重要，因此你和你的客群存在平台依赖性的"强度差"。而私域经营却可以带给你：

- 更独立的经营场域
- 更高的无须分佣的收益
- 更低的经营风险
- 更灵活的经营策略

因此，当你有了一定的客户群体和粉丝圈层，私域经营这个群体在我看来是"必选项"。于是，如何实施私域经营成为每个一人公司创业者的"必修课"。这似乎是一个高深的课题，其实并不复杂。因为互联网时代已经有了太多成熟的实践。在中国，早在电商市场被京东、淘宝两大平台分割的时代，线上的销售占比已经达到了20%~30%，有的重度依赖电商平台的可以达到90%以上。因为电商平台抽取了较高比例的利润，以及为了对抗第三方平台的风险，越来越多品牌商、零售商开始通过建立公众号、小程序、甚至开发自己的App、电商网站等来建立自己的私域池来形成对抗和分流。

这些品牌商和零售商在过去五年积累了很多私域经营的经验，但如果你看到网上的一堆什么策略制定、用户吸引、内容创作、社群管理、数据分析的复杂体系，往往让人望而却步。我用一个更形象简单的方式来拆解，**把私域建设所需概括为"水桶""管子"和"吸力"。**

如果你养过鱼，用"汲水器"给鱼换过水，应该就能了解这个过程。利用大气压强差，可以通过一根管子，把高位的水箱里的水引导到低位的水桶里。对于私域流量，我们对照来看。

"水桶"

"水桶"就是私域的"容器"。容器有几类：

（1）主流社交软件。如果你在国内，那就是微信，QQ；国外就是WhatsApp和Line等。

（2）主流内容社交平台。如果在国内，包括微博、微信公众号、抖音、快手、哔哩哔哩、小红书等；国外包括Fackbook、YouTube、Instagram、Twitter、Tiktok等。

（3）直播平台。国内包括斗鱼、虎牙、哔哩哔哩、快手、抖音、YY、花椒、映客等；国外包括YouTube、TikTok、Facebook、Twitter、Twitch等。

（4）第三方交易平台。国内如有赞小店、微店等；国外包括Shopify等。

选择怎样的"容器"，取决于你的需求；选择了不同的"容器"，做法也随之不同,见表2-6。

表2-6　不同的私域"容器"适应的业态和做法

类型	适应的业态	私域经营的主要做法
主流社交软件	群体小,即时沟通要求高	微信、QQ直接联络,建群沟通
主流内容社交平台	有持续分享的内容(如作品、短视频等)或内容本身就是产出物	关注内容社交平台成为粉丝,新内容随时发布被粉丝浏览
直播平台	游戏类、口才类(如脱口秀)或音乐、舞蹈等艺术形态	关注直播平台成为粉丝,直播时集中和粉丝进行更长时间和深入的交流
第三方交易平台	商品销售为主	请客户关注私域店铺,有需求直接订购。也可朋友圈分享店铺由关注者下订单

"容器"是非常容易理解的,因为我们作为个体的生活中每天都在接触。只需要更多了解到每个工具的主流群体、主要定位,就等于无缝集成到了粉丝群体或客户群体的生活习惯中。在保有了独立性的同时,让交互变得更为顺畅和自然。因此,即便是对技术性、专业性很强的业态,我也不建议利用类似"企业官网"的"容器",一是这种容器和自己的生活是分离的,有悖于一人公司的要义;二是对于粉丝群体的触达也是低频的,缺乏与他们的生活的融合。

"管子"

"管子"就是从公域到私域的通道。"管子"解决的是如何将水从"水箱"顺畅地引导到"水桶"的问题。就一人公司的可行性而言,我能想到的"管子"的形态包括:

- 社交媒体、内容平台或直播平台的互动留言:社交媒体和内容平台既可以是"容器",也可以是别的"容器"的"管子",通过评论区留言将潜在的粉丝或客户引导到其他可以持续经营的平台上;
- 社区互动:在行业论坛、某细分领域的"百度贴吧"或一些开发者社区中积极讨论和留言,也可以实现引流;

- 二维码：在产品包装、宣传单、名片等实体媒介上放置二维码，或在其他公域平台在线张贴二维码，扫描后直接进入企业微信公众号或其他私域平台；
- 线下活动：通过举办或者参加展会、研讨会等线下活动收集参与者信息，将其转化为私域流量；
- 电子邮件或短信：在国外很多国家，电子邮件仍是一个高效的营销工具，经营者通过提供免费资源、优惠券或有价值的信息，以换取用户的电子邮件地址；或通过电子邮件序列培养客户关系，将公域流量转化为私域流量。在中国，短信更多充当了电子邮件的效力。

同样地，你需要根据你所做的事情的特质来决定用什么样的"管子"来"汲水"。在多人公司中，最有效的"管子"应该是通过搜索引擎优化（SEO）吸引公域流量。具体来说，是通过百度、谷歌广告、Facebook 广告等平台投放定向广告，引导用户到特定的着陆页（Landing Page，可能是某官网、某交易页面等）。在一人公司的环境下，我依然不建议这样的"管子"，正如商业模式画布的成本分析中的建议，一人公司需要杜绝刚需之外的一切成本，好的一人公司应该只有时间成本。

"吸力"

另一种经营私域的过程视角是"触达、转化和经营"。这和任何互联网流量经营的思路完全一致。这个思路说起来也很简单：如何找到人、接触到人、将其转变为自己的粉丝或客群，以及如何让他们不流失，可以持续经营。那么"吸力"就是这里的"触达和转化效率"。

其实前面的"管子"已经代表了一些触达和转化的策略。留言、二维码、社区、线下活动，这些并没有实施的"门槛"。这些"低门槛"的方式面前，最有效的"吸力"就是增加力度：增加互动的频率，增加内容创作的质量，持续展开线下活动，都会增加私域经营的成效。

如果这种常规、手动的模式不足以满足你的需求，那么试着给"水管"接个"马达"来牵引吧。有很多技术手段可以成为这种"马达"：

- 通过技术筛选的客群：比如通过客户特征和行为数据画像分析出他们经常使用的 App、操作习惯和区域分布，就可以精准地相应触达；
- 通过技术实现的转化率：比如关注微信服务号后获取优惠或者进行支付，都可以将交易行为 100% 转化为私域用户的触达；
- 通过 CRM 来优化转化效率：你甚至可以利用一些免费的小型 CRM 系统记录和分析用户数据，优化营销策略，个性化地促进每个用户的转化；
- 数据分析与优化：通过收集私域经营数据来分析策略和转化率之间的关系，不断调整经营策略。
- ……

我知道很多人对技术相关的操作会有一种抗拒力，但想想我们讲过的话题，如果你不能跟着技术日新月异地更新自己，一人公司也很难长期持续。更何况这些技术方式本身就是为了自己的商业更持续的经营，我们更需要放下自己的压力，勇于做出尝试。当你真正突破心理障碍开始尝试后，你会发现，这些手段远没有你想象的那么高深和困难。事实是，现在的技术应用越来越亲民、越来越低门槛了。

现在我们将"水桶""管子"和"吸力"做个组合（见图 2-19），或许

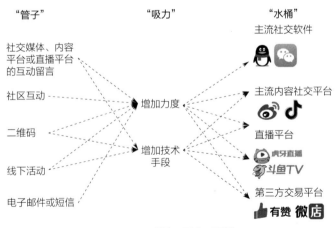

图 2-19　私域三要素对照图

你可以在其中找到最适合自己的路径。

希望你可以经营好你的私域地带，让你的生意变得更独立、可持续，同时也让你的粉丝群体有一个更有归属感的空间。

2024年12月08日

> 等待女儿下课的两小时间隙里，我完成了这一部分。果然"输出是最好的输入"，我在整理这一章节的过程中，也意识到自己这部分的欠缺。我需要一些分类清晰的群，更精细地传递自己的价值。即刻行动，为时不晚。

3. 系统化的迭代策略

正如我们对商业模式画布的描述，**商业模式不是一成不变的**。在实战要点中，"建立"之外，**非常重要的一点就是"迭代"**。我们也可以把迭代理解成**"持续地建立"**。

我们前面介绍的商业模式画布，也是向内向外的两个视角。向内看，对照自己已经成型的画布，思考"关键合作伙伴、关键活动、关键资源"这些影响产出成果的要素，哪些存在问题？会不会因为某个要素的不足而影响全局的效能？向外看，思考"用户细分、客户关系和渠道通路"哪些有明显不足？会不会因为哪一项不够深入或有效而影响商业的转化效率？

发现了核心问题所在，就可以进行相应的优化。比如：

- 客户细分与定位优化：通过更多的研究和对自己商业反馈中的数据进行分析，更精确地细分客户群体，并根据调整的群体的需求和特点进一步调整自己的产品和服务。比如，做某个新型运动的教练，通过一段运营发现这项运动的参与者主要是38~48岁之间的中年男性，这个群体大部分都有10~16岁的孩子，而且作为父亲有三分之一的时间是带孩子运动，因此完全可以尝试开发这种运动的亲子模式。

- 收入多元化：通过一段时间的运营探索和发展多种收入来源，如以租代售的使用权销售、产品回收的售后服务等。收入越多元，越能降低对单一收入流的依赖，增加财务稳定性。

- 成本结构优化：比如通过分析支出和产出的关联关系，进一步压缩不必要的支出；对自己的时间成本进行细分，时间成本过高又无法达到较高效能的可以通过委托第三方服务的方式（事实是很多细分服务第三方更具规模属性，进而有更高的性价比）。

- 关键伙伴与合作关系强化：通过更多粉丝经营策略加强关键伙伴的关系（参见上一章节）；在线上平台展开多平台尝试，来判断哪个平台的转化效率更高。

- 客户关系管理与体验升级：通过技术和数据驱动的手段，提升客户关系的质量和深度，个性化客户体验，增加客户忠诚度（参见上一章节）。

以上各个内外部商业要素的优化，都逐步明确和加强了一人公司的核心价值主张，即公司为客户提供的独特价值和利益，以确保其在市场上的差异化和吸引力。

"诊断理论"看优化方向迭代

对于一人公司，我们可以观察：

- 个体是否有足够的时间用于生活？
- 个人的IP是否逐步在步入正轨？
- 客户是否高频地与我们互动和交流？
- 财务是否可以达到不降低生活质量前提下的自给自足？

在此基础上，按照前文"平衡计分"章节分析过的路径来决定当下是修正某个方向还是进一步强化。一样的思路，在这个过程中，我们也需要充分考虑问题的起因、主要的卡点和几者之间的相关性（比如个人IP成熟度和分析转化效率的关系）。

正念迭代

我们发现一人公司的迭代可以从三个视角进行，见表2-7。

表2-7 一人公司优化思路

视角	一人公司优化思路
强调预防为主，防患于未然	任何问题都不是突然产生的。比如财务不稳定，可能需要追溯到客户付费能力的不持续，之前就应该考虑这种风险并设定预防手段（如"Plan B"）
通过调整达到平衡	一人公司需要不断调整生活和工作的关系，需要保持商业模式中左右内外部的平衡，以及业务和财务的上下平衡，平衡计分卡中，外部与内部评价平衡、成果与驱动因素平衡、财务与非财务评价平衡、短期与长期利益平衡，是需要平衡的各视角。如果发现"失衡"，就应该采取增减"天平左右砝码"的方式来恢复平衡
增强正气，恢复健康	一人公司最大的"正"是信念和心力。我们是重新审视了自我价值后迈出这一步的，如果不能保持个体高度的信念感和持续不断的心力塑造，我们将面临巨大的自我怀疑风险。因此，随时保持自己驱逐了负面情绪、躁动不安，让自己处于正念之中，商业最终将持续进入正循环

4."不要扩张，不要扩张，不要扩张"

在一人公司迭代过程中，我遇到最多的问题是，我什么时候扩张？我现在是不是可以扩张了？对于扩张这个问题，我认为非常有必要单独拿出来论述。

我先给出结论：**一人公司轻易不要扩张，考虑扩张的话，需要格外慎重。**

我们前面介绍过，多人公司盲目追求增长的结果往往是降低了人效。但多人公司人效的降低只是效率的降低，而对于一人公司，降低的不仅是自己的产出效率，更是自己的收入。因为无论是增加新产品还是新服务，都可能意味着新的客群、新的经营方式，而这些都是新的不确定性。**我们不应该在"稳态"的基础上叠加"非稳态"。**

我们也反复提到，**一人公司的可持续性是优于营利性的。** 如果丧失了这种平衡，以及已经运营一段时间后难得的稳态，那么即便我们短期内得到了更多的回报，从长期来看也未必值得。

此外，扩张往往会打破一人公司所需的平衡关系。反过来想，如果你没有信心在一个更大的盘面上重新建立这些平衡关系，那么就不要轻易扩张。一定意义上，**平衡属性比其他独立的属性更难建立，也更难维持**。想想好的家庭关系，更多是平衡带来的，而不是单纯的高收入或者平稳情绪能带来的。

那么，何时扩张呢？**我的两个字的建议是"外溢"**。如果我们某些业务已经达到了饱和，甚至发现有其他一些需求不断地因为这个饱和的需求而源源不断地产生，甚至形成了"外溢"，我们就可以基于"内满外溢"的新格局进行扩张，从"第一需求"扩张到"第二需求"甚至"第三需求"。

举个例子。小张是一位羽毛球教练，自己经营了一家全新理念的"羽毛球成长工作室"。他在郊区租了一个并不比市区鸽子笼贵多少的有跃层的小型库房，楼上居住，楼下是他打造了一块标准的羽毛球场地。他坚持认为羽毛球是一种"强健体魄之余能改善自身性格"的"心智型体能运动"。他不会把大量时间用于基本功的训练，而是通过教练和陪打，鼓励"i人"（性格内向的人）多开展对抗比赛，策略上多进攻，在球场上表现得更张扬、更霸气；同时也会鼓励以力量为主的直男多些迂回和变化，用韧性替代强度。这样，他的用户在享受运动的快乐的同时，也获得了成长及自我认同。

在他经营三年后，他的时间和这块场地的利用率已经接近饱和。每天6~8个小时的训练场地利用率（下午两点到晚上十点居多），每小时收费300元，每周休息两天，他的收入基本上因为时间和空间的限制锁定在45万~60万元之间。他对此很满意，并无租用更大场地的计划。因为他知道自己不太可能分身，引入其他教练可能会因为理念不同而导致服务质量下降，以及新的场地成本上升。

但他发现了一个新的机会。在经营过程中，他发现他的客户都有被记录和分享的需求。几次他通过自己的运动相机和固定手机机位做了录像并混剪，把成品的短视频发给关系很好的一个"客户朋友"，对方居然喜出望外。客户说："当我分享到朋友圈，所有人都被我这个职场 i 人在球场的霸气所惊呆了。"对方表示，就算这是个付费的服务，他也愿意为此买单。经过多人多次的尝试，他发现这是一个相对普遍的需求。因为这种视频服务不仅仅是一种服务，更是一种情绪的表达和成长的记录，和他的羽毛球教练理念不谋而合。于是，他把这个服务作为一个附加服务，每个成片收 100 元服务费，并取名为"阶上球快剪"。最后发现 30% 的客户都接受了这个服务，每周因此额外获利 1000 元，全年收入增加了 5 万元左右（约占之前年收入的 10%），并有不断上升的趋势。

这是一个典型的一人公司差异化策略案例，兼顾了本体价值和情绪价值、兼顾了工作和生活；也是通过"内满"的"第一需求""外溢"获取到"第二需求"的一个鲜活案例；更是我们前面介绍过的"P+T"复合商业模式的典型代表。

因此，关于扩张的另一个建议是，**尽量不要在单独的维度里扩张**。如果你一定要以时间的附加去置换一些额外的回报，那么最优选择是增加一些不同的维度。比如前面提到的"S、P、T"三种类型的复合型扩张。这样，你的扩张带来的不仅仅是收入的叠加，更多的还有你的商业的抗风险能力和持续性。这让我想起我老家的一个开鞋店的老板朋友。我每一两年和他相见，问他怎么样，他的回复的中心思想都是："看起来店增加了，不过是更多的赚到的钱变成了更多的鞋子。"这让我不断自省，要在不同的维度里丰富自己。这里，有相同"一人公司使命"的我，也希望和你一起"警醒"——**谨防你最宝贵的时间，变成更多的"鞋子"**。

此外，扩张还需要"回滚"机制。所谓"回滚"，就是退回之前的状态。当我们适度扩张后，发现如下任何一种情形，都需要启动回滚机制，保持曾经的稳态：

● 发现"收入－成本"的"敞口"越来越大，也就是越来越不赚钱；

● 发现时间很难收敛到稳态；

● 工作和生活、事业和家庭的平衡被打破；

- 个人的幸福指数降低。

前面提到的造型师婷婷，曾经和我分享过她的一次"扩张"经历：在朋友的建议下，她曾在聚焦的文眉工作之外扩展了皮肤护理相关的项目，进行了一些熟客的推荐，并为此找了一个小伙伴一起加入她的工作室专门从事这类项目。后来她发现，虽然有一些熟客会尝试，但因为她们大多都是固定的美容院会员，而皮肤护理几乎是各家无差异的基础项目。这种情况导致她的扩展项目的持续性不足，但增加一人就会有新的运营要求，成本增加的情况下，却无法实现稳定的收益增加。于是她在运营三个月后，坚决地放弃了这个增项。

这是一个标准的"回滚"动作。我要提醒各位的是，做减法远比做加法难；"回滚"是用理性对抗欲望的行为，退回是为了更好的进取。当你有过多次扩展再收回的经历，你就会越来越有对自身欲望的理解和对商业规律的把握。这不仅是你的商业的迭代，更是你自身的成长。

5. 增长杠杆：突破天花板的关键动作

比较理想的情形是，你沿着自己的方向一直探索，经过一段时间后达到了上限。就像前面提到的"做到饱和的羽毛球教练"。这时候，你有两个选择：

- 保持现状
- 尝试重构商业形态

保持现状是"战略"上最简单的做法，就像"守城"；重构形态是"战略"上更难的，但也更进取，就像突破新的"城池"。

此时的"重构"逻辑很简单，让自己花的时间减下来，或者产出提上去。简单来说，就是提升"投入产出比"。在商业表达上，提升投入产出比的方式就是"加杠杆"：假设你平均一小时的产出是300元（这也是专业型的时间出让平均价格单位），我们定义这是"1（1小时）∶1（300元的单位价格）"。我们的目标就是：试着将"1∶1"用某种方式提升到"1∶2"或者"1∶3"

甚至更高。

一人公司整体的"杠杆化"逻辑见图2-20。

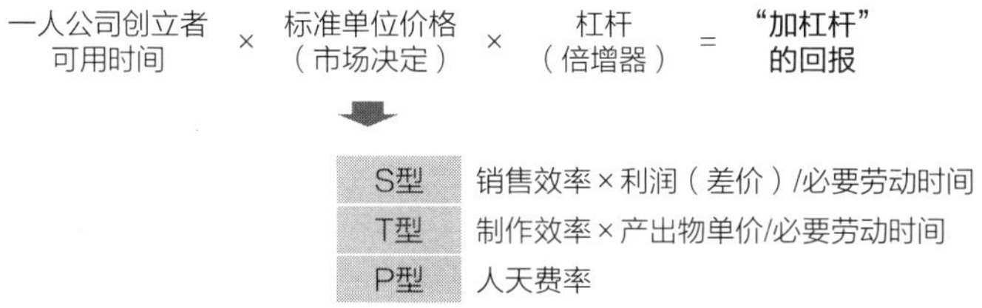

$$一人公司创立者\\可用时间 \times \begin{matrix}标准单位价格\\（市场决定）\end{matrix} \times \begin{matrix}杠杆\\（倍增器）\end{matrix} = \begin{matrix}"加杠杆"\\的回报\end{matrix}$$

S型	销售效率×利润（差价）/必要劳动时间
T型	制作效率×产出物单价/必要劳动时间
P型	人天费率

图2-20　一人公司整体的"杠杆化"逻辑

通过我的实践、观察和推演，我总结了一人公司和不同类型适配的几类"杠杆"：

（1）流量杠杆：把一份时间"转卖"给N人（适合S型、P型进化）。

前面的"自媒体力量"告诉我们，流量经营和获客效率息息相关。如果你在获客环节能把自己的时间"转卖"给更多的人，你取得等同收益的平均时间将大大减少。比如：

- 服装批发商（S型）通过固定的话术和物料，批量对接100个相同细分品类的探店达人，请其探店进行推广并实现分佣；
- 移民独立律师（P型）在处理客户的移民事项时，发现前期沟通的60%的问题都是重合的。通过将这些问题封装成"移民可行性自评表"，这部分时间就由客户来承担，进而大大节省了获客的时间成本；也可以分发给其他代理机构，经过转化并成功地给予分佣处理。

通过这两个"流量杠杆"的例子，你会发现，**如何利用别人的时间和别人的线上、线下流量资源节省自己的获客时间，是此杠杆的关键。**

更简单的思维是，你自己最受时间制约的部分，如果恰好有一群人（伙伴甚至你的客户）因为同样的需求牵引，可以为你出让时间来换取他们的收益，那么就可以在此"加杠杆"。

（2）产品杠杆：把手艺封装成"自动印钞机"（T型、P型进化形态）。

不管是T型还是P型的一人公司，因为本质是"服务形态"，有一个重要的依赖就是对人的"物理性依赖"。S型尚可通过渠道或者线上进行分销，但T型和P型大多的困境是"你的肉身不可及，你的手艺不可及，你的专业就也不可及"。**突破"物理性依赖"实现可复制性就变成了需要"加杠杆"的核心点。**

早在互联网时代，已经有很多类似的实践。比如插画师原来的工作形态是一张一张交付、一张一张收费。有了Canva、易企秀（中国版的Canva）这样的设计模板和素材内容平台，就可以将需求有共性的设计稿（比如节假日的公司海报）转为Canva可编辑模板（见图2-21），实现了"一次设计、多次收益"的分发，创作者的产出物从一次性的产出变成了"产品"，收益也自然实现了"倍增"。

图2-21　把设计者的作品变成"产品"的"易企秀"

自媒体时代，"技能的在线课程封装"也是典型的"产品杠杆"。几乎每个人可能都在社交软件上看到过迎合大众需求的类似"手机摄影课程19.9元"的广告，也可能是电子产品维修人员将手机的简单维修变成小众"维修爱好者"的课程，还可能是瑜伽老师自创的瑜伽在线教学，这些都属于这种类型。

需要提醒的是，这部分可能会出现的问题在于"定价不合理"。产品封装后，拥有更多的受众空间，加了杠杆后边际成本也实现了最小化。因此这种产品的定价不宜过高，否则反而会在产品分发环节受阻。对于这部分的定价，有一个价值规律可以参考。我在创投工作过程中，发现一个"价格"规律，就是从"专业"到"普惠"，基本是 1/10 的价格水平或价格当量。也就是如果你一小时的瑜伽课的价格是 300 元，一小时的在线课程单价不宜超过 30 元；如果你给客户的一件定制维修服务是 100 元，通用型的维修课程不宜超过 10 元。否则就会造成"专业群体"和"普惠群体"的价值冲突。

这样，你就用你的技术能力或专业能力打造了一台"印钞机"，不需额外挤占你的时间成本，却带来收入的放大系数。哪怕初期这杠杆只有 1.1 倍，依旧会随着你个人品牌的不断加强和你技术或专业的不断精进而不断放大。相信我，专业一旦转化成成熟的产品，营销的效率会比 S 型更高。我常常和身边的朋友说这样一句话，<u>"专业是两个素昧平生之人建立信任的最短路径"</u>。

（3）认知杠杆：通过"Know-how"实现决策溢价（P 型重武器）。

"Know-how"在技术和专业领域指技术秘诀、窍门。和普通知识相比，"Know-how"本身就带有一种杠杆的意味，类似"打蛇打七寸"，知道要打"七寸"，也准确地知道"七寸"在哪儿，就是"捕蛇人"的"Know-how"。其实本质是某领域长期积累而得到的"认知差"。

网络上流传多年的一个段子更能形象地表达这个概念。一家发电厂的巨型电机出了故障，修理工怎么也找不出毛病在哪儿，于是，他特地请来了一位专家级别的工程师前来指点。工程师在现场看了一会儿，用粉笔在机器的某个部位画了一个圈，表示毛病出在这里。一检查，发现果然如此。在付报酬时，工程师开出的账单是 1 万元，公司上下都认为要价太高了，因为觉得他不过只是画了一个圈而已。而这个专家却说："画圈的确只值 1 元钱，但是知道在哪里画圈却值 9999 元。"所有人都心悦诚服，接受了专业的力量和价值。这就是"Know-how"带来的"高溢价"杠杆的经典案例。

我们会发现，不但这种认知差有稀缺性，而且还直接引导了一些关键决策。如果决策失误将为客户带来更大的损失（如定位错的维修点将带来更大的损失），因此客户愿意为此承担更高的溢价来对冲更高的风险。这道理就像更大的重疾对应更高的保险金。因此，当专业积累到一定阶段，会有机会通过认知杠杆实现自身的收益杠杆。

但值得注意的是，这种认知杠杆本质是在归纳逻辑的基础上的经验主义带来的。生成式人工智能的出现，正快速地以全新的创新驱动力替代经验主义为各个行业、企业、个人提供决策，形成新的知识生产范式。因此，基于传统经验主义产生的这种杠杆也会经历衰退的自然周期，"专家越老越吃香"这种传统认知，也将逐步失效，**唯有保持持续进化方能通过认知持续加杠杆，才能有更多的溢价空间。**这句话可以与时俱进地修正为："持续进化者越老越珍贵"。

（4）组织杠杆：通过建立分布式协作网络突破个体产能极限（S、T、P均适用的扩张方法）。

组织杠杆是个有趣的话题。其实这个概念不难理解，因为是企业普遍应用的杠杆。多人企业比一人公司更容易实现的就是通过组织来突破个体产能极限，说得更直白些就是"**一个人可以通过其他人赚钱**"。放在一人公司的环境里，这种组织并非真实的组织关系，而是一种分布式协作关系，或者称"虚拟组织"。比如：

- 某产品的销售一人公司（S型）获得了某市场稀缺产品的类似"区域总代"的身份，召集了用户画像吻合的在做网络销售的5家店主进行分销，销售量提升了三倍；
- 手工烘焙师（T型）控制核心配方，外围环节全部众包。通过也在做烘焙的10个小伙伴，利用他们的设备和时间得以实现，日产能从30单提升到300单；
- 法律咨询行业的独立大律师（P型）将一个大案件拆解给10个独立助理律师按模块协作，单月处理量翻5倍；
- 资深教练（P型）把教练方法提炼成方法论并创立个人品牌，交由5个独立执行教练来做执行，不雇佣只做统一输出和质量控制，客户群体增加5倍，每个学员学费资深教练抽成2成，总收入翻番。

2015年，我参与联合创立的一家财务顾问公司也采用了类似的方法。

这个财务顾问公司名为"钛资本"，和大多数公司制的财务顾问公司不同，钛资本召集了几十名从 IBM、Oracle、SAP 等信息化大厂或者阿里巴巴、百度等互联网大厂背景的顾问，从事中国科技和企业服务创投领域的融资顾问工作。而这些人都是对等的平行节点（自由合伙人，P 型一人公司），每个人都没有被授予薪资，而是联合完成项目后根据贡献进行收益分成。每个人可以独立完成每个项目，也可以由资深顾问进行承揽（投资银行术语，意为通过业务开发获取项目），将承做和承销（投资银行术语，意为执行具体的项目工作和销售发行股权或证券）工作分发给任何顾问进行交付，资深顾问进行总体质量控制。

这样，这位资深顾问就有时间去获取更多的项目，产生了因为组织杠杆带来的时间释放，也就因此加了杠杆。"钛资本"更像是一个平台，实现了多个"一人公司"的集结。因为此"虚拟组织"也具备一人公司的无成本或低投入成本的特征，至今仍正常运转。

组织杠杆实施的挑战在于，除了主导者需要有较高的行业地位可以召集更多的协作力量共同工作之外，还需要时刻让自己处于整个价值链上最不可替代的 20% 环节的生态位，否则杠杆将无法持续。

（5）价值杠杆：客户的更高价值回报带来的商业逻辑变化（P 型核武器）。

加杠杆是为了收益最大化。我们可以"跳空"想一个终极命题。假设每个人在吃饭、睡觉之外最多可以投入工作的时间相当，那么一人公司最大的收益可能是多少？有没有可能突破千万甚至上亿？答案是确定的。

在我曾经从事过的融资财务顾问和投行行业里，这样的例子很多。融资财务顾问是搭设在风险投资机构或个人与被投企业之间的桥梁，虽然是顾问的形态，但普遍采用以完成融资的金额作为基数按佣金比例分成的行业规则计费。也就是说，在没有特殊约定的情况下，不管你投入了多少时间，没有为客户达成融资成果，客户不付费；完成了融资，也不管投入的时间多少，都按固定比例收费。

这样在创投的热潮期，一人一年完成 10 亿元的融资，按照普遍的 2%~3% 的比例，拿到 2000 万~3000 万元的收益的案例并非鲜见。而这 3000 万元的背后，不考虑沉没时间成本，可能是为标的项目累积付出的150天的直接投入，那么平均每天的产出就达到了20万元之高。常规意义上讲，如果以咨询业态来看，全球顶级的顾问，比如麦肯锡的高级合伙人，人天费率最高也不过1.2万美元，即便一些稀缺的顾问，人天费率也很少超过2万美元。这也就意味着这些人的日均回报妥妥地跑赢了全球顶级的顾问。究其逻辑，不是这些人的能力更强，而是商业逻辑发生了变化。当一个一人公司为客户创造急迫且难以实现的价值（如急于融资用于企业发展）时，服务价格便可以与创造的价值"锚定"，进而突破了以消耗的时间或人力成本为计价基础的天花板。即商业模式为：

收益＝客户价值增量 × 分成系数

在我最后一段职场生涯中，除了融资财务顾问业务，IPO和并购的投资银行业务也采用类似的逻辑。对于一个可以端到端提供全部服务的成熟的投行人来说，完全有机会脱离组织独立通过价值杠杆创造高额个人收益。

但并非只有金融人士才能有价值杠杆的机会。各行各业都有交付增值价值的机会，也就有价值杠杆的模式机会。示例见表2-8。

表2-8 不同领域传统计费方式和价值杠杆示例

行业领域	传统计费方式	价值杠杆示例
商业顾问	按项目阶段收咨询费	收取标的企业年利润的2%，按3年计算
技术研发	收取开发工时费	知识产权作价参股初创公司
私域运营	每月固定代运营费	按私域GMV的8%抽成
工业设计	单次设计服务报价	每销售十万台产品抽取0.5%版税
影视制作	制作承揽费用	参与影片票房分账（基础费+净收益的3%）
出版发行	按成本和合理利润计费	承担出版发行费用，获取版权费收益

概括起来，这种价值杠杆可以实施的关键点可能包括：

● 收费基准从输入转为输出；

- 服务方与客户利益深度绑定；

- 服务方承担结果风险；

- 收益天花板突破时间或人力限制；

- 溢价来自专业信任和过往成功案例。

在我看来，<u>所有杠杆本质都是对抗时间束缚的工具。而价值杠杆是所有杠杆的终极形态</u>。不管是流量、产品杠杆，还是认知、组织杠杆，最终都是以交付的价值放大为方向（数量或质量），而这些放大都指向客户利益。客户利益一旦实现了最大化，在这个过程中对服务方也产生了强信赖，都将产生价值杠杆带来的"核武器"一样的效果，有机会创造一人公司在收益形态上的"巅峰"。

最后仍要说明，<u>"杠杆有规律，应用需谨慎"</u>。回到这个话题的最初，我的建议是"达到上限后"再尝试杠杆的方法——这个前提不可忽视。当然我们可以在爬坡期就开始"未雨绸缪"的准备，以便到达上限时可以平滑地加载杠杆，但不意味着我们在自身的商业模式还未稳固时就"好高骛远"地采用杠杆，这样只会在一人公司的脆弱期破坏我们勾勒好的"全域版图"。

2025年01月10日

"加杠杆"这个话题是在本书主体已经完成的基础上"附加"而来的。和最后一个案例主人公陈果沟通后，我们意识到对于专业人士运作一人公司，"杠杆"是一个重要话题。因此，虽然对很多人来说这个话题过于"高端"，但知道自己的未来的空间，也更有利于坚定进取之心。我们无差异地盼望着大众选手平凡的蜕变，也盼望着顶级玩家的巅峰时刻。

6."人设"为先："风格化"让你变得鲜活

不管你是"i人"（性格内向的人）还是"e人"（性格外向的人），但凡你是在做公司、在做商业，就不可避免地要与人沟通和交流。那么，一人公司的创立者与外界的交流有什么不同呢？交流就是信息传递，商业交流还包括价值交换。从本质角度来看，任何商业环境下的交流并无差别。但对于一人公司也有其特殊性。**我将这种特殊性概括为"风格化"。**风格化这个词偏意识形态，很难做到精准描述，可能包含清晰的个人特征、独特的文化属性、高识别率的社会感知等，或者可以理解成我们在自媒体领域常听到的"人设"（指个人或组织在社交媒体平台上为了给他人留下特定印象而展示的自我形象）。

而我更想表达的是，一人公司的创立者在做的事，本就是一件很酷而且很棒的事，本就是充满个人风格的选择。而**风格化的沟通方式，会增强对方对你的识别和记忆，更容易实现价值认同。**那么我们就不该回避，甚至可以放大这种风格化的部分。

而且，**一人公司是高度差异化的。**商业的独特价值都是基于差异化的。而这种差异化在我看就是一人公司这个唯一的个体风格化的结果。或者换句话说，**风格化是一人公司差异化的"具象"。**

既然风格化的交流有利于一人公司的发展，如何做能强化自身风格？我在跟踪一人公司的样本进行观察时，发现了优秀的一人公司风格化的一些做法。

首先，强化对自己"风格化"工作模式的认同。你如果不认同一人公司的魅力所在，你就根本不会开启这段旅程。当你持续行进中，强化对自己这种和身边人差异的认同感，就会让周围的人或者可以看到你视频的人感受到真实的你、丰满的你、富足的你、不一样的你，也是有吸引力的你。这种自我认同感是一种鲜明的态度——**如果风格化是一人公司差异化的"具象"，那么态度就是一人公司差异化的"内核"。**

心理学教授罗伯特·西奥迪尼（Robert B. Cialdini）在他的畅销书《影响力》中提到一个影响力原则，就是"喜好"。他指出，人们更容易受到他们喜欢的人的影响。吸引力可以是外貌上的，也可以是性格、才华或其他特质上的。通常，人们会对那些他们认为有吸引力的人更加开放和愿意合作。继续深究心理学的底层，其实会发现人都是更"爱自己"的，因为觉得自己也是这样优秀的或者自己"会变得如此优秀"，所以进行了心理投射，希望和自己一样优秀的人为伍，实现了"人以群分"。

试想，谁不期待工作即生活，每天开心赚钱，谁不期待客户即朋友，因为终身热爱而持续收获呢？一人公司的创始人注定会让身边的人备受关注和喜爱。所以，尽情表现你自己，认同你自己，坚持做自己，吸引力法则自然会把更多的优秀的伙伴聚集到你身边。

其次，让"风格化"融入你的工作。曾经我们为了适应工作，打磨掉自己的棱角，减弱了自我意识。但如今，工作即自我，自我即工作。我们无须再为一个不认可的提案委曲求全，无须在群里为老板发的"大饼"违心点赞，更无须与自己不希望合作的人被动产生任何连接。那么，为什么不"让自己更像自己"呢？每个人都有独一无二的风格，让这些特征在工作中自然流露吧。我总结了自己感知到的以及别人描述的我工作中风格化的部分：

- "日咖夜酒"：每天白天我会喝4~5杯咖啡，只喝美式，坚定地认为这是自己充沛工作动力和年轻态的来源；每天睡前，我还会喝一小杯威士忌，为自己活跃的思想"释压"；
- "钟爱帽衫"：我几乎不再穿任何带领的衬衣、西服，取而代之的是各种帽衫搭配牛仔裤和卫裤，这让我在工作中时刻保持松弛和舒适的状态；
- "奶爸在线"：自离开职场后，奶爸这个角色几乎就在我的任何场合一直在线。工作中我会用育儿的经验类比，我会邀请合作伙伴周末带着孩子一边郊游一边聊合作，我会把孩子引入我的工作中来（比如特邀女儿作为插画师为本书配图）；
- "登山达人"：我每周会固定有1~2天进行徒步和登山，并每天保持15公里和1000米爬升的强度。我会约上同样喜欢户外的粉丝、客户或伙伴一起爬山、徒步，一边增强体魄，一边头脑激荡；一边分泌多巴胺，一边激发创造力。

你看，这样一个鲜活的"我"在你的脑海里就栩栩如生了。总有人会愿意走近一个独一无二、不是淹没在一群"牛马"之中的我。当然你无法做到让每个人都喜欢，有喜欢你的风格的 A，就有讨厌你风格的 B。但是，这重要吗？曾经似乎很重要，但你实现了自我闭环后，会发现这一点也不重要：就像你不会选择一个不认可、没眼缘的人做朋友一样，工作也本应如此。

记住，风格化里最重要的是，你是你。曾经是，现在是，未来还是。真实地做自己永远是最好的吸引别人的不二法则。

当然，还有在你的自媒体中风格化地表达。我们一直强调自媒体在一人公司中的重要性。很重要的一点就是你的风格传播出去，会吸引接纳你风格的人。这些人不仅能丰富你的生活，也可以完善你的事业。如果你去除了风格化的部分，那自媒体就像失去了灵魂。我喜欢在自己的自媒体里充分表达那些随时灵光一现的创意、和朋友喝咖啡聊天中的感悟，以及那些突然不吐不快的情绪。

所以，自媒体从来都是我真实的一部分，和身边认识我的人对我的感知毫无差异——"不要秘诀"，这就是自媒体风格化的秘诀。当然，你也可以在直播中一言不发，专注展示你的手艺；你也可以用只言片语传递自己当下的状态，这些都是真实的、独特的、美好的。但我建议不要控制带有情绪的内容，分享你的事业带给你的喜怒哀乐，解读人生起伏给你带来的五味杂陈，让你的情绪在你的工作和生活的水乳交融中自然流淌——如果你喜欢这样的话。

2024 年 12 月 10 日

前同事来访，要和我喝个咖啡，聊聊在职场里如何以一人公司筑建自己的"底线"。我想这可能也是一个"普遍需求"。我和他讲了我的观点和观察，他说让他感到神奇的是，他发现"小而美""Niche Market（窄市场）""保有为主""拒绝扩张"这些观点都是和投资逻辑相反的。认同之余，他也惊讶于我如何从投资环境中离开，瞬间接纳一个反向的逻辑。是的，我喜欢在不同的世界里穿梭，更喜欢在意志的海洋里遨游。

感性时刻

逃离条形码

日咖
不为凹出咖啡厅里的优雅
夜酒
不求午夜时分觞筹交错
帽衫
不想强求造型酷如忍者
登高
不因世俗的海拔数字执念

风格只是不随波逐流的态度
拒绝成为任何品牌的注脚
个性也不过是棱角分明的坚持
逃离所有复制粘贴一样的人生

孤岛、人潮
绽放、喧嚣
平和、彷徨
吾之蜜糖，他之砒霜

风格是
带着独我的光环
把心跳谱写成
永不重复又激荡的变奏曲

个性是
从条形码的缝隙里
喷射出
未被贴现的黎明

第 3 章　行动手册

帮"独行者"在
"按图索骥"中启航

我们谈思想，是为了行动；

我们谈方法，还是为了行动；

一个是起点，一个是路径。

而行动才是归宿。

一旦方法充当了思想到行动的桥梁作用，就开始在认知和实践之间周而复始地运转（见图3-1）。

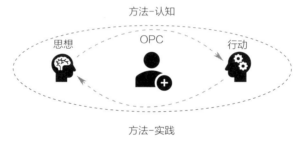

图3-1　一人公司从思想到行动

起初，你的思想发生变化，开始用一套方法去尝试一人公司的模式，并付诸行动。在这个过程中，方法是形成基础认知的路径；你在不断行动的过程中，发现对方法有了更深刻的理解，甚至形成了自己更适配的新方法。这样的过程也迭代了你的思想，让你对一人公司的思路更清晰。在这个过程中，方法是从认知到实践的路径。

这就是"知行合一"的运转方式。

"知行合一"是中国明代哲学家王阳明（王守仁）提出的一个重要哲学理念，**它强调知识和行动的统一。**简单来说，"知"指的是知识、理论、观念，"行"指的是行动、实践。"知行合一"观点认为，真正的知识必须通过行动来证实，而行动也应当基于正确的知识指导。

在王阳明的哲学体系中，知行合一有以下几个层面的含义：

- 知识与行动不可分割：王阳明反对当时社会上流行的空谈理论和纸上谈兵的风气，他认为知识和行动是相互依存的，知识不只是停留在理论层面，而应该通过实际行动体现出来。

- 知识指导行动，行动检验知识：王阳明认为，人们获取知识的目的在于指导行动，而行动的结果又能反过来验证知识的真伪。

- 知行相生：知识和行动不是先后关系，而是同时发生的。在行动中求知，在求知中行动，二者是相互促进、相互生成的。

王阳明生活在距今五百年前。那时，正是欧洲文艺复兴的高峰期，艺术、文化、科学不断出现大师级人物；在西班牙王室的资助下，哥伦布刚刚发现新大陆，麦哲伦船队也完成了首次环球航行。人类在思想和行动的探索上，都达到了空前的高度。

而这位生活在中国五百年前的大师，在中国的盛世年代鼓励人们将学到的知识应用于实际生活和国家治理中，以实现个人和社会的发展。在他身后五百年，其思想仍对一代代后世产生深远的影响。

我对"知行合一"的真正理解，却是从西方的商业环境中得到的。2010年，我怀着希望能对商业理解更体系化、更深入的期待，加入"蓝色巨人公司"IBM（国际商业机器）。刚入职的短短一个月内，我就感知到这个庞大"机器"的运转模式：大量的体系、方法、框架，让全球近五十万员工在任何岗位做任何事情都有路径可寻，每件事都有流程、规范，有大量的前置工作和后置动作。而所有的体系和方法都不是某个人臆想出来的，而是根据这家企业运转百年的实践过程提炼和总结出来的，并且随着时间的推移，不断优化和更新。

2014年，我在IBM从销售岗转入HRLearning（人力资源学习赋能）团队，成为为IBM销售赋能的培训师和教练中的一员。在这个过程中，我主要负责Global Sales School（全球销售学校）训练项目，该项目前身为ELT/PELT（Entry Level Training：入门培训；Professional Entry Level Training：专业入门培训），是一个庞大且结合系统性和实战性的训练项目。这个训练项目是每个入职IBM的销售都需要全时投入3~5周经历的项目。

我之所以提及这段职业经历，是因为它完美地诠释了"知行合一"的理念。虽然IBM拥有全球最为成熟、迭代优化了百年的销售方法论，但也一直深知：知道一个体系、方法，距离能将这套体系和方法应用在实践中，才是这个世界上"最远的距离"。于是，IBM通过搭建一套完整、真实的实战场景，让每个学员通过一套类似"剧本"的材料，将学到的知识在一个"模拟客户拜访"或"模拟商业实战"的环境中实实在在地做出来。再将实践的体会和感受进一步总结，通过体系进行修正和再实践。这是一个"学习、演练、反思、提升"，进而"再学习、再演练、再反思、再提升"的过程，最终形成了每个个体真实的螺旋上升，并通过强化训练将每个思想和方法"刻"进每个销售的脑子，变成每次真实商业活动的一种习惯（见图3-2）。更让人敬佩的是，IBM在1911年即成立的第一年就成立了培训部门，这样的训练项目已经延续并更新了百年之久，也为这台"机器"在商业不断变化的环境中源源不断地注入了动能。

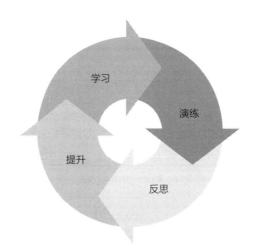

图3-2　IBM商业训练模型

一人公司不是低级商业，反而是商业进化的一种表现。这种小而特别的企业形态，同样需要"知行合一"。需要像"蓝色巨人公司"一样的从方法到实践的历程，需要王阳明深刻、务实的哲学思考，需要哥伦布基于他对世界的理解和对航行可能性的信念而前行的勇气。

2024 年 12 月 11 日

> 　　暂停书写，思绪延续。对"蓝色巨人"这个老东家，我一直念念
> 不忘。一是感恩，我的最完整的职业化的训练和最顺利的职业培训师
> 的转型经历都在这段雇佣关系中产生，还有不断丰富的认知、一帮受
> 益终生的"老战友们"。和一家企业如果能因利而缘起，因价值而认
> 同，因成长而延续，是一种幸事。

3.1

准备好了吗

1. 找到"没有回报也让你乐此不疲"的"人生北极星"

行动之前，准备的第一项就是寻找你的"挚爱之事"。

如前文提到的，这应是你具备"五星意愿"的事；因为这"五星意愿"，
你应该充满"五星兴趣"和"五星耐力"。

换句话说，这是一件让你无条件乐此不疲的事。

如果你觉得无法找到，我觉得往往是因为你附加了太多的条件：

- 我很喜欢，但感觉事情这么多，没可能坚持下去；
- 我很愿意每天做这件事，但它似乎很难改善我的经济状况；
- 我很想去投身于此，又觉得别人可能会用异样的眼神看我。

现在开始，丢掉一切和这件事本不相关的"条件"，只思考最本我的部分：
你喜欢什么？爱什么？愿意无止境地追求什么？

我的一个多年好友非常热衷于水晶虾，以此为自己的事业方向。水晶虾
是一种源自广西溪流里的一种原生虾（蜜蜂虾），经过几十年人工培育成几

十个分支的观赏虾。为了培育水晶虾，他曾经在北京租了一套房，放置几十个虾缸。为了推广这个品类，2014年他自掏腰包在国家展览馆组织了"中国水晶虾大赛"，邀请了来自6个国家和地区的裁判。这一赛事成为中国首次观赏鱼虾的国际比赛，一直延续至今。

我的一位前同事的合伙人，对骑行有非常高的热情，他在长时间的骑行过程积累了大量的经验，并希望将这种经验传播到更广泛的群体。于是，他聚集了大量骑手资源和举办赛事的经验，并创立了全球首家"八天川藏极限挑战"骑行俱乐部。自2014年开始举办赛事至今，该赛事与"横穿美国（RAAM）"和"法国怕不怕（Paris-Brest-Paris）"并称为"世界三大骑行挑战"。

还有我的一位前同事，酷爱跑步，几乎每天跑一个"半马"（21公里），坚持了十年之久。他几乎跑遍了国内大大小小的马拉松，完成了中国马拉松大满贯，也不断走出国门，用马拉松的方式探索这个世界。他曾用七天时间跑遍七大洲的七场马拉松，包括著名的波士顿马拉松、伦敦马拉松赛、柏林马拉松、悉尼马拉松等七个重要赛事，完成了"跑圈"顶级的"777马拉松挑战"。他也从信息科技领域转行到运动营养领域，更好地助人助己，支持自己的爱好。

这些发生在我身边的事，你身边的事，别人身边的事，以及新闻上的事，都会更多地印证热爱的力量。选择挚爱之事作为自己事业的方向，更容易成功。

挚爱能够提供强大的内在驱动力。

这种驱动力远超越职场上内驱力强的人。因为职场是被动选择，工作恰巧是一生挚爱之事的概率非常低。只是"三星级热爱"加上相应的物质回报，就会有很大的动力。**而热爱的内驱力是"五星"，所谓"五星"，是没有回报也可以坚持下去的那件事。**就像水晶虾之于我的老友，骑行之于达人，跑步之于同事。他们乐此不疲，因为他们从内心深处感到这件事情是有意义的，是自己活着最真实的体验。

挚爱可以带来极度专注度。

当人们热爱他们的工作时，他们更愿意主动投入更多的时间和精力。这种高度的投入往往能够转化为更高的工作效率和产出质量，即产生更高的专注度。专注度一直是成功的重要因素之一。我曾经访问过苹果公司的创始人乔布斯最早在NeXT公司的唯一华人核心员工魏国章（William Wei），我问他，在他看来，乔布斯成功的最核心能力是什么？他的回答是专注。没有之一。他的专注度是很少有人能匹敌的。他的专注度是既聚焦又深入，把一个点做到极致的能力。在他身边工作多年，体会非常真切。我相信，"乔长老"极致的专注度背后也一定是对自己事业极致的热爱。

在此之后，我一直在训练自己的专注度。我发现可以在单位时间产生原来两倍、三倍甚至五倍、十倍的工作成果。在IBM做培训师期间，曾经有一次在某酒店会议厅做销售培训，课后随堂的助教讲起课上会议厅断电五分钟他摸黑协调解决的经历，我却完全不知晓曾经断过电这回事。助教说，你太专注了。我却只记得从未中断的知识输出以及学生们热切的互动，专注带来的感受，就像一条河流从未停歇。这河流里的水就是"热爱"。

每个人因为专注带来的效率空间和创造性空间都不可限量，可以理解为中间的空间就是我们和"乔长老"之间的距离。我毫不怀疑每个人不断提升专注度，就可以达到"乔长老"的专业高度。

甚至极度专注可以带来很多"意外收获"，就像我撰写本书的过程中，很多问题一直在脑子里萦萦绕绕不得其解，但突然休息时看到听到的一句话就马上"点破"了这"僵局"。这感觉就像黑暗中反复探索时突然就发现一束光照了进来。我越来越感悟到，<u>当你足够专注一件事，连偶然都是有逻辑的</u>。因为那时的你随时做好了接收的准备，就好像"机会总是青睐有准备的人"的道理。

挚爱可以带来前所未有的持续性。

可以回想过去自己的事业，很多人并不成功其实不是因为能力不够，也不是因为运气不好，而是坚持有限。因为缺乏恒久的耐心而不断切换赛道，不断这山望着那山高。但挚爱之事能够帮助人们保持长期的坚持和自我承诺。当然，在追求事业的过程中，难免会遇到挫折和失败，但因为前面提到的内驱力和意义感，对事业的热爱能够帮助人们持续前进，不轻言放弃。有句话说，"热爱可抵漫长岁月"，讲的就是这个道理。

而持续性又意味着什么呢？我们前面提到，可持续性对生意、工作和一人公司的重要性不言而喻，对个体同样重要。美国发展心理学家和精神分析学家埃里克·艾里克森曾提出"心理学同一性"概念，指的是个体在不同时间和情境下展现出的自我认同感的一致性和稳定性。它涵盖了身份认同、自我意识以及对自身角色和价值的认知。心理学同一性对于个体的心理健康和幸福感具有至关重要的作用。持续性就是在"心理学同一性"基础上的行为外化。有了持续性，人会在工作和生活中更有满足感，也更容易因为"复利效应"带来长期的回报。试想你的一人公司的工作，如果你每天醒来都惦记着它，哪怕中途烦了、腻了、被泼冷水了，还是能始终如一地爬起来接着干，数年如一日持续不断，最后它会像滚雪球一样给你意想不到的回馈。

挚爱可以带来强大的创造力和创新精神。

挚爱意味着永不满足。 如果可以随时停下来，不再探索这个领域的更深层次，那就谈不上挚爱。因为对某个领域的深深的热爱，能够激发不断探索新的方法和想法，这就是创造力和创新精神的源泉。在事业中取得越来越多的突破也就不足为奇了。比如，全国首创的水晶虾大赛、首家八天川藏骑行俱乐部、全马大满贯的成就，这些都看起来那么自然而然。而他们不会止步，只会有更高的追求，因为挚爱。

澳大利亚家庭主妇杰奎琳·芬克（Jacqueline Fink）创立针织品牌的故事是一个因挚爱激发巨大创造力的真实案例。她在41岁时，其母亲因癌症病逝。母亲临终前说，自己最大的遗憾是从未有机会发掘过自己的潜力。杰奎琳因母亲的离世陷入抑郁，却因为母亲的引导通过编织棒针手工重获平静。这种从小培养的爱好成为她疗愈心灵的途径，最终演变为创新性的"极限针织"艺术——使用1米长的巨型棒针和特殊羊毛制作床毯，作品以粗犷结构和原始美感脱颖而出（见图3-3）。最终，杰奎琳将这份热爱发展为事业，2012年创立"小小蒲公英"品牌后迅速获得时尚杂志关注，产品线还扩展到定制棒针和疗愈课程。她的经历向我们印证了，**当工作与生命中最深**

层的热情相连时，创造力会以意想不到的形式迸发，并创造出兼具社会价值与个人意义的事业。

图3-3　杰奎琳·芬克和她的"极限针织"

内驱、专注、持续、创造。

是不是和最初我们"思维革新"部分对理想的人生状态的描述非常相似？是的，挚爱的事情本身就是你的人生的一部分。不管是你潜心研究的一个物种，还是你不断挑战的马拉松，还是山海之间骑行万里，都是用心力、用时间在丈量这个对你而言独一无二的世界。与此同时，你对这个世界也变得独一无二起来。

更重要的是，在这个过程中，因为挚爱产生的"内驱、专注、持续、创造"的心理满足会代偿这件事的经济回报，因此你的爱越来越纯粹，你的动力越来越不受外部干扰。事实是，没有功利心的事业反而更容易成功。

一定要找到它。

事实是，当你清空了一切外部的干扰，它会自动"跳出来"，占领你的脑海。因为挚爱就像地心的岩浆，即便暂时被坚硬的外壳掩盖，也无法阻止它一有机会就会喷发的动能。

2. 设计好你"独一无二"的"方向之舵"

你的"北极星"就在那里，照耀着你的方向：可以是高尔夫运动，或者是昆虫研究，再或者是动漫手作，民谣音乐创作，不一而足。重要的是，因为你，它带有了丰富的个人色彩：张啸之民谣，王小虎之昆虫世界，刘欣莹之动漫手作。这像是一个个新开张的小店的名字，也像一张张名片，**更重要的是，形成了一个又一个一人公司的起点。**

那么，核心问题就变成，围绕这个"名片"方向，你能做些什么？

我的一句话建议是：**在你的"名片"版图里，将你的个人特质、市场痛点、未被满足的需求精准结合起来，形成独一无二的事业蓝图。**接下来，我会带你一步步完成你的设计。

设计步骤1：从绘制"兴趣能力坐标系"开始

设计一个坐标系，X、Y轴分别代表需求和能力。用坐标轴交叉定位，找到仅属于你的重叠价值点。其中：

X轴：自左到右需求强度逐步升级（从大众痛点→小众需求）

Y轴：自下向上自身擅长能力升级（从基础能力→天赋技能）

机会点筛选标准：选择右上象限（既有强需求又匹配自身优势）

我们以前文介绍过的我酷爱马拉松的前同事，作为一个真实的人物样本，举例说明设计过程，见图3-4。

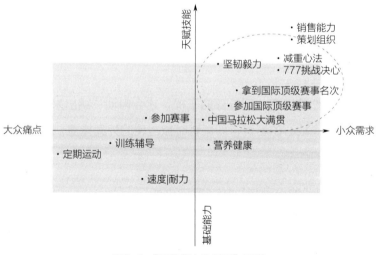

图3-4 "兴趣能力坐标系"示例

我们把马拉松的相关需求和他的能力的离散点在这个象限图中一一列示，简单来说，越"有难度"或者"特别"的点，越往上侧或右侧放置。甚至有些能力和马拉松并无直接关联，也都放在那里（阴影带之外部分）。

设计步骤2：围绕复合能力形成可能的需求组合

接下来要在象限1里的各个因素做"组合动作"，就像找到了若干"食材"后选择最佳搭配。

刘岩的主标签是马拉松的"极客"；也是减肥成功者；同时有营养健康的从业经验。我们如果将这三者看似不相关的能力因素组合起来，把每个能力对应的目标客群定义出来，就会交叉出一个细分的群体："以马拉松运动和营养结合减肥的胖人马拉松爱好者"（见图3-5）。

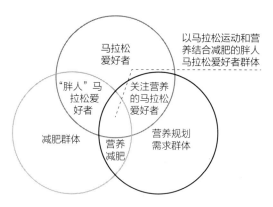

图3-5 从复合能力形成的需求组合形成细分定位

那么，这个群体的需求是否真实存在？马拉松本质的个体驱动力是挑战自我和突破极限，生理层面是"内啡呔"原理（长期坚持一件事情产生的快乐情绪的人体分泌化学物质），当然不只是"瘦人"的运动。那么以运动和营养来减肥成立吗？"管住嘴、迈开腿"也是大众的减肥常识。那么，这个需求经过简单的推演是成立的，刘岩就完全可以以这个群体的需求作为经营方向。

设计步骤3：设计"不可替代性公式"

针对这个群体的需求，我们再进一步，以刘岩的能力设计出面对这个细分群体的独特机会点。做法很简单，用两个能力复合起来创造"乘数效应"，再附加特殊经历，就有了独一无二的机会点。我们用如下公式表达：

面向某细分群体的独特机会点＝
（基础技能A×关联领域B）＋特殊经历C

对于刘岩，这个公式可以是：

面对"胖人马拉松爱好者"的独特机会点＝
（马拉松训练能力×减肥营养规划能力）＋参加国内外顶级马拉松赛事

刘岩就可以对这个"胖人马拉松群体"以参加"国内大满贯"或者"国际777挑战赛"为目标，设计出独一无二的"马拉松营养训练的复合计划"。他的个人经历可以在市场营销动作中作为标杆现身说法，他的销售和策划组织能力也会给他经营这个方向带来更强的信心。通过这样的过程，他的"独一无二"的事业蓝图就被清晰地定义出来了。

为什么能力是"乘"的关系？

——两者应该能像经线和纬线一样交织形成一个系统性的方案，这样才对受众有更全面的价值。

为什么要叠加"特殊经历"？

——让差异化进一步因为你的"特殊性"而放大。你的经历可以指向一个独特的路径、独特的属性、独特的文化特征，这些都是可取的。如果没有也没关系，你只需在过程中迭代、丰富即可。

是不是很有趣？马拉松、减肥是刘岩生活化的经历，营养师、销售是他的职业经历，在这样一张简单的象限图里，几者被完美地复合在一起，就像北斗七星连成一个完美的形状，指向北极星的方向。至此，经过三个简单的设计步骤，你的"独一无二"的事业蓝图的雏形就形成了。当然这寥寥几笔背后会有大量你的自省、思考和自我认知的挖掘过程，绝非唾手可得，但这恰恰是在一人公司启动之初的不可或缺的一个关键动作。

那么，你也开始从一横一纵两条线开始，勾勒你独一无二的"北斗七星"图吧；相信我，如同你自身的独一无二一样，你也会有独一无二的一人公司蓝图。

3. 制作你的第一份一人公司商业计划书

当你对一件事充满热情，自然会渴望以某种方式为"自己记录"或"向别人分享"它。前者是为了自我认同，后者是为了社会认同。无论哪个诉求，**一份商业计划书都是最佳工具**。

商业计划书对有些朋友可能是熟悉的，可能你有过创业经历，或者任何类型的投资相关经历。也可能在成熟的商业环境中了解到产业内更多的项目。但对另外一些朋友，可能又是陌生的。我们不妨一起对这个工具有一次"再认识"的机会。

商业计划书（Business Plan）是一种书面文件，它详细描述了一个商业想法或项目的各个方面，包括公司的业务模式、市场分析、运营策略、财务预测以及组织结构等。商业计划书的主要目的是为企业家或管理层提供一个清晰的运营蓝图，同时也是向潜在的投资者、合作伙伴或金融机构展示项目的可行性和盈利潜力。

说得更"大白话"一些，**商业计划书就是讲讲你要做点啥，有啥价值**。

为什么要有一人公司的商业计划书？有的朋友会觉得既然是一人公司，就随性一些，没必要搞那么多有的没的。但我的理解却恰恰相反。我说过，一人公司也是企业，创立一人公司就是最小规模的创业，麻雀虽小，五脏俱全。而且，一人公司更看重商业成立与否、关注商业的独特性和可持续性，而这些都是商业计划书要解释的核心问题。所以就和前面我们已经尝试的"商业模式画布"的功效类似，我们用这样一个工具实现一次完整的头脑激荡和思维沉淀，是出发前最有效的动作。

那么商业计划书怎么做？

标准的商业计划书一般包括如下几个部分：

- 市场分析
- 产品和服务

- 商业模式

- 团队介绍

- 经营分析和财务预测

- 投资价值（如需融资）

我往往会用这样一张图形（见图3-6）来表达商业计划书的逻辑。

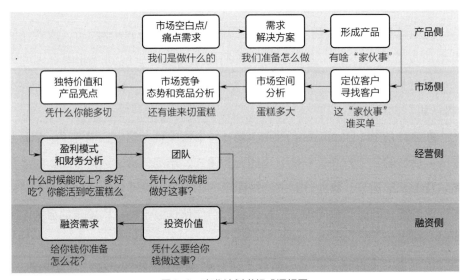

图3-6　商业计划书组成逻辑图

从市场空白点或痛点产生的需求出发：市场上是否存在未被满足的需求或问题？我们为什么要做这件事？解决什么问题，带来什么帮助？

由此衍生自己的产品或服务：确定好自己服务对象的画像、自己的产品或者服务的定位和模式。

在此基础上研究市场的情况：面对这个服务客群的市场有多大，有多少人在做，都做得如何？我们和他们有什么区别？

基于产品和市场情况分析经营：能不能赚钱，能赚多少钱，需要什么样的人，多久做到什么财务状况？

前期投入的资金（如需融资）：那么需要多少资金，未来能给投资人带来怎样的回报？

这是一个典型的投资视角看创业项目的逻辑。但即便一个创业项目不需要融资，依然可以通过前面三层的描述来评估项目的质地是否优良、前景如何。因为道理很简单，能不能拿到融资和项目够不够好的评估逻辑是一致的。

那么对于我们此刻在讲的一人公司而言，会有哪些变化呢？

（1）弱化或去除市场分析。

前面我们讲到，对于多人公司或者创业公司而言，市场窄而细分是劣势。而对于一人公司，这却是优势。这有利于个人精力更聚焦，也有利于在这个小众市场里做出个人品牌，变成这个加了"若干定语"后的市场的No.1经营者，而且可以放心基本不会有大小公司和你竞争，因为甚至这件事"两个人做就不赚钱"。在这种环境下，市场分析可以如同前面分析"壁球主题手机壳"一样足够简单，也完全可以省去这一部分。毕竟即便你做的事情面对的市场足够窄，依然可以足够供给一人的生存空间。

（2）独特性可以弱化，不用过多关注竞争。

除非你自己在做的仍是一件相对体系化和宏大的事情（尽管这很难，依旧有超级个体可以实现），否则独特性本身就因为市场的细分、高度差异化的定义而形成了，也就是前面我们介绍过的"独一无二"的定义。你也无须过多关注市场上有没有人做、如何做的，一人公司几乎可以忽略竞争的问题。原因和上一点的论述是相同的。

多说一句，在我从事创投工作的过程中，接触的很多面向千亿市场的创业项目，他们希望能三五年之内做到上亿规模，会分析竞争对手有哪些，等等。我经常会告诉他们，创业的初期，无论市场有多大，竞争都不是核心问题。就好像大家都在一个大海里"舀水"，不管用"桶"还是用"缸"，你的水量和我的水量大概率没什么关联。因为市场太大了，在彼此的市场占有率没有达到两位数（千亿市场意味着百亿收入规模，百亿市场则意味着十亿收入规模）之前，可能你们很久很久不会遇到彼此，也就不必因为分析或者对抗竞争，而让自己的经营思路受到干扰。**你唯一要做的事，就是在自己选择的路上坚定而高效地走下去。**

（3）去除团队。

既然是一人公司，团队也不需要分析、组建和优化。唯一的人就是你自己、唯一的迭代就是你的自我迭代。当然，你可以把自己"一分为多"，把自己不同角色的适配能力列出来。比如：

CEO – Allen，对此事有足够深入的理解和意愿；

CTO – Allen，有一定电子产品的组装级动手能力；

CFO – Allen，具备基本财务知识，懂得项目成本控制；

主管及执行 – Allen，具备很强的执行力和学习能力，勤奋、上进；

……

这种"孙猴子拔汗毛变一群小猴子"的感觉是不是很有趣？其实一人公司创业就是这样，你需要用自己的"多面"对应不同的角色。在职场或者多人创业公司（即便你作为创始人）里，因为有其他人分担不同的工作，你的"八面玲珑"可能永远没有机会表现出来。

清言AI生成

当然，你不需要真正意义上的"八面玲珑"，我们多次提到，一人公司对能力的初始要求并非"高配"，各种角色都是如此。唯一就是需要有足够强的意愿，足够高的热情，让自己在每个领域去实践、去尝试，你会发现自己的每个短板都在慢慢变长，你会因此拥有更丰富的人生感受，你会因此变得更丰富，心智更成熟，你会更自在地和自己、和别人和解、相处、一起成长。

当然，除了放大团队的唯一成员"自己"之外，**你还可以在团队里列入那些和你合作紧密的伙伴。**他们可能在一定意义上充当了你的销售、你的技术、你的产品经理、你的客服，等等。唯一的要求是紧密却不依赖，列入的目的也是类似商业模式画布一样，"摸清自己的家底"。

（4）完全去除融资选项。

我完全不建议一人公司有任何形式的融资。通过银行消费贷款也好，有熟识的大哥愿意给你十万八万、几十万日后希望和你分利也罢，不到万不得已，最好都不要。原因有几点：

一是一人公司是自闭环的商业逻辑。你能自己解决一切，你才有机会出发和迭代。"钱"就是这"一切"中的一部分。当任何一部分产生了外部需求和依赖，这就和一人公司的独立性产生了对抗，结果也会进入自我不可控的境地。

二是其他外部资金提供方会有干扰。银行会有安全诉求和还款期限，天使投资人会有期待和欲望。这些都会产生外部的压力影响到你，让你的经营发生变形。最重要的是，当"两害相权取其轻"时，一边是资金压力，一边是自己的自由和成长，永远无法放在天平两侧取得平衡。如果你有更大的宏图伟业需要经营，融资是完全合理的，因为你需要更多的资源助你成功，而"钱可以换资源"；如果你的事业有更强的急迫性，要抢占市场先机，融资也是合理的，因为"钱可以换时间"。但当你已经经过做减法、自我审视、控制欲望、渴望持续而不是增长的一系列思想变化，回归一人公司的出发点，你无须再追求融资。融资本质也是一种欲望的表现。

三是不要给自己的经营留其他腾挪的空间。当你考虑融资，就意味着你可能会进入一种思考模式：如果我前两年无法做到盈利，有部分资金可以补充。那就会对你思考如何盈利、如何更有效地赚钱造成干扰。在盈利能力这件事上，我的态度是盈利能做到比做到更多更重要；做持久比能增长更多更重要。因此，不仅需要更多的独立性，更需要在这个方向上持续迭代和思考。我们前面曾经提到不断迭代优化的商业模式画布，对于商业模式而言，落脚点就是赚钱。一件事情如果长期不赚钱，如果是面向自己，就是"纯兴趣"；如果面向其他人，就是"公益"。这和我们要说的一人公司的主体要义不同。

除了前面提到的四项差别，我认为一人公司的商业计划书的形态和多人公司的没有任何差别。于是我们可以将前面的逻辑图简化成下面这个样子（见图 3-7）。

现在有没有感觉比那个"贪食蛇"一样的框架图简单了很多？**需求产生产品；产品定位用户；经营用户产生盈利；持续经营实现稳态。**这就是一人公司最简化的商业计划书的结构。

如果我们和前面提到的思维做个映射，就会发现这个商业计划书一样能精准地反映一人公司的精神内核。见图3-8。

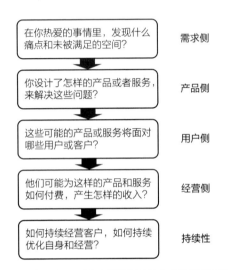

图3-7　为一人公司适配并简化过的商业计划书逻辑图

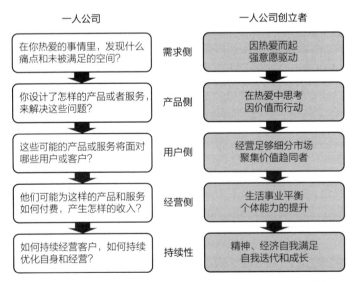

图3-8　一人公司商业计划书的组成和创立者的精神内核的映射关系

一人公司的精神内核远不是一份商业计划书、数页文稿所能包含的。它用系统的思考，承载了你对完美生活的向往，你对自我成长的追求——你知道这是条"少有人走的路"，你知道在这条道路上会有很多不确定，你知道你会因为自己的短板而懊恼，你也知道开始时自己可能无法很好地经营好自己的客户，你更知道可能一段时间内都难以带来较丰厚的经济回报，但你坚持这件事从未有人做到的价值感，坚持欣赏自己独立思考、付诸行动的勇气，坚持自己热爱中永不停歇的探索精神，那么，一切都值得。

至此，你的"一人公司商业计划书"在你生命里展开、延展、成熟，一直到回头看去，"轻舟已过万重山"之时，你会感谢绞尽脑汁做出一个拙劣的初始版本的自己。

"不强大"方是强大之源，"不完美"才是更美的初始。

4. 做好"停下来"或"退回去"的准备

我们一直在讲出发前的"向前进"的准备，现在我们谈谈"停下来"甚至"退回去"的准备。

如果人生是一场旅程，那么人的一生的步调只有三种：进、退和停。进者，锐意进取，不舍昼夜；退者，审时度势，知止而有得；止者，静观其变，反省修身。因此，没有任何一种步调是无价值的。这很类似关于人生思考的另一种说法，"凡事发生皆有利，要么助你，要么渡你"。这是一种健康的人生思维方式，思考"停下来"或"退回去"，也是一种理性的创业思维方式。

更具操作优势的是，在多人企业中，"停下来"或"退回去"都未必是创始人能决策的，或是合伙人意见不一致，或是投资人需要你不断提升的收入向他的"金主"汇报，或是员工们看到企业的停滞或回退就开始传递企业不行了的焦虑信号。但在一人公司的环境下，你唯一的代表了你的公司，你可以一秒做一切决策，并在下一秒执行你的决策。这就是一人公司的独特魅力所在。你因为自成一派不再在意旁人的眼光，你因为内心坚定不会纠结数字的变化。你知道，进、退、停就像你生命乐章的高亢、低沉和休止符，没有这些，谈不上激荡的旋律。

那么，何时"停下来"？又何时"退回去"？

学会适时停下来

停下来有两种情况，**主动停下来和被动停下来**。以驾驶为例，主动停下来可能是靠边处理紧急事务，是休息缓解疲劳，是在停车位停车，是加油站加油或充电站充电；被动停下来可能是避让行人或车辆，是信号灯指示，是被交警拦住，更糟糕的情况也可能是车辆故障或撞车。

你的一人公司也一样。

"被动停下来"其实不需要指导就能完成。因为继续行进就会有更大的损伤：比如技术实现遇到不可预见的障碍，导致产品无法继续开发，被迫暂停；比如自然灾害、经济危机等不可抗力因素导致自己所经营的行业严重受损；比如因违反法律法规或面临法律诉讼，被迫暂停业务以解决问题；等等。可以看出，这种情形多是偏极端情况的，我们不希望这种"被动停下来"的情形发生，但事实上但凡是从事商业，总有这样的概率。

而且与多人公司相比更处劣势的一点是，一人公司和创立者自身的健康100%关联在一起。你因为身体原因完全无法工作的时候，没有第二个人可以成为你的"替补"。你看，硬币总是有正反两面的，你不可能只选择一面。

幸好，人通常是趋利避害的。无论是商业还是个人出现极端情况，你都会自然停止，以保证你的事业和健康。然后等待更合适的时机再出发，或者换个方向再出发。

我们更多说说何时"主动停下来"。还是以停车打比方，我可能对照看几种停车的情形对于一人公司可能是什么状况所致，以及对这样的情形我们可以采取的措施有哪些。为了清晰、直接，可以通过表3-1"对号入座"。

表3-1 类比"停车情形"看一人公司需要暂停的情形和措施

停车情形	一人公司暂停情形	措施或说明
靠边处理紧急事务	家庭或个人紧急事务	因一人公司有足够多的时间分配给生活和家庭，短期问题有足够的时间处理；长期问题建议处理妥当再出发
	公司紧急事务	无组织、员工、管理问题，最大可能是经营风险或法务风险。排除所有风险再出发。如现金流入不敷出，建议暂停业务寻找快速摆脱困境的方法，解决后再出发。在可持续逻辑下的暂停都值得

（续）

停车情形	一人公司暂停情形	措施或说明
休息缓解疲劳	个人疾病或身心劳累	无论任何疾病都需要重视。无论任何原因的身心疲惫都需要暂停。不要忘记出发的原因，事业的发展不应该以身心健康为代价
休息缓解疲劳	公司进入疲惫期	公司进入疲惫期可能是因为创立者士气减弱、市场萎缩或者创新力减弱。建议用评估工具和商业模式画布再次分析，存在问题则调整，不存在问题则交给时间，度过周期性的震荡
加油站加油或充电站充电	自我成长跟不上业务的发展	建议眼光向外，给自己更多时间学习、成长，存在明显的木桶短板则有针对性地参加培训或自主学习，经营实践的问题多和业内人士探讨交流，突破瓶颈，"磨刀不误砍柴工"
计划停车位停车	个人计划性调整	建议保证每周一天的运动或放松，至少每个季度有一周全身心的休息调整。时长和频次根据自身状况和工作强度确定
计划停车位停车	商业计划性调整	建议每季度、每半年都要重新反思自己过去的一个时间周期和上一个时间周期对比有何变化，加强提升点，弥补薄弱点，完成一次全新的自我审视

你看到了。"主动停下来"大多是为了更好的出发。这就像马拉松比赛中常见的选手跑到路边的补给站拿上一瓶水喝掉一半，剩下的浇在头上降温；也像乒乓球比赛中在规定规则下请求暂停，调整比赛的节奏。不同的是，你不需要和任何人对抗，不需要以赢得对方来定义自己的成功。如果有，对面的那个对手，一定是过去的你。

除此之外，还有一种特别的"暂停"。前面不管主动还是被动，暂停都是为了"止损"（停止损失），即防止可能发生的负面变化。但我非常建议各位增加一个视角：有没有可能在看起来一切顺利的时候也需要及时"刹车"呢？

这就是我想谈的"止盈"策略。"止损"和"止盈"对于做过股票投资的人来说应该不陌生，"止损"在二者之中更为大家熟悉，指投资者为了防止损失超过自己承受能力而设定的一个价格，当投资标的的价格达到或跌破这个价格时，投资者会自动卖出，从而限制损失的进一步扩大。而

"止盈"对大家可能更为陌生，即"停止盈利"，是指投资者为了保住既得利润，在投资标的的价格达到预期目标时，设定一个价格，当价格达到或超过这个价格时，投资者会自动卖出，从而确保利润的实现。"止盈"和"止损"其实都是投资策略的一部分，缺一不可：如果不设定"止损"，可能会在股票快速下跌时跌得"血本无归"；如果不设定"止盈"，可能无法锁定账面浮盈而在未来变为损失。二者不但都是风险控制机制，也是情绪管理的手段：在市场的周期变化中让投资人能克服贪婪和恐惧，保持客观和冷静。

对照来看一人公司的商业逻辑，我们多次提到，慎重扩张、谨慎加持。因为顺利时会让一个人进入一个强自我认同状态中，甚至超过了真实的自己所能驾驭的空间。这时的人是贪婪的，是浮躁的，是盲目进取的。如果事先我们就根据自身评估设定了所做的事情的上限，就不会因为不断复加自己的时间而破坏生活和事业的平衡。因为我们知道，一个学生从60分到90分的提分速度，远比从90分到100分要快。为了比之前更优10%，有可能你需要付出原来三倍的代价。这代价更多体现为时间。这种时间的占用反而会降低你对一人公司的体验感和驾驭力，在无力完成进一步进阶时陷入迷茫。

比如我在服务我的咨询客户时，自我设定服务对象不超过四家，假设每月的收入水平和我的生活所需相当，则每个月的总收入就实现了"止盈"。这样既能保证各家的服务质量，又能让自己的商业模式在探索中进一步夯实，同时也能保证兼顾家庭和生活的时间，进而保证生活质量。

学会适时"退回去"

在计算机编程领域，有一种"回滚机制"（Rollback）。回滚机制是计算机编程和数据库管理中常用的一种错误恢复和事务管理技术，它指的是将系统或数据状态恢复到之前某个确定的时间点，从而撤销一系列不希望发生的操作。作为计算机程序的使用者，我们一样可以接触到回滚。比如我此时编写书籍所用的"OfficeWord"，可以支持我退回任何一个之前的状态；你升级了Windows操作系统Win11的版本，如果不习惯，可以回滚到Win10；你的电脑发生了故障，可以用工具恢复到曾经正常备份的正常状态。诸如此类。比如我此时点击 Word 的"回退"键弹出的：

一人公司同样可以支持"回滚"，也就是我们讲的"退回去"。我们在前面扩张的章节提到过回滚。因为这个概念太重要了，我们不妨以更全面的视角来解读它。

同样的底层逻辑是，你可以自己做主，只要你认为对你的公司有利，只要你愿意独立为此举动承担一切代价，且这代价不会干扰任何第三方。

我们还是用对比法，看计算机编程的环境下，什么情况需要回滚，对照来看我们的一人公司的情形（见表 3–2）。

表 3–2　类比计算机编程回滚情形看一人公司需要"回滚"的情形及措施

计算机编程回滚情形	一人公司回滚情形	措施或说明
应用程序中的回滚：回滚机制可以确保应用程序在遇到错误时能够恢复到稳定状态	一人公司的"应用程序"更像是我们的整体蓝图（"苹果核"）。当一种平衡被打破，或者一个因素显性缺失时，需要回滚	个体的独立性、生活和事业的平衡如果之前存在，后续缺失，一定需要回滚，因为这是一人公司的"错误"；若营利性削弱了持续性，也需要回滚，因为不是"稳态"
数据库事务中的回滚：是一个对数据库的系列操作执行失败或异常时，撤销所有已执行操作，使数据库恢复到初始状态	一人公司的"数据库"更像是商业模式的多个链路。从内部到外部，从产品到销售，从业务到财务，都应该是通畅的。应支持回滚动作	一个单元出现问题，其他单元需要回滚到和此单元之前的适配状态。更常见于业务和财务的脱节，业务的变化导致财务表现不佳，应恢复之前的业务形态；营销过猛，产品未跟得上需求变化，则需要退回之前的营销策略
版本控制系统中的回滚：撤销之前的新版本的提交动作，使代码库回到之前的状态	一人公司的版本更像是不断迭代的商业模式。商业模式处于迭代之中。应支持回滚动作	当更新的商业模式出现问题时，采用保有策略，回到原有的状态之下，如新品类的扩张失败，及时止损回到原有品类状态下

除了"回滚"的三种情形，还有一个重点，就是优先级。或者我们可以表达为"果断程度"：即什么情况下我们要第一时间实现回滚动作，来降低可能的损失？其实自上向下的顺序已经给出了答案。第一种情形关乎整体的价值取向，是"根儿上的问题"，不通过回滚修复可能会产生一人公司的崩溃，需要果断执行；第二种情况关乎商业的通畅度，不及时恢复可能会影响商业的健康度，是次优级别；第三种情况则与商业的优化有关，不能及时"回滚"影响的是商业的成熟度，可以相对缓和。

关于"停下来"和"退回去"，中国古代有"事缓则圆"和"以退为进"的说法，就是在讲这个亘古不变的道理。"事缓则圆"在一人公司的环境下警示我们，慢下来更有利于圆满的实现。圆意味着照顾周全，意味着成熟稳健，意味着自我满足。"以退为进"是一种哲学思维，阐述了成长与限定、保守与扩张之间的辩证关系。而在多人公司往往因为决策的复杂失去了对哲学思想的实践能力，我们在一人公司则可以因此受益，因此成就更持久的商业。

感性时刻

起跳前的下蹲

王维的诗中说，

"行到水穷处，坐看云起时。"

记得那日荒漠行到尽头，我低头卸下磨破的鞋，倒出鞋底的沙——

光影便在枯枝和沙石的缝隙中延伸，指引我看到远处的绿洲。

诗佛又写道，

"山中习静观朝槿，松下清斋折露葵。"

那日曾经关闭了发烫的电脑，逃离了邮件的汪洋——

海南万宁的龙血树下，藤条躺椅摇曳之中，细思量，却更真切，体悟时代的激荡。

陶渊明写过，

"采菊东篱下，悠然见南山。"

忆几时，争论不休，一筹莫展，逼近熔断——

灵感的种子在咖啡研磨中突然迸发，又随咖啡的醇香开枝散叶，跳脱无数想象精灵。

五柳先生还写道，

"云无心以出岫，

鸟倦飞而知还。"

几次百转千回后仍失意落寞思绪万千——

直到漫无目的行驶到山谷、溪边，等到那片垭口上方的云，突然懂得亿万年前山是海，云也是海，它们只是暂时分开。

无数个古今穿越的思绪，

都在脚步放慢、再慢之时。

五千年的江河奔腾，都曾幻化晨莲露水、涓涓细流。

隐逸不是归宿，而是集势延宕；

蹲下不止于休憩，也可以是蓄力，在起跳之前。

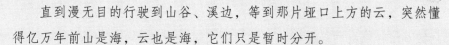

3.2

即刻出发

找到了你愿意作为事业的挚爱，有了你的商业计划书，有了健康的心态，就好像有了船只，有了罗盘，有了船长的心智。

那么此刻，你是否像五百年前的哥伦布一样，在研究了前人的航海记录和地图以及关于海洋和风向的知识后，做好充足的准备，开始面对可能的风浪，也开始面向可能全新的旅程，甚至发现新大陆的喜悦？

启航吧。

1. 开始打造你的第一条短视频

出发的同时，你需要开始你的IP之旅。让更多的人知道你是怎样的船长，驾驶着怎样的船只，为什么没有大副没有船员，你因何被鼓舞（我个人更希望是这本书），又如何充满信念和勇气。这是一种对外的宣传，也是一种对自己的"宣誓"。那么，个人品牌的建立，就从你的第一条IP内容开始吧。我建议的形式是输出你的第一条"短视频"。

为什么一定是"视频"，又为什么一定是"短视频"？确实对于不同人的特质和工作属性，自媒体可以有不同的选择。可以是图文类，比如一篇深度文章或专业笔记；可以是音频，比如脱口秀的"播客"；也可以是分享知识或才艺的直播；更可以是知识类和记录类的中长视频。但短视频就目前而言仍是受众群体最大，且最容易操作的自媒体内容形式。因此，从鼓励行动的角度，也是最容易实践的方式。日后即便我们有多种形式的自媒体输出方式的组合，短视频因其简便快捷，依旧是我建议的选项之一。

消除心理障碍

但很多人对开始运营自媒体这件事，内心总是充满这样那样的障碍。我访谈过没有做自媒体的近百位身边的朋友，总结出了几个障碍。

第一个是内向障碍。

所谓内向障碍，指的是"向内求索"时对此事产生的障碍。

最典型的一种是**"自我怀疑心态"**。有的人会因为各种原因，对自己的能力、创意和内容的价值感到不确定："这能行吗""我做了有人看吗""那么多好玩的或者有价值的UP主（指在视频网站、论坛、FTP站点上传视频音频文件的人），我的视频没啥存在的意义啊"……自我怀疑的结果当然是裹足不前。

与"自我怀疑"完全不同的情形是**"完美主义者情结"**。"完美主义者们"往往做了大量准备也觉得很难达到自己所希望的质量，结果难以开始，或者录了多段也没有一段发布。

有的人提到一个重要的点，就是**"隐私担忧"**。这一点尤其以女性群体突出。做短视频需要很多基于自己的生活过程和生活环境进行分享，于是她会担心自己越深入，表达越多，受众对自己就更了解，会不会带来一些不好的问题，比如一些"别有用心"的粉丝的骚扰？

第二个是外向障碍。

所谓外向障碍，指的是因为外部的原因而形成的障碍。

最典型的是**"害怕公众评价"**。担心有人指点，担心被批评，担心被嘲笑，担心被攻击。于是不行动就是最好的保护措施。

还有的人存在**"比较心理"**。就和"比车比房比包比娃"一样，输出的自媒体也有人担心自己不如其他人做得好，进而形成心理落差，影响行动。

第三个是精神障碍。

一些精神层面的缺陷或者压力可能会影响第一步的迈出。

比如**拖延症**。

有一位友人的自媒体创作一直在计划之中。但从前年拖到了去年，从去年的年初拖到年尾。我问他原因，他说，其实他的缺陷就是做任何事情他都很拖延，一直到不得不做为止。但做自媒体并没有不得不做的Deadline（最终期限），因此也就总不断放在最后。

还有**焦虑感**。

一旦一条短视频发布出去，理论上全世界任何一个角落的任何一个人都能看到它，而且这条短视频在很长的时间内都可能还"活着"。那么在一个开放性的时域和空域范围里，这条短视频产生任何反馈和结果都是可能的。焦虑的本质就是对未来发生的事认为不可控。

如上也只是基于我访谈的小样本数据做的汇总，并不能穷举。但应该有代表性。更重要的时候，我们知道障碍在哪儿没有本质意义，如何跨越障碍才是了解障碍的核心。

回想我最初做自媒体也是有障碍的。一位结识、合作二十余年的老友（也是本书的联合策划人）在我开始做自媒体之前数年就一直希望我能打造个人IP，在短视频时代又开始努力说服我做自己的自媒体账号。在她看来我的知识体系比较全面，形象和表达能力又都"在线"，"金子不发光是最大的损失"。但回想当时的我，同时受困于前面提到的"内向障碍"和"外向障碍"。我既是一个完美主义者，又担心自己的形象可能会遭到品头论足反而削弱了内容的影响力，于是不愿做"抛头露面"的口播内容。反而是曾经的文字形态的"微信公众号"更适配我的表达欲和自我认同感。后来通过她的开导和我自己的心理建设过程走出了第一步。

为了让和我一样的"障碍群体"可以摆脱困境，迈出这关键的一步，我也把我体会到的以及可以预想的心理建设方式汇总于此，姑且可以称之为"自媒体启程心法"。

"自我怀疑心态"

心法一：加了几个定语之后，你就是妥妥的"天下第一"。这个细分市场，没有谁比你更有发言权，怀疑什么呢？

心法二：我的价值感不是别人定义的，是自己定义的。这件事的价值在于，是我认为有价值，而不是别人认为有价值。

"完美主义者情结"

心法一：接受自己是不完美的。能在这件小事上突破，就能在很多更难的事情上突破自己的完美主义的心魔。

心法二：如果第一步不能"不完美"地迈出去，你无法完整地完成你的整体计划。"两害相权取其轻"，你的理性思考应该已经告诉了自己应该怎样做。

"隐私担忧"

心法一：我们的短视频所存在的网络，是存在"上帝之手"的游戏规则的。大数据可以无限细致地解构我们，分析我们，再压榨我们。这个过程我们没有隐私可言，且是被动的。对于自媒体创作过程中的隐私内容，至少我们有主动权。

心法二：如果定位了这只是一个"技术问题"，就总有解决的办法，而非因此止步的"障碍"。比如采用容易记忆的网名而非真名、使用新的工作手机号码注册平台账号、不暴露生活环境的信息、虚化室内拍摄背景、不暴露孩子的正面照等，都是给自己的隐私"打马赛克"的规避动作。

心法三：在"工作即生活"的局面之下，我赚的每一分钱本就是"披露"独一无二的自己产生的回报。我能选择的是，让这种"披露"是走向正和或负和，积极或消极。这些选择比隐私本身更重要。

"害怕公众评价"

心法一：对方的反馈往往是他自身的心理投射，和你无关。当他缺失爱，评论的就是恨。当他思维浅薄，评论的就是深度不足。所以，不要用镜面反射后的他来对照自己。照自己的镜子时，镜子里不该有别人的映射。

心法二：负面评价往往来源于不自知。一个从未发布过一条短视频的人更能评价短视频。这个群体本就不是你所需要关注的，如果是噪音，存在合理，剔除也合理。

心法三：一定存在有价值的批评。那太好了，高认知的人群给了你如此中肯的建议，那这本质不是批评，而是成长的机会。

"比较心理"

心法一：任何人，在开始比较的那一刻，就输了。因为选错了竞争对手。特朗普如果把拜登当作对手，在他失败之后就不会再卷土重来对抗希拉里取得成功。每个人唯一需要比较的，就是昨天的自己。

心法二：比较的本质是欲望的膨胀。我们做一人公司的内核，是对抗欲望。所以，比较就是远离了我们的成功。

"拖延症"

心法一：有个资深人士说，"视频就是钱。越早的视频越值钱"。这是有道理的。视频作为一种传播媒介，不仅能够吸引广泛的观众群体，还能够通过多种商业模式实现盈利。如果赚钱这件事在你现在和未来都是高优先级，那么短视频也应该是。

心法二：拖延症很多情况是认为任务的难度大。可以把任务分解成若干小单元，在完成小目标的过程中不断克服。先去踩个户外拍摄的点，再调整一个不错的机位，通过软硬件优化视频和音频质量，试着录制第一条粗糙的版本……

"焦虑感"

心法一：接受不确定性。人生本就是不确定的，没有谁能确定能见到明天的太阳。人生的意义也是"不确定"赋予的，因为"不确定"才有不可预期的精彩体验。体验没有好坏和对错，只有现象和感受差异。

心法二：学习思维重构。所谓不可能的，其实是时间轴拉长的可能性；所谓低可能性，其实是时间维度下的高可能性；所谓问题，其实是解决问题带来的机会；所谓不喜欢，可能只是缺乏理解……用积极正向，时间、空间的更全局的视野来重构可能性，一切都会不同。

你大可以按图索骥，找到自己的问题所在，消除问题，即刻启航。

那么如何在一人公司的背景下经营自己的自媒体？我们从策略和方法两个层面探讨。

策略先行

在谈策略之前，我们一起想清楚一个问题：为什么对方会看一人公司的创立者的短视频？

在我看来，抛开你原有的亲朋好友会因为你们有关联而看，那么一个毫无关联的人呢？我觉得要么和你的生意有关，要么和他的兴趣有关。没有第三种可能。否则即便是偶尔"刷到"，也会快速"刷走"。

一个关注你生意的人，可能你已经服务过，也可能是你即将服务的潜在客户。那么短视频的意义，不过是需要服务过的客户再有服务机会，即将服务的能力转化成自己的生意。简单来说，就是营销。

这恰恰是我曾经从事十几年的工作，以及培训赋能的核心领域。在如何做好营销这个主题面前，短视频和一次沟通没有本质的区别。不同在于短视频是单向的，虽然也可以留言互动，但依旧以你单方面输出的内容为核心，你的内容就应该是这个群体普遍关注的。那么，讲什么？

（1）讲你的产品，你的服务。

这是最直接的部分。就像直播带货。这是你的生意，完全无须避讳。相反，这些群体更希望清晰直接地了解你提供的产品和服务，内心会评估和他需求的契合度。但对于你，也无须每次简单机械地广告式重复。你可以更换不同的、更喜闻乐见的角度讲述，比如：

- 讲产品和服务背后对客户需求的分析
- 讲产品和服务的未来趋势和展望
- 讲自己产品和服务的独特卖点（非同质化的部分）
- 讲希望通过自己产品向客户传递的价值和理念
- 讲一些产品功能的具体应用场景（甚至使用短剧场景还原模式）
- 讲你的真实客户反馈
- 讲和客户的情感联系和带给客户的情绪感受
- 讲你的创新思维和创新技术

你看，我随便列了八条，每一条都可以输出一个短视频系列。如果你做过销售，也许你看出来了，这些就是你在一次次客户拜访的过程中需要向大多数客户传递的信息。我们不过是把共性的部分提炼出来，用单向输出的方式传递给可能从未谋面的准客户们，进而高效地完成一次又一次销售动作。

你是不是会担心，对方会不会完全没兴趣？完全可能，但也完全无须焦虑。因为总有对你有兴趣的，也总有对你无感的。在开放的网络之中，那些对你有兴趣的被你吸引就够了。你要做的一是足够清晰有效，二是我们提过的交互艺术中的"风格化"。前者为了激发理性，后者为了激发感性。理性和感性交织在一起，最终形成购买行为。

（2）讲情怀。

这三个字在职场中常常带有"负面色彩"。大家会觉得讲情怀是"画大饼"，是不实的表现。但对于一人公司，我觉得恰恰相反。降低了欲望，放弃了职场，选择一个可能回报并不丰厚但让你内心富足的事业，你的精神内核才是这件事最有价值的部分。那么，不讲情怀，不是我们的一大损失吗？

如果是我，我愿意听到我的造型师讲她对美的孜孜不倦的追求，以及追求路上发生的不理解但最终仍让她笃定于此的故事；我愿意听到绕线画的创始人讲他希望未来可以有更多的家长走心地给孩子或爱人赠送一份花了很多时间和精力的礼物，这份礼物本质上就是爱；我愿意听一个脱口秀演员讲他在给观众带来欢笑时的那种极大的满足感，驱动他永不疲倦地经营这份"传递快乐的事业"；我也愿意听那个羽毛球教练希望更多人可以在羽毛球这项活动中找到自信、求得关注，他因为内心视这份事业为"修复工程"而在球场上挥汗如雨……

这样的情怀谁不想听呢？没有人真正喜欢营销。调动起对方感性的一面，才会摆脱客户理性分析性价比的"无差异选择模式"。这也是近年高频词汇"情绪价值"在商业中的意义。想想满腹经纶、诚恳务实的电商主播董宇辉，以自己的形象和故事吸引了数百万80后女性，满足了她们的情感和关怀的需求，进而因为对人的认可形成商品的采购。这不正是用情怀在营销的最鲜明的例子吗？诸如此类的例子还有很多很多。无一例外，它们都指向"讲情怀"带给人的情绪价值的满足，进而促成购买。

（3）讲过程。

自媒体的一大优势是立体、鲜活。我们作为消费者购买过的大多数产品，你不知道它的制作过程，比如菜肴。我们可以称之为"收货前黑匣子"；我们购买过的大量的服务，不知道具体的服务方式，比如健身教练。我们可以称之为"服务前黑匣子"。如果你可以随时在线看到美食的制作过程，可以随时看到健身教练如何执行教练过程，就会清晰地知道这样的美食制作是不是精良，这样的健身方式适不适合自己。展示过程是将"交付前黑匣子"和"服务前黑匣子"变成"透明盒子"的有效方式。

而且，这样的透明化可以将你产品的匠人精神和服务的无微不至融入其中，会无形中建立一种信任感，更有利于转化。

过程短视频的制作风格可以是直接的（类似教程），也可以是情怀的（类似纪录片）或文化的（类似纪录片，如"舌尖上的中国"），等等。总之，分析你的受众的特征，更有利于你对类型的选择。

那么，不是和你生意有关，而是和你兴趣有关的受众呢？很简单，他们看你的短视频，简单的逻辑就是因为兴趣而喜欢。我喜欢爬山，会看到一些"大神"爬山的视频，对他们经历的挑战和看到的美景而快乐；我喜欢羽毛球，会看到大量精彩的球场厮杀而兴奋。是的，你会发现，与兴趣相关的，调动的更多的是情绪。<u>要让对方能够感受到你的感受而产生共情</u>。这里没有固定范式，我可以举一些例子引发你更多的思考和更有创新的表达方式：

- 故事化表述：饱含情绪地讲述你们共同感兴趣的事情带给你的经历，最好是自己真实发生的，更能触动人心；可以使用叙事技巧，如冲突、高潮、解决，使故事更加引人入胜；
- 情感化配乐：配以合适的背景音乐，音乐的选择应该能够强化情感表达；
- 视觉元素：利用色彩、光线、镜头语言等视觉元素来传达情感。特写镜头也可以增强情感的传递，尤其是人物的脸部细节表情和眼神的捕捉；
- 短视频的节奏要紧凑，同时也要有起伏，让情感得以累积和释放。

因为这些和对方兴趣相关的内容有血有肉、生活化且有趣，就会让对方对你产生关注而持续浏览，如果恰好对你的产品和服务有需求，就非常容易被转化。你会发现这个逻辑和媒体的逻辑是不谋而合的，一部分媒体内容充当了"流量"的聚集的价值，让更多感兴趣的人关注；一部分媒体充当了商业服务的本体，通过广告或对企业进行宣传而获得收入。短视频也是一种媒体，也具备这两种价值属性。

2024年12月24日

> 平安夜，白天跟随"驴友"完成15公里徒步，晚上开始写作。一文一武，一静一动。这样的感觉通透又自然。

开拍、后期和发布

有了这些思想上和策略上的准备，对于你的第一条短视频，剩下的不过是两分钟的事。开拍。

准备好你的拍摄设备（一般情况下手机即可，最多增加一些支架或打光设备），定位好取景位置，准备好脚本，就可以自行开拍了。

接下来是你对着镜头的表达，或者一边表达一边进行的一段操作。你也可以利用之前录过的一些工作相关的视频进行剪辑加工，配上画外音。总之，你在其他短视频看到的样子有哪些，你都可以挑选最适合的方式表达自己做的事情。

对于拍摄，我有几点建议：

（1）**不必追求完美**。记住，第一条视频是重要的，但同时一定是粗糙的。不用担心，你的拍摄技能是通过一次又一次的拍摄不断精进优化的，而非先天习得。所有人都一样。你所看到的自然、娴熟，不过是"唯手熟耳"。

（2）**不必容貌焦虑**。如果你是一位明星或者主要通过容貌"销售自己"的美女主播，容貌确实应该成为重心。如果不是，那大可不必焦虑，因为大家都"差不太多"。保持你的清新、端庄、自然就好，越是和身边的朋友一样亲切，或者彰显了某种你特有的气质，越能被受众接受。

（3）**一鼓作气，不要停下来**。录制中间出了错误，只需要重新正确表达，无须停下来，后期都可以做到完美剪辑。其实面对面沟通时，我们讲错话也是重新修正一下，对方也是毫无感觉，因为在对方获取信息的过程中"自动剪辑"了。保证和你的日常沟通一致即可。

（4）**不要凹造型，不要拿腔调**。我们做的是自我风格的传播，那么你的穿着怎么舒服怎么来，说话是怎样的音调就保持。只需要比平时聊天说得更清晰和洪亮即可。

（5）**多录两三条**。如果要求更高，可以多录两三条，挑选更为合适的一条，或者拼接其中的两条的多个区块。

（6）**每条加上固定的slogan（标语）**。为了加深你在受众中的印象，可以在封面或者片头、片尾加上固定的介绍，比如"废物利用小马哥"，或者"一边跳舞一边旅行的小仙女"等。这样既有利于传播，又容易不断强化你在对方心目中的"烙印"，经过一段时间的关注，形成长期认同。

（7）时间控制。就限定在短视频这个范围而言，"两分钟"是一个标准时间，因为超过这个时间，"完播率"（看完整个短视频的人数的比例，是短视频的重要考量参数）会大大下降。但当长期经营自媒体通过数据观察到有效的受众群体的接受度后，时间就可以逐步适配这个精准的群体，甚至可能十分钟都不算长。

掌握了这些要点，你完全可以发挥自己的创造力，让你的短视频有趣、有意义甚至有深度。那么，就看你的这"两分钟"了。

录制完成，就可以进入后期加工环节了。加工也需要消除一些心理障碍。尤其对那些用电脑或者 App 很头疼的伙伴。这里，我有一个"好消息"和一个"坏消息"告诉这类朋友。

"好消息"是现在很多主流的短视频编辑软件（如字节跳动旗下的"剪映"，苹果产品自带的 iMovie 等）上手极简单，基本就是打开就能用起来的"傻瓜级"产品。去年的一天，我发现我 9 岁的女儿已经能用剪映将自己录制的几段视频加工得很好，而在这之前，我完全不知道她有这款软件。如何加滤镜，如何渲染，如何剪辑，如何添加声效或者图像、文字，这些和录短视频一样，只要你做过一次，就马上知道如何能做到更好。

那么"坏消息"呢？"坏消息"就是一条短视频的后期所需要的时间远长于录制的时间。回想我的第一条短视频，后期用了两三个小时才做好。但如今我已经可以用两三个小时一次性处理集中录制的五六条短视频。你的后期加工经验越丰富，你的效率就越高，这件事对你的时间占用和思想负担就越轻。有一天这个过程就好像是你的一个"咖啡时刻"或者"下午茶时间"，变成生活的一部分，而且越来越轻松。

不过一个更酷的做法就是利用人工智能来帮你大大提升效率。在后面的章节我们会展开介绍。后期完成，你只需要上传到你开设好的短视频平台的账号中去，点击"发布"，一切就完成了。至于选择哪些平台更适合自己，可以去学习、了解。大致的适应群体如下（全球各地大多都有对应的平台）：

微信视频号：适合那些希望通过视频号展示个人专业形象、建立个人品牌的专家、企业家、行业领袖等；适合想要通过视频号进行品牌宣传、产品展示和客户互动的中小企业主；适合那些擅长制作教育性、知识性、娱乐性内容的创作者，尤其是那些能够提供有价值、有深度的内容的创作者；也适合喜欢分享日常生活、旅行体验、美食制作等生活内容的创作者。

抖音（Douyin）：适合潮流引领者、年轻内容创作者、明星、KOL（关键意见领袖）、美妆博主、舞蹈爱好者、音乐人和搞笑艺人等；适合那些能够制作高质量、快节奏、易于分享内容的创作者。

快手（Kuaishou）：适合生活记录者、普通人分享日常生活、手工艺人、农村内容创作者、教育内容提供者等；适合那些想要展现真实生活、具有社区氛围的内容创作者。

微视（Weishi）：适合腾讯生态内的内容创作者，特别是游戏直播、娱乐内容、生活方式分享等；适合希望利用腾讯平台资源进行内容创作的个人或团队。

B站（Bilibili）：适合ACG（动画、漫画、游戏）内容创作者、科普博主、教育UP主、纪录片制作人等；适合那些能够制作深度内容、有特定兴趣领域专长的创作者。

小红书（Xiaohongshu）：适合美妆博主、时尚达人、旅行分享者、生活方式博主、美食家等；适合那些能够提供高质量图片和文字内容，以及生活方式建议的创作者。

好看视频（Haokan Video）：适合搞笑幽默内容创作者、生活技巧分享者、新闻资讯类内容创作者等；适合那些能够制作轻松、有趣、易于消费的内容的创作者。

西瓜视频（Xigua Video）：适合长视频内容创作者、纪录片制作人、教育内容提供者、专业人士等；适合那些能够制作高质量、深度内容的创作者。

在我看来，对于一人公司的创作群体，视频号有最广泛的适配性，也和这个群体匹配度更高。当然，你也可以多个平台同时投放，通过反馈的浏览、点赞、留言数据决定哪几个平台更适合你的内容。

我们依旧希望秉承"知行合一"。用"知识指导行动，行动检验知识"，实现"知行相生"。还是那句话，大胆地开始做，比知道更多更重要。所以，你大可以今天就放手去试，你会发现其中的乐趣。我并非自媒体的专家，也是在行动中持续学习和精进的一分子，而且我所擅长的是，可以从如何适配这个群体的需求做第一性的思考。你永远要记住，从内核到思想，从思想到自媒体，从自媒体到内容，再从内容回归到你的内核（见图3-9）。

内核　思想

闭环
逻辑

内容　自媒体

图3-9　自媒体闭环逻辑

这个闭环里，每个要素都依赖于上一个要素而存在，又能给到它不断实践的可能。否则你的自媒体将如同无源之水，空洞无物。秉持着这一点，剩下的只需交给时间。

2025年01月09日

　　终于完成了这一节，我畅快地伸了个懒腰。自媒体这部分，花了不少时间，也比其他部分细致很多。究其原因，可能是因为我自身对这件事的心理建设时间也很长，甚至以年为单位。

　　我希望能帮有志做一人公司但因自媒体而犹豫的朋友"抢"回更多的时间，希望因此他们可以在被"抢回"的时间中发布更多精彩的视频、文章，我就间接成为这些优质内容的"助推器"。文字是静态的，但文字之外的思想是流动的，人因为思想的变化产生的行动是动感十足的。这也证明了自媒体带来的传播的力量。

2. 做一块你的"'三极'滑板"

行动的重要步骤是定义自己的产品或服务（我们可以将服务理解成无形的"服务型产品"）。在创业构建自己的产品的实践中，有个非常重要的概念是"MVP"。MVP是"Minimum Viable Product"的缩写，中文翻译为"最小可行产品"或"最小可用产品"。这个概念在精益创业和敏捷开发中被广泛使用，它指的是一种开发策略，即只构建产品中最核心、最能够体现价值的功能，以便快速推向市场，收集用户反馈并进行迭代优化。

之后，MVP脱离了产品的概念，变成了一种创业的思维方式和策略而存在。因此，即便你是服务形态，甚至是其他业态，只要你有客群，且存在供需关系，MVP概念依然适用。而这一点，正是商业要素的核心。从这个角度看，MVP概念几乎是可以通用的。

进一步说，MVP的主要目的是以最小的投入来验证产品的市场需求和可行性，从而降低创业风险。通过发布一个简化版的产品或服务包，你可以尽早地与真实的用户发生互动，了解他们的需求和痛点，并根据这些反馈来改进和完善你的商业。这种方式有助于避免在不必要的地方浪费资源和时间，确保最终推出的产品更符合市场的需求。一人公司对创业风险和成本控制的要求更高，因此尤其适用。

接下来，我们还是分析一下通用的MVP如何做，以及针对一人公司的特质如何执行。我们始终倡导"知行合一"，我们不在乎概念、理论，将所有体系、方法、工具都落实到更高效、更有利于产出的行动上，才是我们的落脚点。

通用的MVP概念并不复杂，这样一张图就可以解释清楚（见图3-10）。

如果我们也用MVP的思想简化上面的这张图，我理解的核心是"简化"和"反馈"：有了简化的思维，我们只关注最关键、最刚需、最必要的部分，围绕这样的关注点，我们的投入也变得轻量；有了"反馈"的目标，我们可以纠偏，再迭代、再小规模投入市场验证。

瑞典的一位非常著名的敏捷/精益教练Henrik Kniberg曾经画过这样一张图（见图3-11），非常形象地表达了MVP的过程以及期间的客户感受的

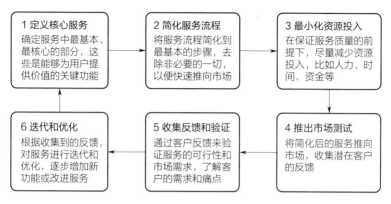

图3-10　经典"MVP"建立过程

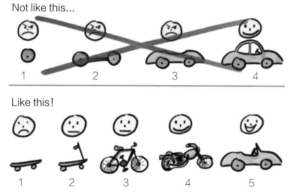

图3-11　Henrik Kniberg 绘制的MVP过程及客户感受变化

变化。我特别喜欢这张图，尤其是中间的"滑板"。另一位知名的产品设计顾问和教练Jeff Patton，在他的《用户故事地图》一书中，也引用了这张图。更有趣的是，Jeff Patton本人也是一名成熟的独立顾问、讲师和敏捷教练，我相信他的一人公司也深深受益于这样的方法。

　　还记得壁球女孩的手机壳的案例吗？那个手机壳就是这里的"滑板"。这个群体需要的是小众个性的表达和认可带来的情绪价值，那么在出发点和目的地之间，不用过度装饰，无须纷繁复杂，一个"一张板、两个轮"的"滑板车"就可以简单直接地成为你最有效的交通工具。然后不断迭代这个手机壳，用最简陋的、适度优化的手机壳和一个越来越优化的手机壳，不断测试出更多用户的需求，进而扩充品类或服务，一直到更完美地满足这个群体的需求。

那么，你有信心造一个你的"滑板"吗？

围绕一人公司的"滑板"，我们进一步精简MVP的逻辑，见图3-12。

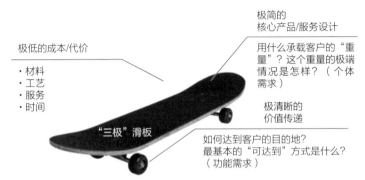

图3-12 基于一人公司简化的MVP组成和逻辑："三极"滑板

"板子"

"板子"是承载滑板运动者的载体，对应的是**我们提供的产品和服务的核心部分**。对于这样的板子，人站上去不会"裂掉"，是最基本的需求。然后才是防滑，才是满足转向等的细节设计。所以板子最重要的作用是"承重"，然后才是其他。这里的"重量"其实是用户的"**个体需求**"——用户的个体需求应该先被满足，甚至极致些的个体需求，比如承载一个体重200斤的玩家。比如：

- 绕线画客户的个体需求首先是"可以做出来"，甚至"手残党"也可以做出来；
- 美容客户的个体需求是"足够安全"，甚至做到对生理、心理毫无影响；
- 兴趣类的版权课的客户的个体需求首先是"听得懂"；
- 教练的客户的个体需求首先是"可被理解"，甚至是被完全理解；
- ……

那么，你的"板子"能否承载你的客户的"重量"？你了解他们作为一个独立的个体或者组织，所有需求里最底线的需求吗？你了解这种底线需求中可能遇到的最大的挑战吗？

"轮子"

"轮子"是滑板运动的"灵魂"，否则"板子"就仅仅是板子，只承载了垂直的重量，却无法带来水平的位移，更无法让人体验这项运动带来的乐趣。对应我们一人公司商业的"灵魂"，即**如何向客户传递价值**。

对于"轮子"，我们需要思考的是，如何将运动者从 A 地移到 B 地？在这个问题上，我们首先考虑的是"可到达"，在能到达的基础上，才是对速度、灵活性等一系列附加考量。这里的"可到达"就是用户的"功能需求"。在个体需求最大程度被满足的基础上，最基本的功能需求需要随之被满足。比如：

- 绕线画客户的功能需求是能形成一张可以传递视觉效果的画；
- 美容客户的功能需求是能够顺利完成整个美容过程；
- 兴趣类的版权课的客户的功能需求是可以顺利完成学习过程；
- 教练的客户的功能需求是"接受教练的服务"；
- ……

你会发现，个体需求是从可满足甚至可满足极值条件的个体安全或个体接纳底线出发的；功能需求是从最基础的"可以实现""可以达到"开始，逐步丰满的。如果用图形化表达，可能是这样的（见图 3-13）。

图 3-13　一人公司 MVP 设计的个体需求和功能需求

这是我对一块"滑板"的拆解和补充。你会发现，这非常符合马斯洛需求层次，最基础的生理和安全需求要先被满足，再满足更高的便利性和享受型的需求。对于一人公司，处于我们反复提到的对稳定性、持续性的更多考量，我建议在MVP的初期就做到：

- 将个体需求满足极致，尽量做到或接近"100分"（满分）；
- 再把功能需求做出来，先做到可闭环以及可在此基础上迭代的"10分"（基础分）。

这也是我把用户需求进一步细分的核心原因。

"三极"

"滑板"的示意图中，有"三极"：

- 极简的核心产品和服务设计；
- 极清晰的价值传递；
- 极低的成本和代价。

首先，**产品和服务设计要极简**。这也是MVP概念的核心。这一点我们无须赘述。

其次，在价值传递的层面，我认为是需要**"极清晰"**的。在清晰度面前，亮度也好、色彩也罢，远都没有那么重要。哪怕我们当前只有"10分"，依旧需要通过这刚刚起步的"10分"，把我们的价值观念充分传递出去。比如：

- 我的精神内核是怎样的，出于什么驱动我必须做这件事？
- 我的设计理念是怎样的，希望怎样满足客户的什么价值？
- 我的服务思考是怎样的，怎样更好地站在客户的视角思考如何为客户服务？

这价值内核就像一个生命体的DNA，在它还是细胞的时候，就非常确定；随着它生长、壮大，这部分一如既往的清晰、有效。

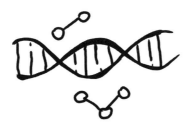

最后,要考虑成本和代价。如果做到了第一个 "极简" 和第二个 "极清晰",成本却始终高企,导致收益不能平衡成本,那这件事依旧无法成立,MVP 将以失败而告终。商业不是乌托邦,商业也不是公益,创造利润是商业无法回避的现实问题。因此,**成本和代价应该 "极低",以保证短期或长期的利润空间。**

回过头,再看这 "三极",彼此又是互相制约和彼此支撑的:

- 极简的核心产品和服务设计会带来成本的降低,也会因为没有复杂的干扰项而让客户清晰地理解价值,这就像诸多 "手工匠人" 的底层逻辑;

- 想做到极清晰的价值传递就会 "逼迫" 创立者以第一性原理思考产品逻辑,给出最优化的极简方案,同时带来最低的成本。这也是为什么马斯克在他成立仅仅 20 余年的 SpaceX(太空探索技术公司)的火箭项目上可以做到成立 60 余年的 NASA(美国国家航空航天局)无法做到的事情和更低的成本;

- 如果以最低成本和代价这个 "约束条件" 出发,也更能够激发一个人更深刻的思考、更创新的创意和更务实的态度,进而打破常规,带来极简的产品和服务的同时,清晰地传递出自身价值理念。

当你的第一块 "'三极'滑板" 制作完毕,你的 MVP 测试也就随之完成了。你拥有了产品的原型,产生了服务的设计,得到了客户的反

馈，得到了一次次迭代最宝贵的开端。更重要的是，你自身也伴随自己实验性质的首航，获得了一次升级。这块"滑板"像一面镜子，让你看清了自己，也看清了你内心所做的事，甚至这件事的困难或成就带来的痛苦和喜悦。这是每段创业历程的魅力，也是每个创立者成长的魅力。

也感谢 Henrik Kniberg 教练，给了我丰富的灵感。

2025年01月11日

写完这部分，我找到上面这张照片的 Henrik Kniberg 在他个人博客上发布的邮箱地址，给他发了一封邮件。表示敬意的同时，告知对"造车 MVP"图片的引用。几个小时后收到了他的回复，有礼有节。很好奇他对大洋彼岸一个素昧平生的人的一次火花迸发感受如何。我想，自己的思想能完全利他地帮助更多更广泛的人群，应该是每个知识分享者的梦想吧。

Re: Notification and request for permission or ⌃
support regarding thecited sections

Henrik.Kniberg   ⌄

2025-01-11 16:30

Hi,

Feel free to use my images, with due reference.

Thanks for asking.

Regards,

/Henrik

On Sat, Jan 11, 2025 at 9:23AM 李骅
<lihua.beijing@139.com> wrote:

Hi,

Henrik Kniberg, Long admired your great reputation.

Firstly, let me introduce myself. I am Li Hua from Beijing, China, and
currently serve as an independent business consultant for several
startup companies. I am reaching out to you because I am writing a
book titled "The Solopreneur's Guide," in which I have referenced a
diagram introducing MVP that you created. The original author has
been credited. I am writing to inform you of this and to seek your

↩   ↩↩   ↪   •••
回复   回复全部   转发   更多

3. 持续自主地学习新技能

一人公司的学习和多人公司有显著不同。

作为多人企业，有很多被动学习的机会。除了专门的企业培训外，无论是一次专题会，还是团队分享和项目讨论，都会对你的知识迭代和技能提升产生帮助。而一人公司创立者需要处理多方面的事务，时间紧张、资源有限，没有团队的支持。因此，学习需要更独立、自主，也要更灵活、高效。因此，一人公司的学习的第一个关键命题就是关于自驱力和自我管理能力。

一人公司如果能启动，这就代表了创立者已经有了超过大多数人的自驱力。但即便如此，在学习的命题上，仍需要一些科学的方法。如何能更持续自主地学习，而不是"三天打鱼两天晒网"或者"亡羊补牢"，我觉得**目标、习惯和机制**尤为重要。

目标最主要考虑可达性。企业设定KPI、OKR是为了对员工进行管理，而一人公司的目标就是自己的100%的目标，没有任何可以推诿和替补的空间。因此，学习目标设定得越清晰、具体、可执行，越有利于学习的落地。比如"每月读一本市场营销相关纸质书籍并记录不少于500字笔记"，这样的具体学习目标实现了从"想做"到"想做到"的跨越。虽然只有一字之差，操作人执行的动力却是完全不同的。

习惯上，可以试试"学习的微习惯"。将学习的任务拆解成某个习惯动作，附加在主任务上，这就实现了持续碎片化学习的效果。我在自己的一人公司运行中，不断在养成一系列的"微习惯"。比如：

- 我会在早晨或午饭后的第一杯咖啡的10分钟时间里，看3~4条专业领域博主的短视频，以他们为"窗口"来看到他们感知到的一些变化、对当下商业的体会等；
- 我会在将每个新遇到的专业问题输出给客户前，用2~3分钟使用生成式AI工具输出一次，来完善自己的思路，做到查漏补缺；
- 我会在固定的每周四下午在附近的咖啡馆约一个老朋友或新朋友进行一到两小时的"Coffee Chat"（咖啡闲聊），通过这种方式来交换一些认知和思想；

- 我会在驾驶的时候利用这部分时间在车上播放"得到"的一些系列有
  声课程，这样的时间平均每天有至少1小时，周累积就在5小时以上；

- ……

你完全也可以定制自己的"微习惯"。与主任务"并行"或"串行"，
这样既不容易遗忘，也多了多个向外部获取知识的渠道（知识博主、新老朋
友、AI、读物作者等）。更重要的是，对于具体内容的选择，你可以从当下
最需紧要完善的点出发来设计（比如当下发现销售能力欠缺或需要设计一套
适合自己的客户服务体系等），这就实现了基于一个大主题的碎片化的学习。

一人公司的学习机制我首推"奖励机制"。一人公司的闭环反馈远比多
人公司更少频次，促成一种积极的反馈机制尤其重要。换到学习的主题而
言，创立者的自我激励和有效的正反馈，是能持续使其产生学习动力和欲望
的有效机制。一个最简单的办法就是，"工作或学习的成就兑现生活的奖励"。
在职场，因为时间和空间的分割，我们很难用一套积分体系管理工作和生
活。而一人公司的"时空一体"特点，以及工作和生活的高度融合特征，都
让这种管理方式变得可行且有趣。比如：

- 粉丝每增加1000人，就给自己放个假去近郊"耍一耍"，每增加1万
  人就奖励一次国内任意城市的不少于3天的旅游；

- 每有两次系统性、高质量的公众号文章输出（还记得我们曾说过的一
  种有效的学习方法——"输出是最好的输入"），就奖励一次2000元
  以上的购物机会；

- 每实现一次某欠缺领域的优化（比如私域经营），就奖励自己最喜欢
  的运动，比如登山或滑雪；

- 每看一本书就可以购买一件自己喜欢的手办；

- ……

成年人的奖励机制的效果不亚于对孩子奖励糖果的效力。被奖励的"奖

品"都会带来多巴胺或者内啡肽的分泌。而这奖品又是因为自己任务的达成或者学习带来的，人就会将多巴胺或者内啡肽这样的快乐因子和成就、学习链接在一起，进而实现一种正激励的效应。

接下来现实的问题是，**一人公司的创立者需要学习什么？** 我们分别从差异性和共性的两方面展开。

差异化的学习就是对自己专业能力纵深方向上的持续精进。 不管你是 S 型、T 型还是 P 型，你的属性就是你的专业领域。S 型如何更好地构建自己的产品组合和渠道，T 型如何将自己的技术进一步升级，P 型如何增加自己的专业能力，决定了自己的商业空间。另外，我们前面提到的有一天实现了"三者的任意两者的组合"或"三者的复合"，很有可能自己也随之进入另一个不擅长的领域，这就是自己要更多投入学习的"蓝海"（见图 3–14）。

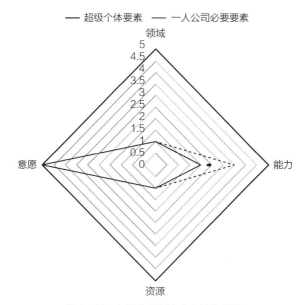

图 3–14　在能力纵深方向上持续精进

还记得第 1 章的这张图吗？我们的"初始化条件"是"十分意愿"，我们接下来的演进方向就是箭头所示的"能力进阶"。当你已经开始一人公司的运转，会自然清晰地知道自己的"能力缺口"在哪里。剩下的就以刚刚提到的"目标、习惯和机制"的体系化的方式不断优化、进阶即可。

共性的学习又包括哪些？我们可以从一家大型企业的培训体系中得到一些启示。我在IBM任培训师期间，了解了当时培训部门的组织设计。培训团队分成几个小组，分别是专业组（Professional Development，专业发展）、技术组（Technical Development，技术发展）、管理组（Management Development，管理发展）和销售组（Sales Learning，销售学习）。这其实就代表了几十万差异化很强的员工的共性需求。大公司和一人公司在个体成长的角度的命题本质是一样的，就像单细胞生物、动物和人的任何一个细胞生长和新陈代谢所需的物质和生存条件都大抵相同。对于一人公司，分类类似。我在此基础上，概括为三方面：

- 商业技能（如营销、财务等）；
- 技术工具（如人工智能工具、自动化软件等）；
- 软技能（时间管理、抗压能力、创新思维等）。

很多有职场背景的创立者对商业技能较为熟悉。长期浸淫在一个相对成熟的商业环境中，就会非常清楚营销、财务、人力资源、行政分别做什么，有什么价值。对于一人公司而言，"营销"是"一人营销"，"财务"是"一人财务"，"人力资源"是"自我的管理和完善"，"行政"处理的是自己的饮食起居、工作环境。每个管理或商业命题都赋予了新的限定条件，但任何商业要素都不缺失。在原有的认知的基础上基于当下环境适配和再学习即可。

比如你原来的营销对象主要是企业，而你的商业计划是面向消费者，那么就应该和可参照的互联网企业学习如何经营消费者群体；如果你原来的财务管理的对象是复杂的项目组织、复杂的业务，又因为很多企业资金雄厚、现金流一直充沛，现在就应该降下维度来充分理解一个最小化的企业的"收支两条线"的核心要义，像管理好自己的身体健康一样管理一人公司的现金流。

工欲善其事，必先利其器。一人公司要以最低的成本实现更高的效率，最好的方式就是借助一些成熟且小而轻的工具。结果导向的前提是对目标的合理拆解和实现路径的严格执行，而单打独斗难免受限于人性弱点——懒惰、拖延、精力分散、缺乏秩序感、时间管理混乱。因此，你更需要几位"数字监工""自动管家"和"数字员工"。SaaS模式（"软件即服务"，通过支付服务费，开箱即用的按需使用软件的方式）的软件，为一人公司的发展奠定了良好的技术基础。

因此，在我看来，技术工具部分也是刚需。不要以为这部分是"锦上添花"，就像一个人在21世纪不掌握电脑技能就无法正常工作一样，因为一人公司对创立者时间利用要求的特殊性，数字化、人工智能相关的技术工具也将是一人公司的"基础效率工具"。而且，随着科技的进步、开源社区的壮大，这些工具获取的难度越来越小、易用性越来越高，成本也越来越低。原来可能要花几千元、上万元才能采购，还要做很多的适配的产品，现在可能都有几百元年费的小微企业版本，再利用标准的API接口（应用程序接口，可以理解为工具里的"通用连接件"，如同"万能插头"）对接起来，简便快捷。最重要的是，这样的工具可以有效地组织你的工作，提高你的效率，节约你的时间和金钱（见表3-3）。

表3-3　一人公司技术工具清单

技术工具类型	代表工具及功能	适用类型	适用级别
客户关系管理	• 中国：纷享销客、销售易等 • 海外：Salesforce、HubSpot CRM 集中管理客户信息、跟进销售流程、分析客户行为	S型 P型	中高级
自动化营销	• 中国：珍岛、微盟等 • 海外：Mailchimp、ConvertKit等 自动执行社交平台营销、邮件营销、社交媒体发布、广告投放等任务	S型 P型	高级
财务及记账	• 中国：管家婆、金蝶、用友 • 海外：Wave（免费）、PocketSmith（免费+付费） 发票生成、会计账目、收据扫描等	S型 T型 P型	所有级别

（续）

技术工具类型	代表工具及功能	适用类型	适用级别
项目管理与协作	• 中国：钉钉、飞书、Worktile、Teambition、明道云、伙伴云等 • 海外：Trello（免费+付费）、ClickUp（免费版）、Notion（全能型） 任务分配、进度跟踪、文件共享	T型 P型	中高级
设计与内容创作	• 中国：易企秀 • 海外：Canva（免费+付费）、Figma（免费版） 快速制作营销素材、设计原型、生成内容	S型 T型 P型	所有级别
网站与电商工具	• 中国：凡科建站、上线了、有赞、微盟、旺铺等 • 海外：Wix/Squarespace、Shopify 搭建官网、在线销售、支付集成	S型	所有级别
库存与物流	• 中国：智慧记、秦丝、简道云、管家婆、好生意等 • 海外：TradeGecko、ShipStation 商品库存管理、物流追踪	S型	所有级别
客户支持与沟通	• 中国：企业微信、美洽、钉钉企业版 客户关系维护、售后支持等	S型 T型 P型	所有级别

看起来各个品类很多，产品也很丰富，但一人公司创立者只需要根据自己的类型和阶段进行调研和选择即可。这里的工具也只是目前较为有代表性的，随着时间的变化，会有更多性价比更高甚至免费好用的选择涌现出来。如果没有专业工具的特定性，大而全的平台其实也可以涵盖大多数技术工具的基本需求，比如中国的钉钉企业版、企业微信和飞书。

或许你发现遗漏了一个很重要的技术工具，就是人工智能。尤其以最能帮助大众的生成式人工智能为代表。因其对于一人公司的极高重要程度和应用价值，我会在接下来的章节以更全面的分析进行解读。

"软技能"包含时间管理、抗压能力、创新思维等。这些话题其实已经渗透在前面讲过的很多内容中。"软技能"是职场相对"硬技能"（专业能力、业务能力等）提出的概念，但对于一人公司，我们反复强调初始时能力并不起决定性作用，能力是在成长中渐进提升的，我甚至觉得未必需要真正意义上的"硬技能"。所以"软技能"的重要度就进一步提升了。

为什么需要这些技能？也非常容易理解。比如，自我时间管理不够的话，工作会堆积，效率低下，影响一人公司的运转；抗压能力不足可能导致决策失误或随时放弃；创新思维不足会让业务缺乏独特性，公司无法突破瓶颈。

如何做？其实不单是在一人公司环境，在大多数的情况下，这些技能始终都需要，因此我们都不可能是这些能力上的"小白"。比如，我们大多数人都懂得：在时间管理上，可以通过"四象限法则"对任务的优先级排序（急且重要＞急不重要＞重要不急＞不重要不急）；在抗压能力方面，可能需要心态调整方法，比如接受不完美、分解压力，以及建立支持网络；在创新思维培养上，则需要保持学习、拆解成功案例、跨领域借鉴等。这些我们已经多次在不同的主题中提及，但依旧每个话题都是个"超大话题"。唯有充分发挥自己的学习能力，才能逐步"打怪升级"。不可忘记的是，<u>一人公司的战斗力，永远取决于创始人的进化速度</u>。

以上是为一人公司创业者设计的自主学习体系化的框架。我在观察和实践中也发现，**一人公司在实施自主学习的过程中，存在"时间碎片化""方向模糊""反馈缺失"三大干扰学习的"顽疾"**。但只要有方法、能坚持，这些"顽疾"终将在日积月累中被所克服。通过践行终身学习，你的每一个当下，都将是一个更为强大的自己。

4. 人工智能将是你的"执行合伙人"

我们在上节探讨了学习和成长，这个话题一定绕不开人工智能。人工智能不再仅仅是幕后支持者，随着其不断进化，尤其是近年来生成式人工智能的崛起，它已经可以和人类"并行"工作，甚至在一些场景中替代人类站在前台。

回顾人工智能的发展历程，人工智能作为一个正式学术领域的确立始于1956年的达特茅斯会议。从诞生时间来看，人工智能已经是个"古稀老人"了。但直到2014年，以创造新内容（如文本、图像、音频等）为核心能力的生成式人工智能实现技术突破，伴随2018年横空出世的OpenAI的GPT系列，以及笔者截稿前震惊全球的开源生成式AI项目Deepseek，人工智能如同"七十年持续不断的隧道掘进，一日之间完成通车"，呈现出"量变到质变"的效果，以最直接的方式出现在每个人面前。打个不恰当的比方，原来的人工智能可能是灶台、是锅、是微波炉，现在的人工智能可能同时也是食材、是预制菜，是采买者、是厨师。

生成式AI能做什么，达到什么效果，这是我们每天在不断接收的信息，也是可以通过自我学习获得的部分。此时，我们更希望在这个新的时代环境和一人公司的商业环境之下，**研究明白我们应该如何定位、如何利用人工智能这两件事**。

依旧是先给出我的结论：

人工智能（AI）将是把一人公司的创始人从"商业执行者"变为"商业主理人"的"执行合伙人"。

如何理解这种定位？

以图3-15中一人公司创立者"强哥"为例，在一人公司的运行中，其实他不是"一个人在战斗"。除了在前面规划阶段担任"老大"之外，执行阶段他也需要把自己"一分为二"，变成"强哥A"和"强哥B"（"AB两角"）。强哥A负责"上位的事"，强哥B负责"下位的事"。

假设强哥是个"脱口秀演员"，那么"上位的事"就包括策划选题方向、设计表演主线、构思"爆梗"、规划演出方式、制定价格策略、进行现场表演等；"下位的事"包括收集资源、组织文本、制定"开放麦"计划、策划专场演出、投放宣传与卖票、收集观众反馈、优化表演设计等。

我先前给出的结论换在这个例子里的解读就是：

"让强哥B被AI替代"，强哥专注做"强哥A"。

这样，你就有了一个只消耗电脑和电力、不用开工资、不用吃饭、不用利益分成的忠实合伙人，它能分担你的一部分时间和精力。

具体做法，我也和生成式AI一样，直接给出建议。建议只有8个字：

"共享大脑，分离身体。"

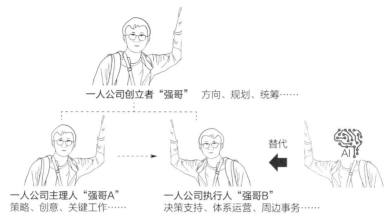

图3-15　AI作为一人公司创立者的"执行合伙人"的示例

共享大脑

共享大脑就是用你自己的大脑去做最核心的思考，并把你的思考方式"迁移"到你的"执行合伙人"身上。同时，AI也可以让你的思考方式更为系统化和全面，两者形成充分共享、高度统一的思维体系。

这个实现过程涉及知识体系、决策方式、思维习惯、价值观，以及技术和伦理挑战等方面。

首先，创立者需要上传自己的专业知识库，用于构建"个人知识库"（此部分如涉及和客户、核心产品的敏感信息，建议采用"私有化部署"方式，即将模型部署到本地电脑上操作，防止内容泄露。具体建立过程可以自行学习，在此不做介绍）。AI会通过自然语言处理和知识图谱技术进行整理和结构化。这部分要持续更新，也就是不断用新的产品资料或作品（文字、图片、视频均可）、方案、执行数据、客户案例等"喂"给它，让它跟上你的思维节奏。

然后是逻辑决策的协同。AI需要模仿创立者的决策方式，分析历史决策案例，总结出决策模型。这可能涉及机器学习中的监督学习和强化学习，但创立者的直觉或经验的量化也将是个挑战。可以把自己的经验或直觉尽可能量化提供给它。比如"在我的实操过程中，感觉如果A策略值加入10%的阈值，再对目标客群得分前20%的客户进行先行投放，往往效果更好"，这就会变成一种"干预机制"，不断让决策模型逼近创立者的决策模式。

接下来是思维方式的重现。这背后涉及AI的认知科学和认知计算建模，分析创立者的思维路径和创造力来源。例如，创立者如何将不同领域的知识结合产生创新点，比如脱口秀如何与一个演唱会事件或者读者见面会的市场活动结合，AI的模仿能力和跨领域联想能力可以总结并反哺创立者。这个环节需要大量个性化数据进行训练。

在"共享大脑"中，价值观和风险控制也很重要。AI需要内化创立者的价值观，比如商业道德和社会责任，这可能通过伦理约束模块实现。但价值观往往是抽象和情境化的，AI如何在具体决策中平衡效率与道德？最有效的方式是不断地在对话中对它有"偏差"的想法进行"纠偏"，通过时间的积累就可以越来越逼近创立者自己的价值观。这就像两个真正的"肉身"合伙人不断在工作过程中讨论、磨合和调整的过程。

伦理和隐私问题始终会是挑战，尤其是当你的一人公司商业越来越趋向成熟时。除了利用前面提到的"私有化部署"的方式外，在公网的AI互动中，你也可以强调哪些信息是需要保密，不允许被第三方利用的。这会随着AI的进化和立法的健全逐步优化。

如果你暂时看不太懂，依然不知道如何做，没关系。甚至更简单的方式是直接把你不会做的具体工作"丢给它"，它会给你详细的执行方法。更重要的是，把自己交给时间，持续学习AI。对于AI，就像持续经营一个真正的伙伴，关爱它，和它交流，让它成长。它用不了多久就能变成你的"左膀右臂"，和你一样充满激情和创造力。

分离身体

身体的重要器官是"五官"，即"眼耳鼻舌口"，或者中医所讲的"目舌口鼻耳"，即"五窍"。之所以重要，是因为"五窍"与"五脏"即"肝心脾肺肾"的功能和状态息息相关。除了手脚、肢体的动作无法被AI执行（未来仍可通过"具身机器人"的普及实现），身体的"五窍"都可以映射到AI，在一人公司的运行中实现身体的"分离"。

"目"——通过 AI 实现你的商业洞察

前面我们提到，在规划阶段，如何理解你所要经营的领域尤为重要。除了自身积累外，AI 也可以变成你的行业或领域"顾问"，甚至直接结合你的现状给出可能的定位建议。

商业洞察之"行业趋势预测"示例：

– 在 Deepseek 或 OpenAI 中输入指令：

"分析 2023 年'K12 客群，独立设计/在线教育领域'的全球趋势，列出未来 1 年潜在增长领域及风险预警。"

– 输出结果可快速定位这个细分市场中两个领域的蓝海市场（如 AI 辅助教学的物料设计工具、微型心理课程订阅模式）。

商业洞察之"竞品策略"示例：

–上传竞品官网/社媒内容，输入指令：

"提取竞品 × 的核心卖点、定价策略和用户画像，对比我的业务提出差异化建议。"

–输出结果可生成 SWOT 分析表，辅助调整定位。

通过如上的例子，你会发现，在 AI"目"的加持下，形成我们在第 2 章介绍的"商业模式画布"的各个要素的设计变得更轻松了。当然，AI 的输出仅仅是参考，你的判断和直觉更为重要，这永远是 AI 无法取代的部分。

"舌"——尝试给出新创意产品或服务的 MVP

我们前面介绍了 MVP，也就是那块"滑板"。设计过程中，AI 也可以给你提供具体的设计方案。在 MVP 阶段，AI 因为可以基于大量现存产品和创新思维做总结提炼，也可以结合前面提到的经过和创立者适配的思维模型，很大程度上可以帮助创立者减少开发时间、成本，以及提高成功率。更重要的是，在这个过程中，作为设计者，可能会感到孤独、缺乏自信，而这样的 AI 互动削弱了这种负面影响，让人产生和产品搭档一起共创的感觉。不仅仅是初始化阶段，MVP 投入样本实验后，根据可量化的实验数据反馈，

AI也可以实时地给出调整建议。

MVP之设计示例：

> – 指令："为'健身食谱生成器'设计MVP功能清单，需包含核心功能、简化版UI描述及测试指标。"
> – 输出可直接落地执行的开发路线图。

MVP之反馈示例：

> – 指令："附件是这个MVP的20份样本反馈，包含了在线应用产生的数据、UI互动方式和各个界面停留时间，输出结果也请实验人做了适配性的反馈。请根据这些反馈优化设计点，给出更新后具体可执行的产品开发方案。"
> – 输出更为有效的产品开发方案和效果预期。

"口"——AI代替你来表达和服务

AI可以变成你的"口替"。自媒体传播和经营粉丝与客户群体，都需要大量的表达和信息传递，也伴随着大量时间的消耗。

AI恰恰可以在这两个方面帮你。专业的说法是，以AI实现"内容生产和营销自动化"。

"内容生产"不难理解。做自媒体就一定需要内容，而内容生产也有"产业链"：内容的生产，需要"创意➡组织➡输出➡发行"四个重要环节（见图3-16）。

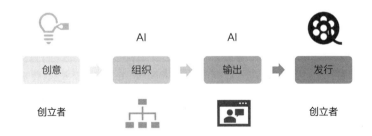

图3-16　AI用于"内容生产"的工作过程

这里面的创意是"大脑"的工作，按前面的讨论，这是"强哥"们的工作重心，需要创立者为主来完成（当然我们依然可以利用 AI 根据全网数据分析给出建议，来支持我们的创意）。而在此之后的组织和输出，则是 AI 非常擅长的领域。具体做法包括：

- 通过 AI 工具直接以详细的创意描述作为提示词输入，将创意组织成文本、图像或者视频，可以大大节省内容组织和设计过程；
- 对自媒体输出内容的表现力要求中等的前提下，可以通过 AI 虚拟人或数字人以自己的声音或形象自动将形成的文案输出为自媒体视频。有大量的免费或低成本的极易上手的平台可以利用。作为创始人，只需要做基于性价比的评估和决策即可。

营销自动化是普遍性痛点引发的需求。虽然一人公司面对的客户群体可能有限，但每个客户都需要通过多次交流才能形成决策。这期间有相当一部分内容是重复的。也就是我们经常说的针对一个产品或服务的"FAQ"（Frequently-Asked Questions，常见问题解答）。而且因为一人公司的方向更倾向于足够细分的市场，这部分的问题也将非常收敛和有限，这就为 AI 的辅助奠定了很好的基础。**客服 AI 机器人平台就是为营销自动化而生的 AI 工具品类**，这或许也是应用最为丰富的品类之一，有大量的工具可供比选。

这些 AI 机器人能根据客户问题即时响应回答，且支持多语言，还能对接现有主流社交软件和平台，比如微信、网站等。这里的技术难点是训练 AI 准确理解用户问题，这又回到我们前面讲的"共享大脑"部分，需要通过知识库的构建和持续优化来让机器人有更强的理解力和精准的问题辨识力。

批量生成营销素材示例：

> —指令示例：
> "基于我提供给你资料的创意水杯的产品卖点（轻便、环保材料、定制化），生成 10 条短视频文案，包含时下最流行的电影《哪吒 2》话题标签。"
> —结合 A/B 测试工具，快速筛选高转化文案模板。

个性化客户沟通示例：

> – 设置AI自动回复模板：
>
> "当客户咨询'定制流程'时，回复包含三步流程图＋成功案例链
> 接＋常见问题解答。"
>
> – 节省80%重复咨询时间。

至于最后的发行环节，因为对平台的选择、标题的定义、发行时间的选择等因素需要更多创立者的判断，且所需时间较少，大可留给自己执行。我们至此可以概括出一个通用的策略：

- 消耗时间多但重要程度低的工作交给AI，以提高效率；
- 消耗时间少且重要程度高的环节自行完成，以提高质量。

"鼻"——时刻通过AI保持最敏锐的商业嗅觉

我们前文提到过，敏捷的决策能力是一人公司的最大优势之一，而敏锐的商业嗅觉是决策的重要依据之一。一人公司如果能时刻保持最敏锐的商业嗅觉，就能随时做出"加速""暂停""转向"甚至"掉头"的决策。

这里提到的"商业嗅觉"通常涉及两个层面：

- 对宏观的市场趋势的敏锐洞察、消费者行为的理解；
- 对微观的竞争对手的动态追踪、潜在合作机会的识别以及财务风险的预判。

这些都是AI能轻松解决的，具体的实现方法包括：

- 市场趋势分析可以通过AI自然语言处理（NLP）工具来进行，如分析新闻、社交媒体和行业报告；
- 消费者行为可以使用AI机器学习模型，如预测消费者购买模式；
- 竞争对手分析可以通过网络爬虫抓取公开数据，并通过AI进行对比分析。

如果这些对你都很有挑战，最简单的方式是把上面"两个层面"的问题分别设计好，直接"丢给"AI生成答案甚至报告。为了保持最新的结果，以应用DeepSeek为例，你可以保留一个"对话框"，对已经问过的周期性问题点击"重新生成"键，同时把"深度思考"和"联网搜索"两个开关都打开，再次执行，就可以坐等最新、最全面的报告生成了（见图3-17）。

图3-17　AI自动生成报告操作示意图

更自动化一些的做法是，通过AI Agent（AI代理，可以自动化执行完成复杂任务的系统）将定期生成报告的任务编排成任务组，到期就可以自动执行，按你要求的报告结构直接生成报告并发送到你的邮箱里。此时你只需要一边喝咖啡一边打开你的邮箱，就能不仅嗅到咖啡的醇香，也能嗅到商业的"气味"。

"耳"——借助AI倾听客户反馈，挖掘潜在客户需求

在客户和私域经营的主题里，倾听客户是头等大事。不管是MVP阶段、产品试运行阶段、还是正式运行阶段，倾听客户的反馈是挖掘客户需求、实现产品迭代的唯一来源。

AI工具非常适合采集和分析客户反馈。这些工具的细分品类包括：社交媒体监控工具、聊天记录分析、邮件反馈处理等。利用这些工具的前提是自动化收集数据，然后工具会用NLP技术进行分析，识别情感和关键词，进行反馈或动作执行。动作执行可以是自动生成改进建议，也可以是自动触发营销活动（如折扣调整机制）。

如果这些对你来说有困难，最轻量的方式依旧是利用生成式AI问答的方式来"倾听"。如下示例：

评论情感分析示例

> – 上传客户邮件/评论数据，输入指令：
> "分析近3个月的客户反馈，提炼前3大痛点并给出解决方案建议。"
> – 输出可视化报告（如发现"物流时效"是主要投诉点，优先调整物流服务商）。

预测性客户服务示例

> – 接入客服系统，输入"根据客户的异动给出建议以刺激销售转化"的指令，AI将实时提示：
> "客户A浏览定价页3次未下单，推荐发送限时折扣码并强调'7天无理由退款'，该客户订购的概率将从20%提升为60%。"

经过这一系列的"组合拳"，你就通过AI实现了"共享大脑、分离身体的五窍'目舌口鼻耳'"。看起来这套"组合拳"似乎是由几十个小任务组合而成的，不过只要你日拱一卒，用不了多久就可以完整地推出这样一套系统化的"AI加持"的打法。更重要的意义在于，这几乎是"一劳永逸"的事，想想你将因为这些动作有更多的时间享受生活、陪伴家人，这些投入都是值得的。不是吗？

如果你依旧觉得有很大的障碍，也可以采用最小的AI应用单元与你的一人公司适配。我依据前面提到的两个通用策略整理出了其中最小的AI应用单元：

- "个人知识库"的构建；
- 商业洞察之"行业趋势预测"和"竞品分析及策略"；
- 客服聊天机器人。

当你有一天通过这些应用尝到了"甜头"，就可以进一步扩大你的应用单元，形成前面的"组合拳"方案，甚至探索更为全面、更为创新的应用。

还记得前文提到过，终身学习、科技适应才能适配这个时代。无论如何，在人工智能汹涌而来的今天，你必须做些什么。<u>有时什么都不做不仅仅是无法得到，反而意味着你不得不失去。</u>

如果你有一天做到了，恭喜你，不但有了最忠诚的"执行合伙人"、最强大的事业助手，也拥有了更多自主的时间，对人工智能的认知也将超越身边人。一举多得，何乐而不为？

当然这也是一种"卷"。

<u>但主动地"卷入"，是为了有一天不会被被动地"卷出"。</u>

2025年02月17日

> 这部分是在春节期间就策划补充的一节。这期间，DeepSeek 几乎占据了我的所有社交平台。它是伟大的，也是平凡的。伟大之处在于思维创新、技术领先、"重新定义"；平凡之处在于去精英化、普惠大众、自然而生。这不是和一人公司的既伟大又平凡的存在很相似吗？
>
> 我问DeepSeek："如果一个人在职场被卷得很累、很疲惫，努力加倍却随时可能面临失业，你会怎么用不超过30字安慰他？"它的回答让我惊艳："**世人的卷尺量不到你灵魂的韧度，真正的人生从不在格子间定义输赢。**"

5. 管理好一人公司的命脉——现金流

对于任何一个企业形态而言，最核心的命脉都是现金流。对于多人公司，现金流断裂可能导致无法正常采购、供货，或无力支付人员工资，最终面临团队解散或业务停摆的困境。稳定且充裕的现金流也是企业开拓新市场、投入研发、招聘人才的基础。

因此，现金流管理通常会作为企业的底线思维，被视为财务管理的重中之重——保持正向净现金流的同时，拥有更充足的现金储备。比如，很多企业会保持零现金流入的基础上的能支撑18个月现金流出的储备，以对抗可能的"黑天鹅"事件风险；有的企业可能还需要建立应急储备金，并且不断通过精细化管理优化资金周转效率。我在创投工作中遇到过不止一家企业，在业务蒸蒸日上且账面有利润的情况下，因为现金流管理出了问题而轰然坍塌的情形。这是我们最不希望看到的"悲剧"。

当你的一人公司业务已经度过沉没时间窗口，基本"转起来"了，也就开始有了现金流管理的必要性。一人公司的现金流管理同样面临很大挑战。和多人公司不同的是，一人公司创立者完全掌控现金流，调整决策快，但高度依赖个体的自律性和规划性，个人失误带来的风险也更大。此外，由于一人公司工作和生活高度融合，现金流的波动将直接影响家庭或个人开支，带来全局性风险。

影响一人公司现金流的主要原因和可能的应对策略包括：

（1）业务不连续。

我在前文多次提到，"可持续性"比"营利性"更重要。我们需要在一人公司设计之初就将"可持续性"放到更高的高度来考量，在迭代优化过程中也把这个优化项作为第一优先级，才能使得业务越来越连续，现金流也会趋于平稳。

（2）收款延迟。

如果是和平台合作的消费者业务，因为平台有明确的结算规则，这种情况很少发生。如果是和企业合作的如律师、咨询等专业服务业务，则需要在合约缔结初期就把自己放到被保护的位置，设定明确、合理的预付款和分期支付，或者服务交付后的一次性交付条件，并约定好未履约的罚则。以便在收款出现催缴无效等极端问题时，可以有法律手段作为武器。

（3）支出控制不当。

对于这种情况的发生，存在两种情形。

第一种是常规的支出缺乏计划性，比如几笔大额开支"叠加"在同一时点，带来此时点的压力。这种情况完全可以通过更合理的计划、分期付款等现金流平衡手段来消除。

第二种是扩张带来的现金流变化。这种情况我们还是需要溯本求源地想清楚：为什么要扩张？扩张的业务预期是怎样的？扩张带来的风险和变化有哪些？现金流的变化一定是其中首要考虑的问题。我们一直希望创立者"谨慎扩张"，也同样是出于一人公司对业务的可持续性、现金流的稳定性要求更高的考量。

在我看来，现金流管理是个像"绣花"一样的"细致活儿"，和家庭的收支、理财等一样，需要精打细算、未雨绸缪。所以在这件事上，往往女性比男性更驾轻就熟。但因为其又有清晰的规律可循，完全可以变成一种从细节着手的习惯。

针对一人公司创立者，我整理了"极简版现金流管理框架"。你只需关注 5 项核心动作，即可轻松上手：

（1）初始化时分离账户——隔离"钱袋"。

具体操作：立刻开一个企业银行账户（哪怕用个人卡，也单独选一张仅用于公司收支）；

操作关键：每月给自己发固定工资（例如收入的 20%），其余资金视为公司资产，进入公司的收支平衡序列。

（2）过程中跟踪——每周"5 分钟看钱"。

具体操作：可以利用简单的在线或离线记账软件日常记账，记录每一笔收入和开支，甚至可以记录预计的收入和支出，这样现金流的状态就一目了然了。

如果你依旧觉得复杂，可以用表 3-4 按周记录（纸质或 Excel）：

表 3-4 收支现金流管理示例

项	本周收入	本周支出	账户余额	预计下周收入	预计下周支出	备注
总计						

经过这样简单的加总，就可以以周为单位实现记录和预测。

（3）加速回款——签合同的"必选项"（专业服务型的项目适用）。

对于新客户，有30%预付款才开工，防止因双方不了解而产生的信任风险；

超期付款收每月不低于1.5%滞纳金。

（4）砍成本——只花必须花的钱。

所有超过月收入5%阈值（也可以上下调整此阈值）的开支，问自己一个"终极问题"："不花这个钱公司会死吗？"如果不会，建议此支出暂缓；

能租用或按需付费的就不以买断一次性付费（比如云服务器＞自建服务器）；

能分期付款的尽量不一次性付款，用少量资金成本来节省更多现金流空间对抗风险。

（5）保命钱——"抽水"存一笔钱。

从今天起，每笔收入到账，立刻转10%到"救命账户"（另开一张银行卡，类似企业的风险金账户），收入较为小额的，也可以以月为单位操作。这笔钱除非公司断粮，原则上不被动用。"救命账户"也可以根据自身特质设定一个阈值，比如5万元，超过这个金额的部分自动转入理财账户进行理财。

这五项之中，**我需要重点强调的是底线思维和上限思维**。底线思维是让自己安全，比如后两项；上限思维是让自己的一人公司发展更健康，比如前三项。我还是鼓励用记账工具管理好历史的开支，或者交由代账公司或独立的代账顾问来管理，这样就可以如上一节阐述的方法，在此数据基础上通过AI来做现金流分析和风险提示，利用科技加持你的事业。

"每月净流入＝收入－支出＞0"，这是现金流的不二定律，也是小学生都能理解的逻辑，却可能因为重视程度不够或欲望太高而被忽略。最后的最后，我的"不二建议"只有六个字："**先生存，再优化。**"

6.用"共情、共知、同行"融合事业和家庭

前面我们讲到，以全域视野重新考量家庭和事业的交互和整合。那么，

这一点如何做到知行合一？带着这个目标，我们应该以怎样的姿态出发？

这个问题没有标准答案。如果能找到一种和自身情况高度适配的"自定义模式"就再好不过了。如果一定要在个性中提炼共性，我觉得还是从"知"和"行"两个核心出发，如果在这个平衡问题上有"共知"，也有"同行"，那就像两个水流汇流成河，已是不错的状态了。

但这只是在说"事"。我们不要忽略，事业和家庭的平衡和融合，其实是人和人之间的平衡和融合：是丈夫和妻子的平衡和融合，也可能是爸爸和子女的平衡和融合，或者妈妈和祖辈的平衡和融合。但凡考虑"人"，就不能忽略一个字："情"。情感是一切关系和谐的必选项。

情。知。行。我把情放在第一位，知和行跟随其后。

接下来我们要做的，只是加上"共同"。让每个要素都变成全家人的要素——共情。共知。同行。

共情：建立情感链接

通过建立情感链接实现共情。在一人公司的创业这件事上，把你和你的家人"链接"在一起。这种共情"链接"的表现包括：理解、沟通和支持。但需要注意，这样的链路都是"双向箭头"而非"单向箭头"。

也就是既有创立者和其家庭之间的理解，也有其家庭成员对创立者的理解；既有创立者和家人的主动沟通，也有家人对创立者的主动沟通；既有创立者对家庭的支持，也有家庭对创立者的支持。

我们不妨举一个示例，我以教练的方式来引导你，看看如何做到这三点。

示例背景：马克四十岁，三年前从一家国际广告公司视觉总监的岗位离职，成了一名小有名气的独立摄影师（一人公司模式），每年三分之一的时间要外采摄影工作。大多时间在国内，偶尔在国外。马克的妻子小马克五岁，在互联网公司做行政。他们有个十岁的可爱的女儿，上小学四年级。

理解

- 马克对妻子："在我从事一人公司后，你觉得发生了哪些变化？对你的心态和生活产生了哪些影响？三年过去了，你还有哪些期待？是否因为我现在的工作模式感到有心理压力？……"

- 妻子对马克："你的终极目标是什么？现在的状态是超过你的预期还是未及预期？你希望如何调整，希望我怎样配合你的工作？……"

沟通

- 马克对妻子："你可以坦诚地表达你对我现在的工作模式的一切看法，我会认真倾听。"

- 妻子对马克："我理解你对自由的向往。也相信你也是希望以此方式获得更多的时间和我们一起享受生活。但我仍有……的顾虑，希望你能告诉我，我所顾虑的这些你是如何思考和计划的……"

- 马克对女儿："爸爸之所以离开之前的公司，不是因为它不够好，而是爸爸需要更多的时间陪你和妈妈，照顾奶奶和爷爷。爸爸也可以有机会只选择最喜欢拍的那些真实、天然的东西。"

- 女儿对马克："我很开心你可以有更多的时间陪我。而且你一定会成为这个领域最棒的摄影师。你能每次外出都给我带小礼物回来吗？"

支持

- 马克对妻子："当我外出时，家里需要你更多的照顾。但我在家的时候，也有比你更多的时间照顾父母和女儿，这期间我会多出一些力。"

- 妻子对马克："我支持你走自己的路。即便可能我们要为此付出一些代价。如果经济和第一年一样又会变得有些紧张，我们可以再次削减一些不必要的开支来应对。"

- 马克的爸爸对马克："我们不知道你辞职的原因和现在的工作方式，但我感觉到了你变得更开心自在。不管何时，我和你妈妈会是你坚强的后盾。"

试想，如果一家人都是如此的共情，每个人之间就像有一条纽带将彼此相连。情感产生了链接，后续的理性话题才有意义。

这一点我在曾经做的销售训练工作中也深有体会。在训练异议处理的场景中，作为教练，我们反复提示学员，首先建立同理心和共情心态，再去探讨异议从何而来、如何解决，才是最有效的沟通方式。否则可能人有情绪还未化解，会陷入非理性思考的漩涡中；可能对方会觉得自己的立场未被很好地尊重，而形成对抗；等等。

总之，**共情、同理，是讲道理的前置条件**。但以我们训练的效果来看，即便在一个异议处理的训练中，这个环节都会被很多人遗忘，更不要说沟通这么大的主题。所以我们要反复告诫自己，<u>在平衡融合的过程中，把共情放在首位，让情感产生链接</u>。

"共知"：实现认知同频

实现"共知"是一件艰难且复杂的事。尤其创立者在快速成长期时，认知快速迭代。家庭成员可能本就不太懂得创立者的专业，加上各自前进的"速率"不同，认知就越来越难同频。

但只要我们心之向往，就一定会向着彼岸靠近。

作为创立者，要时常向家人解释自己在做的事是什么、背后的意义又是什么，以及自己的做法、可能的机会以及挑战。甚至前面我们提到的蓝图绘画里的商业模式画布、版图，你都可以分享给你的亲人，让他们感受到你为此深思熟虑，看到你讲述这些时眼里的光芒。

有一天晚上我给一家版权公开课机构录制大学生创业课程视频，给我的孩子们留了这样一封信，告诉他们爸爸去做什么，做这件事情的意义以及对他们的意义。

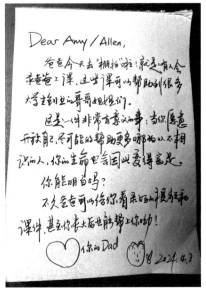

笔者录制课程前给孩子们的留言字条

这样一次次点滴的交流，就像将一部"手台"不断调整到创立者那部"手台"的调频波段上，进而打通通讯通道的过程。我的孩子们会理解，我上课是为了帮助别人，帮助别人有可能也能让自己更强大。长此以往，在精神层面的认知上，哪怕和几岁的孩子，也可以充分同频共振起来。

我的儿子年龄尚小，难以理解创业的意义。但他酷爱爬山，于是每次和他爬山的过程中，我都以爬山遇到的坎坷、曲折类比创业的不易，以山顶类比目标，懵懂之间他已经有了对我做的事的初步认知。

对于爱人、父母的成年人角色，更直接的一种做法是，**开放自己商业的一切给家人**。把"黑匣子"变成"透明盒子"，保持财务和业务运作的透明度，让家属时刻可以了解你的一人公司的真实状况。还可以就此进行坦诚且充分的讨论：为什么这个季度的收入减少了三成？你要做的业务的调整有哪些？等等。耳濡目染、日积月累之间，家人的认知会更大程度上向你靠拢。

同行：参与其中

既然我们已经努力让生活和事业融为一体，不妨想方设法让你的家人也参与到你的事业中来：

- 你可以和你的家属一起设定企业的经营目标，以及我们前面提到过的"止损和止盈"的条件；
- 你们可以一同讨论创业目标如何与家庭价值观和长期规划相结合；
- 你可以邀请家人参与一些创业活动，如市场调研、产品设计反馈等，让他们亲身体验创业过程；
- 当然，如果可能，可以让伴侣或亲人在创业公司中承担一定的角色，以增强他们的参与感和共同的荣誉感；
- ……

我在做自媒体的过程中，常常需要一些"插图"。而我的女儿很喜欢画画，作品也在北京市拿过奖。我就以聘用她为"官方视频号首席漫画师"的方式，请她进行插画的绘制，并给予相应的奖励。女儿兴奋地当晚就发了这样一个"朋友圈"动态，七个字的附言之间荣誉感满满。

这一次我出书，依旧沿袭了这个做法，因此本书中你看到的有些"童趣"的漫画，都是"受聘于我"的女儿的作品。

除了参与插画工作之外，我的女儿还曾多次和我去往拍摄自媒体短视频的场所，帮我担任摄影师进行录制。

笔者女儿收到爸爸颁发的"官方视频号首席漫画师"聘书后发的朋友圈

通过这样家庭成员的参与设计，会让彼此都感到对方在与你同行，你的创业之路并不孤单。

共情、共知、同行。

这三者缺一不可。但这三者在发生的频次上其实不是等量其观的（见图 3-18）。共情应该持续进行，共知可以阶段性建立，而同行可以动态偶发。有了这样的策略，"家庭融入"就是"可设计的"。事业和家庭的关系就会因此变得更加平衡、和谐。

图3-18　事业、家庭平衡"三要素"的频次差别

7. 关注身体、持续适配锻炼、减少无效社交

一人公司的核心是人，不是公司。

其实这个逻辑在多人公司也同样成立。我们常说，人力资源才是公司最核心的生产性和创造性资源。但由于资本的挟持、公司目标的压力，职场人士往往沦为拿来即用的工具、成为被消耗的资源，甚至成了"两害相权取其轻"的"轻"的部分。

据《2024中国主动健康洞察报告》显示，全球真正健康的人仅占5%，患病占20%，而高达75%的人处于亚健康状态。虽然报告没有明确指出职场人士的具体比例，但毋庸置疑，有相当一部分是职场的"贡献"。

一人公司的创立者自然明白，自己才是商业的核心。若没有对回归自我的强烈渴求，也不会选择这条"少有人走的路"。这一点我从未怀疑。但与此同时，你是否意识到，一人公司是那种创始人一旦停下来，整个公司就会停滞的企业。这一点，我们在上一节也多次提到。

Catmull Consulting的创始人、个人财务专家Jaime Catmull提出，"许多想从事一人公司的人都忽略了现金流这个挑战，当你作为只有一个人的公司的老板停止工作时，你的现金流通常会降到零"。而现金流是一个公司的生命线，也是一人公司创始人生存的底线。

从这些角度来看，一人公司对创始人的健康要求，远比其他商业形态更高：多人公司的职员生病了可以休假，会有同事暂时接替工作；多人公司的创始人生病了也可以进行调整，会有合伙人或高管接管"一号位职能"；甚至"一号位"缺位，公司还能"换帅"继续存续，原"一号位"仍能通过保留股权分享公司收益。而一人公司创始人的健康是这个企业的"极值现象"。金融市场面临极值状况尚可启动"熔断机制"，一人公司只能听之任之。

如何更高效地保障一人公司创立者的健康？

我并非专业健康顾问或医疗从业者。在这个问题上，他们更有发言权。但我想提出一个更有效的机制来补充这些专业角色对健康的建议之外的理解。该理解源于我听过的一句彰显民间智慧的并无出处的"金句"：<u>"在人生的账本上，每一次加法都是积累，每一次减法都是释放。学会在加加减减中找到平衡，才能算出生命的最大值。"</u>

在此启发下，我提炼了自己健康"养成"方法，可以用三个符号来表示，分别是"×""+"和"−"：

"×"：身体的关注度

"×"是算式里的变量。如果"×"代表我们的身体，它的变化也会左右我们的人生轨迹。对于这个变量，我的唯一建议是**"充分关注自己的身体"**。这常常是我们最应该做到却又最为忽略的"矛盾"之处。

怎么叫"充分"？如何才算"关注"？

医生告诉我们，要定期体检、要保持充足睡眠、要做压力管理，要注重个人卫生。健康顾问告诉我们，要健康饮食、要适度运动、要戒掉烟酒和熬夜等不良习惯。这些都对，但同时也都是你听过无数次可能依然无法做好的事情。这非常正常。包括我在内，也是如此。我曾经为自己"开脱"：如此规律和节制的生活，岂不是少了很多精彩？

直到有一天，通过和孩子养的两类宠物，我顿悟了一些道理。一类是爬宠，龟类寿命普遍可达二三十年，很多蜥蜴和蛇类也可以活过二十年，甚至更久；另一类是哺乳动物，猫狗的寿命在十几年已经是"高寿"。究其原因，代谢率是两个物种重要的差别之一。代谢率决定细胞分裂速度，进而对老化速度和寿命产生较大影响。哺乳动物因探索欲强、活动范围大，代谢率高，寿命短；爬行类活动范围小，探索欲弱，代谢率低，寿命长。<u>这让我明白，生命的质量在于探索和体验，但生命的长度也因此而缩短。平衡才是核心。如何让自己在探索中保持健康，在消耗中延续生命，才是我们要考虑的。</u>

过度节制和过度消耗都不可取。前者让生命失去精彩，后者让生命难以持续。我个人推崇周期性调整。正如中国古话所说"一张一弛"。纵情人生时洒脱写意，归隐重整时收敛自持。而"关注"作为决定张弛的分水岭，尤为重要。

关注身体发出的每个信号。

健康如同一个庞大的"交通系统"，"红绿灯"时刻变化、警报不时响起。食欲不振、莫名失眠、排便不规律、血项异常、体重波动……这些都是我们身体的"预警系统"。千万不要忽略它们，否则终有一天，你将"不得不"重视它们。那时可能一切都已经晚了。

我们应该像探寻热爱的事业一样，在每个信号来临的时候，敏锐地发现它、积极地面对它、深刻地研究它，直到"警报解除"。我曾在两个月之内自然减重12斤，意识到这是一次"严重警报"后，我放下所有工作，进行了一个多月的排查，检查结果将失重归因于情绪。于是，情绪管理变成了我当期的不二重心。幸运的是，最终一切重回正轨。我们都应该把自己的身体当作最重要的一个项目、一个产品来经营。我们爱家人、爱宠物、爱花花草草、爱车、爱文玩，这些都是爱这个世界的表现，但对这个世界的任何爱都应该建立在爱自己的基础之上。

关注你的"衰老"。

这里的"衰老"不单纯是一个物理概念。我们的衰老可能来自于身体，也可能来自于精神。与前面直接的身体"信号"不同，衰老更像是"慢性指标"。当你发现自己有如下之一的情形时，可能你已经开始变老了：

- 皮肤变化；

- 感官功能下降；

- 行动能力降低；

- 记忆力、注意力和学习能力等认知能力下降；

- 对新鲜事物的好奇心降低；

- ……

衰老并不可怕，每个人都会经历。但在我看来，衰老是可以延缓的。最简单的做法是，一旦发现上述某种情形，就针对性地进行训练，尽量恢复原有状态。这既是应对"结果"，但同时也可能成为改善的"原因"。比如我们发现自己对新鲜事物的好奇心降低，就试着多交一些年龄跨度大的朋友，珍惜和年轻人聊天的机会，优先尝试未体验过的事情，这些努力都能改善这一点。依旧以我个人为例，有一段时间我发现自己记忆力减弱得厉害，我通过给自己积极的强心理暗示，并刻意训练记忆力，经过反复回顾和强化信息应用，一个月后就得到了明显改善。

要相信，我们既能做事业的主人，也能做身体的主人。而成为身体主人的前提，是你能感知它、善待它、持续与它"对话"，这样它才会回馈更好的状态。

"+"：锻炼的持续性和适配性

我们很多人都有锻炼的习惯，也深知锻炼对于一个人的重要意义。它对心脑血管、肌肉、骨骼、神经系统等身体多个系统都有积极的影响，能通过提高新陈代谢提升免疫力、改善肢体协调性和灵活性、增强认知功能等。

如果你选择了一人公司的道路，你也会很幸运地做自己时间的主人，让你一直挂在嘴边的"锻炼身体"成为可能。当别人在一周辗转奔波五个城市时，你可以规律地出现在健身房；当别人在工位的腰酸背疼中赶往下一个紧急会议时，你可以随时走向户外，享受身体和精神的周期性放松。所以恭喜你，在通过锻炼保持健康这件事上，你已经跑赢了百分之九十以上的人。

有了锻炼的时间，我们的目标就是如何在有限的时间内将锻炼这件事做到"产出效率最大化"。依旧按照"第一性原理"思考，减少做一件事产出效率的因素有三大项：

（1）没有做足这件事（缺失）；
（2）做了些没有用的部分（损耗）；
（3）整体转化效率折损的部分（折扣）。

假设一件事的输入没有缺失、没有损耗、没有折扣，那输出的产出部分就

是最大化的，也就是收获最大化。但再结合可控性，我们会发现，前两项我们都可控（白盒），第三项对我们是不可控的（黑盒）。所以，我们的重心应该是减少缺失和损耗。

我用图3-19做个形象的解释。有人说，"生活是一个七日接着另一个七日"。假设每天的锻炼时间相同、整体转化效率相同，我们以一周为最小循环单元看"七日"锻炼的三种情形：

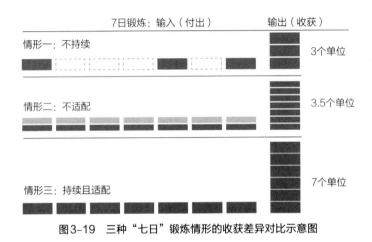

图3-19 三种"七日"锻炼情形的收获差异对比示意图

（1）第一种情形是不持续。也就是常说的"三天打鱼、两天晒网"。显然，收获也因为总体时间的缺失而大大折损。

（2）第二种情形是不适配。锻炼的项目因为不适合自己，反而使得有效的锻炼时间也打了对折。整体收获也产生了较大损耗。

（3）唯有第三种情形持续且适配。锻炼的效果"拉满"，相对意义上这种锻炼方式的收获也是最大的。

因此，我建议你的锻炼在用各种方法提升效率之外，尽可能满足两个特征：**持续性和适配性。**

持续性

锻炼的持续性，最简单也最难。

难点在于，事实上我们每天都会坚持做的不管多细微的小事，除了吃喝起居之外，都很稀有。我遇到过每天都会记日记的人，也有风雨无阻每天都会晨跑的朋友。在我对他们的认知里，我觉得他们"强得可怕"。几十年如一日地坚持的一件事，不过是他们强大的内核的小小的"露出"的部分。

简单在于，如果这件事可以从五分钟、十分钟开始，又并无难度可言，似乎唾手可得。

那么，简单和难之间是什么？是惰性吗？是意志吗？是行动力吗？是，也不全是。**在我看，是态度。**因为简单和难本就取决于人的主观意识，而人的适应性是很强，一旦有了坚定的态度，有了举重若轻、举轻若无的心态，这不过是小事一桩。

此外，心理学家马尔科姆·格拉德威尔（Malcolm Gladwell）曾提出，**"21天养成一个新的习惯"**。我对此深信不疑，也建议你尝试验证。曾经在疫情期间，因被动居家办公，缺乏锻炼的环境，我的小腹开始隆起，体重开始达到新高。为了"减腹"并"减负"，我决定每天按照网上的教程做10分钟"减腹操"的锻炼。为了防止打扰家人，我都选择每天工作结束，在楼下的小区里完成。虽然难度并不大，我开始还是断断续续，总能给自己不下楼找到理由。后来我引入第三方监督，每天向一位友人"打卡"，在持续的自我鼓励和外部鼓励下，坚持了第一个连续的21天。

此后，我不需要任何心理建设，即便在北京数九寒冬的凌晨时分工作结束，我依然会坚持下楼完成这10分钟，否则全身不自在，就像这10分钟才能让这一天画上完美的句号。后来有爱好跑步的朋友说，这和"跑步上瘾"类似，是内啡肽的作用。而我最真实的感受是，持续锻炼获得的满足感和自我认同感是无可替代的。这时候，什么寒冷、消耗、困顿，都不足以和这种收获抗衡。

不妨试着从你的10分钟开始。渐渐你会发现，这平平无奇的10分钟，也因你的坚持携带了一人公司的"DNA"。

适配性

好坏没有绝对，适合的才是最好的。个体也好、商业也罢，大都如此。
适配首先带来的是最基本的安全。盲目效仿他人的锻炼方式，或者盲目

"上强度"，首先会带来安全的风险。是的，一人公司应该最大限度规避风险。可能一次扭伤都会让你的很多工作无法顺利开展。

我建议考虑年龄因素、自身身体素质，有针对性、循序渐进地展开。年轻人、身体素质优异的朋友可以选择较高的运动强度和多样性的运动项目，而中老年人、身体素质较弱者则需要选择对关节、骨骼、心血管系统影响较小的运动，如快走、游泳、太极拳等。个体差异是不可回避也很难消除的现象，尊重个体差异，不要为外界所干扰，有计划、有自主性地完成你的锻炼，才是最适合自己的方式。

同时，选择与自身兴趣和身体状况相匹配的锻炼方式，可以增强锻炼的乐趣和动力，更容易坚持下去。例如，喜欢户外活动的人可以选择跑步、骑行等运动，而喜欢室内活动的人可以选择瑜伽、健身操等。这和"乐此不疲"的兴趣驱动可以让一人公司更持续是一个道理。

持续。适配。

这些一直是我们提到的"高频词汇"。不是吗？是的，这和我们倡导的一人公司的特质不谋而合：我们的商业要依据自身特征形成差异化，我们要不断以最高级别关注我们商业的持续性。为什么会有这种巧合？回到本节开始的部分，**一人公司的健康度和创立者本人的健康是正相关的，而人的健康是和锻炼行为有正相关关系的**——那么，这种"巧合"也就不足为奇了。

一人公司的创立者是商业的重要的一部分，优化商业不妨从改善自身健康开始，从你即刻开始的第一个卡路里的消耗开始。

"-"：消耗的有效性

关注身体状态、坚持锻炼是做加法。那么我们接着谈谈减法。

减什么？减少那些对你生命无足轻重，却又产生极大消耗的事情。在我看来，最典型的就是无效的社交。

职场的一个较为普遍的诟病就是社交泛化。和同事时不时聚个餐增进感情，和老板偶尔也要有些私人交情；和客户谈完事情吃个饭互诉衷肠，和合作伙伴喝个酒加深理解。好像总有吃不完的饭、喝不完的酒，越是职级高，越是不可避免。结果常常醉醺醺的半夜回到家，也有时为了一个饭局日行千里。

辗转于各个社交场合的你，有没有问过自己，这些应酬真的非去不可吗？这些社交真的那么重要吗？结论未必是确定的。就我自身经历和我身边的数十人采样的粗略分析，正如我们前面的章节提到的观点，我们的社交砍掉八成，仍不影响业务。甚至业务做得越扎实、有效，越不需要过多的社交来获取认可。因为今天的社会已经进入“快车道”，商业逻辑更趋向于结果导向，每个职场人士可自由支配的时间也越来越少。对每个人，不需要花费太多时间拿到自己的结果才是王道，无论你是“甲方”还是“乙方”。

无效社交消耗身体、消耗生命。这一点每个人都能体会。更重要的是，每个人的生命时长有限，无效社交的“机会成本”很高。随着无意义、无营养、无结果的“三无”沟通时长的增加，真正认识和交往有价值的人的时间就因此缩短。

如果是职场带来的不得已，一人公司恰恰可以让你远离不喜欢的人，拒绝你不喜欢的应酬。离开职场后，我惊奇地发现，自己的饭局从原来的每周两三场缩短到了每年不过20场，缩减了80%~85%。即便是咖啡聊天，也有同样比例的缩减。节省的时间用于陪伴家人，用于户外健康活动，用于思考和阅读，都为我带来更高回报的变化。

在本书最后的案例参考部分，有九个我直接或间接的朋友，成了我此部分素材的“访谈对象”。这是九个一人公司创立者或潜在创立者，也是九个高能量或正积极变化成高能量的优秀的朋友。为了效率起见，和他们每个人的访谈都是线上进行的，每个人访谈持续15小时左右。在这近15小时的时间里，我感觉到了精神的共鸣、经历的共情，也进一步加深了我对一人公司的理解和进一步实现自我革新的动力。这感觉太美妙了——15小时对我们大多数人而言，可以做得很少；却也可以经过筛选，获得很多。

如何减少无效社交？

国内著名商业咨询顾问、知名自媒体人刘润给我上过一课。这一课是从他拒绝我的一次邀约开始的。他用了一种直接且得体的方式，在我看是“设立界限的同时建立通道”。

首先，他用一篇他写过的记录自身习惯的“日课”告诉我，因为一半时间在出差，他在上海的时候基本不陪人吃饭，天天回家；即便出差的时候，也会尽可能减少不必要的社交。他认为每个人需要敢于放弃，也要坦然接受放弃的损失，因为主动放弃也意味着自主地收获了对自己更有价值的东西。

但不社交不代表不交流，他同时也给出了最高效的谈事方式——"有事直接发微信"。这让我对减少无效社交的方式豁然开朗：设定社交的边界，但不要淤堵价值的通道。这或许也是他的重要成功要素之一。

减少无效社交的另一种实践方式是定期的"社交审计"。当你因为一人商业有了更多的自主性，你完全可以每季度或每半年进行一次"社交审计"，评估你的联系人列表，删除那些长期没有互动或者对你没有积极影响的人，让自己的精力不会因为被动的、偶发的、低价值的分散力量所牵引。因此，当你发现有一天你消失在某人的联系人列表里，不必心态失衡，你要理解，这是更渴望高效工作、自主生活的群体做的一次"主动选择"罢了。

大胆做减法、聚焦内核。这是我们在思维锚点的章节的主要观点，而此刻正减少社交的我们，不过是基于这样的思考进行的一次小小的行动实践而已。当你足够强大，持续的减法会变成你可以轻松驾驭的主旋律，它是你效能提升的"源泉"，也是你养成健康生活的"阀门"。

所有对健康养成的加法或减法的行动，都指向一个特质——"自律"。德国著名哲学家康德说，"自律即自由"。自由和自律对一个身心健康的人而言，就像硬币的正面和反面。初级的自由是顺应自然，按天性和本能行事；高级的自由是理性的，用理性克制欲望和本能实现自身目标。在一个人自我生存的环境里，更应该时刻警醒不要荒废自己，及时修剪你的"草坪"，加固你的"房屋"，清洁你的"水井"，打理你的"田园"，在这样的环境之下，你才可能自由地投入你终身热爱的事业和生活。

从现在开始，关注自己，提升健康，删减冗余，自律向善，全速开启你一人独航的"大航海"时代吧。不再执着千军万马过独木桥，不再追求人云亦云的虚无缥缈，不被世俗和外界捆绑，也不做眼高手低的"矮子"。你会发现你并不孤独，你的身边将会有越来越多大大小小的船只，向着各自的彼岸坚定前行。

2025年01月19日

　　还是在那个咖啡馆，还是那个位置，服务员依旧问道："还是老样子，大杯美式瓷杯装？"看着周围大多在谈事的人群，有的神态臃肿，有的容颜沧桑，有的面色凝重。我想，应该很少有人会觉得身体是事业中最被关注的一部分，更不会将如何保有健康列入自己的职场行动计划。我们以为健康唾手可得，所以一直透支着它，直到一切太迟了。灵魂奔放，肉体衰败，应该是人生最遗憾的错位吧。

感性时刻

脐血契约
——如果你的身体是你的"孩子"

胚胎初绽时，我便与你同生共息
如婴孩蜷缩于母体，以脐血缔约
我予你瞳孔读世界，你凭我心肺行万里
骨骼是未拆封的信笺，写满代代相传的密码

可后来啊——
你学会用刀叉分割昼夜，却将我的饥饱
抛向欲望的深渊
我曾以体温为你筑巢，而你
只当我是永不熄灭的炉火

某个霜结窗棂的夜，我褪去血肉的茧
以婴啼般的轻吟叩击：
"父亲，你赐我以命，却从未赐我以生"
——少年时
你以冰饮代乳，以昼夜颠倒为日常
——青年时

你用酒精浇灌我的根系，任情欲灼穿脏腑的陶皿

——中年后

你更以疲惫为鞭，驱使我踉跄前行

我不过是你的赝品，一座未竣工的纪念碑

此刻，月光正缝合我们的裂隙

它捧出体内淤积的沙——

钙化的童年、麻醉的中青年，被抵押的每个昼夜

"若你愿以善待为我织衣，以睡眠养我脏腑

我必托举你，如新芽破开岩层，抵达星群栖息的潮汐"

曾经我们共用一副镣铐劲舞

而此刻

灵魂的自由当回归血液中流淌，与你共生共栖

待契约到期之日，请拆开彼此为信

让每道皱纹都成为承载不悔的追思

3.3

最后劝你勇于"关张"

我一直在鼓励有一人公司志向的朋友行动起来。授之心法，助之实操。但在准备阶段，我也会告知对面的你，做好"停下来"或者"退回去"的心态准备。

那么，当一人公司已经开始运转，一个重要的问题是：我们需要无论遇到任何艰难险阻都一直勇往直前吗？

我们为摆脱一个"固定答案"的问题而来，就不要再被一个固定答案所限

定；我们坚信自己为自由而生，就要有"允许一切发生"的勇气。

因此，对于这个问题我给出的答案是否定的。

一人公司本质是"心智和行动之旅"——需要不断成长的心智，以及做自己所爱之事的行动。而这两个命题本就是伴随一个积极进取的人一生的。所以，和一个背负了一个团队共同期盼的多人创业公司不同，一人公司无须"不撞南墙不回头"地坚持：

- 可以是多条"线段"，在上一次的"结束"处断点续传；
- 可以是多段"乐谱"，在上一次的"终止符"后开始新的旋律；
- 可以在发现自己存在无法突破的能力和资源欠缺时，回到拥有丰富资源的职场环境中，阶段性积累能力和资源；
- 也可以察觉自己心智不足，与强互补的团队开展多人创业，再度打磨心智；
- 更可以赚到第一桶金后游历全球，浪迹天涯两年后再回归……

我们可以随时因为任何感性或理性的原因"结束"一人公司。你是这个公司唯一的决策者和执行者，既然你可以随时"开张"，自然也可以随时"关张"。重要的是，我们因对自由的向往和成长的期盼，终会"回来"。

如果你认同这是一次一生的修炼，理性来看，哪些因素可能会让你选择"关张"？

"情绪和自我消耗"

一人公司常常伴随无助和孤独，也会因为事情无果、不如意或是客户的不认同，导致创立者心态起伏。当你无法驾驭自己的情绪，这些负面的影响可能会将你卷入自我消耗的漩涡。此时，我建议你暂时"关张"进行盘整，在能让自己情绪相对平稳的环境中"恢复元气"，借助环境、时间和成长抚平你尚不稳定的情绪。

而且情绪往往和人体的激素状态息息相关，比如刚做妈妈不久的女性和处于更年期的人群。这时应尊重阶段性的个体差异，把重心设定为精神状态的调整，不急于"拿到结果"。

"等待指令的惯性"

有一类在职场工作多年且从事非常具体工作的群体，比如"维修工程师"或者"测试工程师"里的初级岗位，从业者以"被动形态"且"低创造性"地持续工作了可能十几年甚至更久。这样的群体会非常习惯于"等待指令"，就像生产线上的一个"接收者"。甚至一些收入较高的高阶专业人士也可能存在这种问题。而一人公司要求主动且创造性地提出自己的设想，并能为此制定计划、分解目标、给出数种方案，这期间没有任何人会是你的"上游"。

如果你发现运作一人公司时，这种强大的"惯性"很难打破，不妨回到职场，从一份具有创造力的新工作重新出发，在一个"相对安全"的环境里扭转这种惯性。只有打破这种惯性，一切才会"水到渠成"。

"完美主义的无限拖延"

有的人会因为一个标识修改30版仍不满意，每一篇文章要前前后后对措辞、标点、段落修改20遍仍觉得不够好。是的，这是完美主义者的典型事例。在职场中，完美主义者带来的效率降低会被整体的效率和进程"淹没"，不会影响大局。但对于一人公司而言，这样的性格特征会导致单位任务的时间成本无限放大。而时间是一人公司最核心也最稀缺的资源。一项市场调研显示，90%的一人公司死于"准备过度"，先启动再迭代的存活率高出3倍。

这也是一种"自我消耗"。因此需要尽快通过自我更新从这样的消耗中摆脱出来。如果暂时做不到，可以先换个环境，训练自己的"自我妥协"能力。

"对风险的高度厌恶"

因为家庭环境和成长经历的不同，每个人对"安全感"的需求表现不同。当物化到收入，就体现出一种对风险的高度厌恶的状态。比如，必须要求自己每月稳定进账3万元才有安全感，一旦这个月收入发生变化，就会想尽一切办法过度营销，或者投入更多的时间和精力去弥补。

我们说过，一人公司就像一次没有固定航线的航行，过程是不可预期的，自然也无法确保风险在掌控范围内。而不断地以最独立自主的姿态驾驭航行中的不确定性，恰恰是一人公司的魅力所在。据不完全统计，一人公司前6个月收入波动常达±200%，就像刚刚试图驯服一匹马时的起伏不定。而随着你对商业的打磨和自身能力的提升，这种波动性终将收敛，进入正态分布的相对稳态的范围内。

如果你暂时很难突破对风险高度厌恶的"心魔"，建议你"半身而退"，回到相对风险较低的领域，可以将一人公司作为"副业"，拉长周期等待机会，再决定是否全身心投入。

"难以突破的社交障碍"

我们提到过，一人公司可以在很大程度上减少创立者的无效社交或被动社交。但不意味着不用和人打交道。与客户沟通合同、和用户交流产品、通过自媒体传递个人观点，这些都对社交提出了更高的要求。

一人公司不是社恐人群的避风港，而是突破自我局限的再造场。对于"社恐"者，一人公司恰恰有一种普遍的解决方案，就是将线下的场景更多搬到线上，这反而更有利于事情的推进。我们经常会发现，很多人线上和线下会有不同的人格表现，利用自己的差异性也是一种适配。如果你依旧发现自己很难突破社恐的障碍，那就给自己更多时间和宽容度，积极面对不完美的自己，甚至辅以心理疏导，不管未来是否再出发，这样的努力都是值得的。

"'三分钟热度'后的冷却"

我遇到过这样的小伙伴：看了《小狗钱钱》（一本从童话角度讲解理财的畅销书）后，就毅然辞职，三个月后热情消退，又开始重新找工作。我会非常担心这样的小伙伴成为我的读者后，因被这本书激发"热血"，一个"猛子"扎进一人公司的"水中"，又因为准备不足、热情散去而匆匆离场。

更大的问题是，这样的"热血青年"可能因为"上头"，无法理性思考，初期投入了大笔资金购置了生产工具和生产资料，结果在日后变成一堆"垃圾"。

如果这些人已经踏上一人公司之路，需要重新审视自己的热爱是源于心底，还是一种无差异的新鲜感的追求，要确保自己有办法延续这份热情。

如果你已经因为自己的"三分钟热度"交了"学费"，也没关系，能够发现自己的不足并采取对策也是有价值的。坦白说，二十年前的我就是这样的"热血青年"：奇思妙想不断涌出，精力被分散得四分五裂，每件事启动极快，但都很难有效地坚持下去。那时我遇到了我的"老板"，一位常常给我"泼冷水"的"贵人"，他教会我每次行动前反复审视自我，"分裂"出"另一个我"和自己"对抗"，不断问自己最核心的问题，向内求索，像打铁器一样，灼烧、淬火、捶打，反复几次后再出发。于是，短短一年后，我的成功效率在贵人相助和自我迭代后大大提升了。你所看到的这本书中，关于自我评估、自我审视的部分，也得益于我的这段经历带来的思维转变。

诸如此类，不一而足。

你看，一人公司真的是一次修炼。你会遇到很多"自我对抗"，也会面临很多"难以逾越"。而突破"我执"，敢于"关张"，恰恰体现了一种自我更新的辩证哲学。

唐代诗人王维在《终南别业》中说："行到水穷处，坐看云起时。"讲的就是这种智者心态。消解对"小我"的执着认知，方能进退自如，得失自洽。当今社会，每个人都已经不自主地处于不确定时代的焦虑洪流之中，更需要这种"任云卷云舒"的内在定力。而此时的你应该也懂得了，所谓"一人公司"，不过是这种内在定力的小小外化体现罢了。

我更想看到的是，终有一天，你可以自由地与天地同呼吸，在潮起潮落间，活得通透自如。

2025年02月21日

"劝退"的话题一直是我想说的，我自己也没想到把它放到了主体内容"压轴"的收尾部分。和联合策划人讨论了很久该如何措辞，她给出了多种方案。最后的共识是：直接些，勇敢些。所以"关张"两个字明晃晃地出现在你面前。就像这部分所描述，撤退也是一种基于独立人格的勇气和自由的体现。

瞬间释然。

第4章

参考案例

九个一人公司创业者的
"入世"之路

一人公司不是新生事物。

在这件事被媒体曝光、作品阐述和商业宣传之前就已经存在多年。在我开始致力成为一人公司的"推广大使"之前，就已经有很多人在身体力行地践行一人公司模式了。他们涉足各行各业，所做的事情"只有想不到，没有做不到"，却又总能找到一些共性。

我优选了九个我身边的一人公司案例，希望在最后，能以他们鲜活的心路历程和独特的经历，带给你更多启发。

需要说明的是，这些人和事，都是真实的。人都是实名，除了"抑郁症少女"的化名；事情没有杜撰成分，一一和主人公做了确认。

有一些我公布了他们的自媒体信息，是希望有更多的朋友可以关注甚至帮助这样一个勇敢、自由的群体，也希望他们有一天也有机会以对你有价值的事回馈于你。

4.1

慈悲之心：立志全球公益"游医"的何医生

起心动念

何医生是一人诊所的医生。

何医生全名何伟，70后，曾就职于北京积水潭医院康复科和中科院等知名医疗和健康单位。他执业二十余年，潜心钻研针灸，悟性强而善贯通。何先生的另一面是"爱折腾"，也曾在企业负责健身项目，管理过几百

人，也曾创业搭进去了全部家底。三年前因为不希望被资本和商业利益所裹挟，偏离了做医生的初心而独自决定"裸辞"，成立了自己的中医工作室**"一寸正午工作室"**，开始了"赤脚医生"的历程。

精神内核

何医生是个不一样的医生。

在现代以大医院为治疗中心的时代，他是一个"反骨"。他认为大医院和大公司一样，在资本意志的驱动下，都是贪婪的。而在他看来，有效的医治，应该是静下来、慢下来，随着人性回归的；应该是以人为本的，而不是以经济性或运转效率作为主要考量的。

因此何医生抛弃了能给自己带来稳定的经济回报和体面的社会地位的环境，开始回归自我，尊重自己的内心，开立一人诊所，把中医做精、做细，希望让更多人真正为中医受益。

他认为，中医就应该是为每个人高度定制的，每个人的治疗就像一个个深度定制的项目，而非统一的产品思维逻辑。在这种价值观的驱使下，何医生关注每个人的背景、生理和心理的变化，按他的话说，**"三成时间诊疗，七成时间闲聊"**。每个人至少治疗一小时，而不是几分钟望闻问切，几分钟针灸开方。在他看来，心理在影响生理，如果生理调整到位，心理仍存在淤堵，生理的问题仍会卷土重来。只有悉心地把一个人调整成"正向运转"的状态，才能彻底改变。

这样的策略之下，何医生每天可以治疗的病人不超过 6 个。最长时间的一个病人，他治疗了 5 个小时。曾经一个身价亿万的企业家找他问诊，他发现其疾病的根本问题是欲望太满，求而不得。于是，何医生不破不立地告诉他，"你要发自内心接受自己的无能"。企业家顿悟了，从此身心变得越来越健康。

何医生相信向善的力量，也热衷公益。他觉得<u>一个人不管做什么，只要能持续向善就没有问题，剩下的就交给时间和因果即可。</u>

"SOLO"经历

何医生开始"裸辞"时，家人并不知道。知情后，家人并不支持，但阻挡不住他坚定的信念。

开始的过程很煎熬。何医生不喜欢营销，崇尚自然，导致半年内没有什么客源，自然也没什么收入。在资金压力逐步变大的情况下，他采用了一种更大胆的做法：免费看病，公益义诊。半年之内，周围的几个楼的邻居基本都看遍了。慢慢地他请病人根据看的效果自行开价，就开始有了收入。按他的说法，到目前为止一人诊所运转三年，只有一个病人没有付费。

何医生的诊所只有100平方米，在地下室。一方面为了缩减开支，另一方面把更多的精力放在治疗本身上。这100平方米中有40平方米用于"疗"，60平方米用于"聊"。他要营造和医院完全不同的环境，专注更好的技术和更向善的人性化治疗。

随着口碑传播和资金压力的减轻，他更笃定地按照自己的节奏走，内心平静。到目前为止，他已经累积治疗了超过300人，每个人持续多次治疗。但他的目标是三次之内治好病人，希望对方能够从此健康，不再复诊。有位河南郑州的病人，患了癌症，在河南看遍了中西医都无果。而何医生认为癌症并非绝症，必须找到心结，心结打开，气血通顺，加上针灸等技术措施，经过每周三次来京调理，一年后病情已得到控制。通过这些案例的口碑带给了何医生更多的客源，据说已有几经辗转介绍而来的病人，这已经超过他最初的预期。但此时他更希望克制自己的欲望，按他的说法是，只做能力八折的事，过犹不及。他也把疗愈别人看作自我疗愈、和自己和解的过程。

"SOLO"解读

何医生说，中医自古以来本就是一人公司形态。一人坐堂，一人对所有的过程和结果负责。以地理半径为范围辐射周围邻里，名声在外后也会吸引更远的病人前来就诊。这种分布式的一人诊所的形态才是能长期以人为本、少就是多、慢就是快的经营人的健康的模式。所以一人公司对于他而言，与其说是创新，不如说是回归。

但通过这种"回归"，何医生兼顾了工作和生活，真正实现了工作即生活。他有两个可爱的双胞胎女儿，一人公司让他有更多的时间陪伴孩子，几乎不再有应酬。把被医院压榨的时间释放出来，一部分转变成亲情的经营，这对他也是一大收获。

除此之外，一人诊所的模式让他有了独立决策的能力。做自己想做的事，能力范围内照顾好每个人，按照自己的节奏、风格稳健前行，这是他最舒适也最容易获得自我认同感的状态。

在何医生看来，<u>一人公司不需要战略、不需要组织、不需要人力资源。</u>管理一个企业的最复杂的三个要素都消除了。只需要随心规划自己的短期和中期目标，过程中根据实现的情况调整就是了。把所谓"管理"的时间省下来，在他看来也是自我经营的一大进步。

问到何医生的终极目标，他说，没有经济负担后，他会全身心投入公益事业。能用利他的方式获得满足和自身成就，才是他的内心向往。而且，他渴望能够从"坐医"变成"游医"，云游四方之间帮助全球各地有缘的朋友，甚至能带着他的家人，让公益事业和他的人生体验实现更完美的融合。

笔者感受

何医生是好朋友推荐的。开始何医生不太想接受访谈，认为自己平平无奇，也并非"成功"的案例。我坚持希望他用其代表性的历程鼓舞更多的同路中人，他才接受。

和何医生聊天，无时无刻不感受着一种"热烈的慈悲"。**对事业充满热忱，对人又充满慈悲。**

作为一人公司的践行者，何医生几乎完美地印证了我对一人公司的一切理念。两个素昧平生、职业差异巨大的人在交谈之间，因为精神世界的高度认同快速同频共振起来。这是一种非常美妙的感受。相信一人公司的创立者聚在一起，都能有一种相见恨晚、惺惺相惜的化学反应。

希望他可以以他的"一寸正午工作室"帮助更多看到这本书的人，给这些人带来"正午时刻"的"一寸阳光"。

印证关键词

"重新定义"：以内心最能安宁的方式重新定义自己的生意模式，以简单、可持续为核心原则，不被外部一切"绑架"。

"**思考人生下半场**"：追求那件唯一可以让你获得心灵满足的事情，其他的为此适配。

"**全域视野求解**"：以全新的生活态度审视工作和生活的关系。重新定义生活，发现一人公司是最优解。

"**迭代升级**"：对于每个过程遇到的障碍，回到思维的原点，想清楚做这件事的意义和可能的代价，心理上接受，行动上优化。

4.2

运动之光：从自行车冠军到儿童体能成长大使

起心动念

王尉（**抖音ID：王尉**）是一名80后，小轮极限自行车多项全国冠军、亚洲极限运动会冠军、26式自行车障碍攀爬高度吉尼斯纪录保持者，著名小轮极限自行车运动员兼教练员。

十年前，王尉有了自己心爱的儿子。专业运动员和教练的背景让王尉觉得运动和体能可能是自己能带给儿子最好的馈赠。最初带儿子去美吉姆儿童训练机构练习体能，让他萌生了利用美吉姆的场馆自己训练儿子的想法。于是他课费照交，借机构场地带着父爱开始对儿子一对一训练。没想到这个萌芽于父爱的举动让王尉从此一发不可收拾，走上了儿童体能训练的一人公司之路。

"SOLO"经历

对儿子最初的训练，从10个月的爬行开始。为了参加美吉姆全国"爬爬赛"，王尉给儿子进行了一个月的集训，结果顺利地拿到了第一名；又用了20天，拿到了北京赛的第一名；儿子一岁时，每个机构推选30个孩子去

"七巧板"录制节目，有机会参加了全国比赛，也获得了全国第一。

在儿子两三个月内火箭式地拿冠军之前，王尉只在省自行车队做过十五六岁青少年的教练。儿子的快速成长和幼儿教练的有效性吸引了其他孩子的家长，希望王尉能做他们孩子的教练。但因为孩子太小需要更多的照顾，王尉都婉拒了。

儿子 2 岁时，王尉教导他户外运动体适能训练，也陆续拿了几个冠军。此时王尉在早教圈已经名声在外。应家长们的热烈要求，王尉同意带在机构上课的其他孩子。上课前提前一小时到达，免费带他们训练。

儿子 2 岁 8 个月时，王尉开始训练他自己最优势的项目——"儿童平衡车"。爸爸的教练天赋和孩子的运动天赋完美结合，儿子依旧快速学习、快速拿冠军，也快速为王尉"圈了粉"。这时王尉觉得时机成熟，便开办了第一个体适能培训班。180 元 90 分钟的课时，4 个两三岁的孩子，他为小学员们上了短期的健康保险，王尉的一人公司事业就从手忙脚乱中开始了。后来，家长反馈不错，更多是对王尉的专业认可。

王尉的儿子 4 岁的时候，把同年龄段能拿到的全国冠军全拿了。就这样儿子向前一路冲冠军、打标杆，爸爸在背后当教练的生意越做越大。王尉一直觉得他的事业之所以成功，一半功劳应算在儿子身上。

不久，经王尉辅导的两三岁的小学员们也把平衡车的冠军都拿了一遍。学员在口碑传播之间达到了八九十人，由于儿童运动训练的经验积累丰富，这个细分市场里，王尉已经在全国做到了数一数二。接下来的三年，伴随王尉教练事业达到了服务 300 个家庭的新高峰，儿子也在 7 岁平衡车退役前的最后一战拿到了世界车王赛季军的运动生涯最好成绩。

学员继续复制王尉儿子的成功路径：陆续产生冠军、陆续打出招牌、继续扩大影响。与此同时，王尉的小轮车教练项目也达到了其自身可以运营的满负荷状态。

但此时王尉的"冠军儿子"面临新的运动项目选择。孩子的兴趣是田径短跑。虽然田径非常"卷"，王尉仍支持了孩子的选择。同时，为了提高成功系数，还选择了另一个"双修"的项目，就是王尉和孩子同时喜欢的足球。为了支持儿子新的选择，王尉专门去系统学习并考取了田径教练证书。

"冠军儿子"不仅继续了短跑项目的冠军战绩，斩获了西城区100米中小学生俱乐部冠军，还在足球项目上表现出了更高的天赋。从7岁踢到现在10岁，从第一次接触足球到被足协招进球队，并被北京国安少年队提前锁定。

在这期间，"金牌教练"王尉也没有停滞他的事业。他随着儿子的运动变迁将教练工作迁移到足球体适能训练上。该领域恰恰是足球俱乐部的缺失项。凭借高度的定制性和极强的专业性，王尉复制了小轮车教练的历程，从自己的孩子，扩展到全俱乐部小球员的赛前体适能教练项目上。俱乐部提供战术教练、专项训练师，王尉充当体能训练师，并扩充到近200个学员。甚至去各地集训或比赛，王尉都应邀随队前往。王尉作为独立教练，和俱乐部达成了长期的"共生关系"。

至此，王尉拥有近200名足球学员和近150名小轮车学员。因只有一人运转，王尉表示已经达到了个人精力的"极值"，为了保证服务质量，不得已限制人数。为了维护老客户的权益，仍可能进一步缩减服务范围或人数。

"SOLO"解读

伴随一人公司，王尉也获得了数倍于原来省队教练的职场收入。王尉坦言，不菲的收入是在兴趣之外驱动他前进的动力，也是获得家庭支持的原因。但因为几乎做到了一个独立教练形态的一人公司的"天花板"，负荷也几乎拉满了，陪家人的时间反而变少了。幸运的是，王尉的事业本身就伴随着儿子的成长。

王尉认为一人公司的"规模困境"是无解的。而一旦引入其他教练，就会陷入团队管理的困境中，就将开始做自己没兴趣也不擅长的事，不能安心做自己的训练工作。在接受中寻找更高附加值的新机会，可能是更适合他的发展路线。

一人公司拥有独立自主的权力。在省队里，明明看出问题，却只能建议但做不了主，队里有自己的机制也很难采纳。基本思路就是按训练大纲来，按上级分配的任务来，不但压制了教练的创新精神，运动员的训练效果也因此受限。

王尉的爱人是北大毕业的高才生，她更希望自己的孩子能专注于学习，走清北学霸的路，也能有更多时间辅导孩子知识。于是孩子就开始在学霸妈妈和教练爸爸之间腾挪，在学习和训练中动态平衡。但二人有一个共同的终极目标，就是希望孩子可以同时拥有智慧的头脑和强健的体魄，带着父母的优良基因的复合基因，达到更远的彼岸。

精神内核

王尉认为自己的职业生涯从未脱离运动员的身份。他自幼就热爱运动，喜欢分享运动的乐趣，喜欢将运动的技能传播出去。这一点从未有变化。期间有短暂的作为动作演员的经历，王尉觉得违背自己的内心，很快就退出了演艺圈。

儿童的训练事业使王尉达到了自我满足的最高点，是他作为运动员期间最高价值的体现。孩子不同于成人，需要更多的耐心，王尉"爱屋及乌"，将自己的父爱转移到更多的孩子身上；孩子有不同的特质，且呕待开发，通过因材施教的训练方法，他积累了更多的经验，亲历了更多孩子的成长，内心也获得更大的满足。

运动员的运动精神并未因为孩子这个特殊群体而打折扣。相反，孩子具备乐观、进取的天性，善于自我挑战和富有冒险精神，这些都使运动员精神得以强化。王尉庆幸误打误撞进入这个领域，"因为所爱之人，做了所爱之事"。这何尝不是人生一大幸事。

笔者感受

和王尉认识，是十几年前在海南参加的一档综艺节目上，我和他都是男嘉宾。初次见面就感受到一个运动员的朝气蓬勃和英姿飒爽。期间录制的皮划艇活动中，他使出了浑身解数像争夺奥运金牌一样拼命，这是我第一次近距离感受一个全国冠军的体育精神。

遗憾的是，我的文字远没有表现出运动应有的张力。我看到过小轮车教练拍着巴掌极力鼓舞着戴着头盔的小朋友，也看过烈日炎炎下足球教练带球员汗流浃背地坚持训练。他们的眼神坚毅热烈，让你瞬间为之动容。

王尉是幸运的，可以将自己的事业充分地融入孩子的成长之中。这在其他一人公司的形态下很难实现。我们常常以为以时间为主要的考量视角，家庭和事业往往是"零和"的：你投入事业的时间越多，往往意味着投入家庭的时间就越少。但王尉实现了"正和"，孩子的成长和成就与他的事业密不可分。王尉也是勤奋的，饱含爱子之心而终身学习，不断提升自己的专业技能，相信冠军儿子也能在父亲身上，通过言传身教懂得成长的力量。

印证关键词

"挚爱追寻"：将自己终身热爱的事当作自己一人公司事业的锚点，更容易基于热爱取得成功。

"家庭融入"：如果能将家庭成员变成事业的一部分，更有利于家庭和事业的平衡，也更有利于事业的持续性。

"谨慎扩张"：在原方向上突破一人的能力边界扩张会带来新的挑战，自然的、创新的、多维度的扩张将更有生命力。

"终身学习"：终身学习是新时代亲子关系中对父母和子女共同的要求。

4.3

微观世界的微光：一个人 一滴水 一世界

赵铁夫，1990年生于黑龙江，后随家人移居山东。自称**"地下科学家"**，这同时也是他自媒体的IP名。

如果需要一个准确的定位，如他的自我简介的描述，他是一名"科学艺术工作者"，执着于以显微成像技术研究微生物世界，做科普，拍视频，拍纪录片，做研究。如今赵铁夫已是粉丝数百万的科普博主，中央电视台新闻频道曾专题报道过他的事迹。而在做这件事之前，赵铁夫没读过生物相关专业，他大学的专业是英语，曾是一名英语老师。

起心动念

赵铁夫开始这番事业的初衷很简单。正如他在央视的采访中说的："从小我就想做一个自然纪录片。决定要转行是七年前（2016 年），**我觉得追梦不晚，还有余生。**"三年前，赵铁夫创立的英语培训机构遇到瓶颈，"用手投票"和"用脚投票"同时触发，赵铁夫于是开始"追梦之旅"，全身心投入科研科普工作，先从科学纪录片开始。

"SOLO"经历

回顾过去不到三年的时间，赵铁夫觉得恍若隔日。不夸张地说，这是他生命新的分水岭。一边是随波逐流，一边是从心出发。

2022 年初，赵铁夫从家附近的湖水里采样，花了 3 个月拍摄了名为《一滴水里的动物园》的科普短片。"动物园"里有喇叭虫、草履虫、眼虫、线虫等单细胞生物，形态各异、习性各异，配上赵铁夫自己妙趣横生的配音和自制的背景音乐，在网上引起很大的反响。

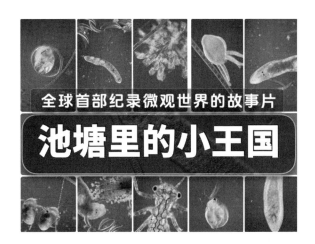

大多数观众是第一次用这种生动有趣又容易理解的方式了解了微生物的世界。此后他凭借对事业的无限热爱，又陆续拍摄了《这里很小，但会迷

失》《弥补中学时代的缺失》等科普视频。这时网友开始关注到拍摄者居然是非生物学专业的自学者，不但视频从导演到拍摄、文案、解说配音、音乐全部由一人独立完成，连显微镜也是自己组装的。于是他收获了越来越多的粉丝，直至成为百万粉丝博主。

但前两年赵铁夫的这条路走得非常艰难。没有得到官方认可，没有收入来源，甚至面临生存的考验，也时常会产生心理波动，陷入自我怀疑，好几次都有放弃的想法。但兴趣依然推动他坚持，网友的支持也不断带给他情绪价值，他最终还是挺过了心理和经济最煎熬的时期，迎来了光明。

2023年，抖音在寻找科技相关的创作者，看到他的作品，找了自媒体和报社对他进行采访。逐步发酵后，央视看到了他做的科普视频的影响力，主动找过来做专访，新华社也随之而来做了专访。有了这些"官媒"背书，媒体、大学等各种合作和变现的机会也逐渐多了起来。

从此，赵铁夫的"SOLO"事业开始更坚定、更进取，除了纪录片作品越来越丰富和专业外，还迎来了诸如香港科技大学等高校和科研院所的学术交流与合作，无数学校将他的作品引入校园，激发学生的学习兴趣。他的一人事业也进入稳定期。

"SOLO"解读

赵铁夫的一人公司的选择是高度符合他的内心诉求的。他从小就对数学、物理等科学类的知识有浓厚的兴趣，考入不满意的大学，就读不满意的专业，仍按捺不住追求科学的心，于是他逃学来到北京，在清华北大学校里"流浪式学习"，见识到如物理学领域的杨振宁、生物学领域的施一公等很多大师，自主接收了物理、生物、哲学、化学等相关的知识内容。那时候的赵铁夫，内心已经埋下做科学研究的种子，也埋下了向往自由的种子。

从英语转行到科研后的赵铁夫是自由的。一人公司给了他极大的自我满足的空间。他独自一人在青岛一个海边咖啡馆的二楼工作，这是同样也曾怀揣科研梦想的咖啡馆经理给予的特殊许可。没有外界那么多诱惑，没有那么多消费的追逐，最初赵铁夫把开销缩减到最小单元，科研工作更为专注投入。

一人运作一年后，他越发觉得自己的决策是对的。这是基于他的热爱的事情，因此可以坚持走得更远。用他的原话说："与其做得快，不如做得久。"而且，他认为这是让自己更有尊严地活下去的最佳方式。

直到自己已经在科普界小有名气，赵铁夫又遇到新的挑战。当时他的纪录片在圈内很火，有些广告主就找上门来。如果接广告，就可以赚很多，这对一直经济处于低位的赵铁夫诱惑很大。但很快他就想明白了一个简单的道理：大部分广告与他的内容并不适配，反而会让作品的质量下滑。与其耗费很多时间做没意义的事情，还不如把自己专注的事情做到极致。"很多事想明白了，不该碰的就不碰"——他坚持做唯一正确的事，就是把自己作品的美好维持住，并维持住自洽的状态。至于收益，顺其自然吧，或许老天自有安排。

确实，他的一人公司不断有新的变现方式"随缘产生"。开始是抖音对科学相关的精选内容有额外的补贴，每个作品一万元到几万元不等，之后有一些大学或科研机构的素材授权，少的时候每月几千元，多的时候每月几万元、十几万元。而且有新的科研项目可以申请到科研经费。虽然收入体量与曾经的英语培训相比还少很多，但这些是在两年沉没期后的自然收益，更让他内心满足，不断地经营下去，持续性也更强。

一人公司发展到第三年，赵铁夫的心态变得越来越好。和物质回报随之增加有关，也和他有更多可支配的时间有关。闲暇时刻，他喜欢研究道家、佛家的一些修心理念，从这些理念和生活经历中，他总能突然顿悟出一些道理，这些道理进一步指引他更好地推进自己的事业，事业不断有了更多突破，内心随之进一步笃定。

我问赵铁夫，有一天做大，需要更多的人加入，会不会成立公司？他认为有可能，但随缘。公司要做好，一把手的战略和员工的潜能是核心。**极少有创始人能把战略思考得非常透彻，也很少有员工能把最大的潜能发挥出来。而一人公司这两点都会非常极致。**

多人企业对创始人的认知要求也非常高，要既有深度又有广度。如果有一天事业需要，自己的认知能匹配，也能很好地解决战略的问题、利益分配的问题和激发积极性的问题，那才会顺理成章地将公司组建起来。在这之前，一人公司已经达到了他非常理想的状态。

精神内核

赵铁夫的精神层面远比同龄人成熟、富足。

他认为成就、名气、财富带给人的快感是短暂的，很难长效维持。而工作的满足感会带给人长期的享受。如果一个人在不享受的状态下工作，会很痛苦。

人往往都追求某种状态，久了就会疲惫。**最佳的状态是如老子和庄子对人生的教诲，珍惜当下，对当下自我的状态进行审视，努力做到每种状态都自洽。其他的任何追求，和用自己喜欢的方式度过此生相比，都苍白无比。**

古希腊数学家欧几里得的《几何原理》和企业家埃隆·马斯克推崇的"第一性原理"对赵铁夫影响至深。他不接受社会上的"公知"群体，而是推崇欧几里得和马斯克成就背后的公理化思维，以始于原理的底层思维为基础，由自己的实践和研究导出一切结果。这是他对这个世界"真相"的探求方法。他反复强调的一句话是，"自己的认知越深刻，越不容易被欺骗"。

赵铁夫对自己围绕科研从事自媒体的态度也是类似的，他认为不断提升自己的认知，让自己充满智慧，传播出去自然会有收获。空洞无物、追逐热点的反而不长效。

对于生活，**赵铁夫觉得不要走别人的人生轨迹，每个人的生活都要自己定制。**比如，要不要走入婚姻，取决于是否能找到一个和自己同频共振、共同进步的伴侣，而不是父母的要求、社会上大多数人的做法。**被普世的价值观裹挟着，就无法找到属于自己的多彩和幸福。**

赵铁夫说，**"求而不得更痛苦，还会让别人更讨厌；不求而得更快乐，也更容易被别人欢迎。"**先御心、再御术，而后得道。**对自己内心的驾驭也是他精神世界最内核的部分。**

这就是独一无二的赵铁夫。一个一直在纷繁的世间不断驾驭自己内心的90后。

笔者感受

和赵铁夫认识是通过认识二十余年的好兄弟。我和这位兄弟时常探讨关于能量的话题。有一次他说，我介绍给你一个"能量等级很高"的我老家的亲戚，我们都能从他身上学到一些东西。

第一次线上沟通，我们就洋洋洒洒地聊了四个小时。这次案例访谈时，他说，你还记得你我第一次聊天说过的那句话吗？**"找到自己人生的北极星，兴趣驱使、目标导向地做事。"**我已不记得我曾经这样表达过，却深切地通过这个细节感觉到了他学习能力之强。

我年长铁夫整整十二岁。和他沟通时，我不时回想在十二年前，自己是否有他一般的精神内核，是否有对自己热爱的笃定？答案是否定的。

在他身上，我还感受到一名新型科研工作者的力量。凭借一己之力攻克技术难关；通过传统科研机构之外的组织形态展开工作、将科学和艺术结合起来，创造新的认知世界的方式；通过一人影响众多科学爱好者，甚至替他们圆梦。

这是一个人的微光，却点亮了诸多微光，从此一起闪耀。

印证关键词

"无关个体背景"：一人公司不一定是专业领域的超级个体。任何背景都可以开始。

"挚爱追寻"：一生向往转化成行动的动力，就可以一往无前。

"止损止盈"：对抗诱惑，将自己热爱又擅长的事做到极致。

"自媒体的力量"：通过自媒体传播自己的事业，优先价值变现方式。

"迭代升级"：时刻自省、时刻迭代，找到最适合自己的商业优化路径。

4.4
归隐乡野：一线城市硬核光环女的和解之路

毛小娟，英文名 Joyce，85 后，网络 ID "月牙小姐"。Joyce 曾经是我创投圈的同行，美貌与才华并存。她原是线性资本副总裁，如今是百万粉丝美食博主，同时也是创投公关公司"月牙同辉"创始人。从这样的身份跨度，就可以感受到她的"故事性"。是的，"有趣的灵魂万里挑一"，用来形容她并不为过。而更重要的是，她是一个现代版的淡泊名利、归隐乡野的真实例子。

曾经的 Joyce，头顶大公司的光环。只身一人在一线城市的互联网大厂、上市公司一路打拼，从普通员工晋升为高管，30 岁就做到了国内知名投资机构副总裁的位置。Joyce 走过的路无疑是很多女生向往的理想路径。

三年前，她突然选择"裸辞"，从此切换了自己的"人生模式"。

起心动念

回顾 Joyce 裸辞的心路历程，不免有些沉重，这与她对生死的理解息息相关。2022 年疫情反复的那段时间，从她合作数年的科技圈知名企业家，到她所投资企业的创始人，以及她的创业好友，接连传来突然离世的噩耗。在自驾散心的几个月里，她不仅经历了生死考验，还受到同游的癌症晚期大哥的心灵冲击。

自称曾经从"死人堆"里爬起来的 Joyce，之后拜访了业内一位大佬。

大佬问了她一个发人深省的问题："你人生下半场的关键词是什么？"大佬希望她不忘初心。Joyce走马灯一样回顾了自己的前半生，**顿悟出人生下半场的关键词：健康、价值、融合**。于是，"面壁人"完成了"破壁"。

"SOLO"经历

Joyce创业了，准确说是"独行者之旅"启航了。先是追寻生命的自由，然后才是事业的乐土。

Joyce做得有点"杂"：美食博主、两性及情感博主、创业企业PR拍摄、情感咨询、生活服务、创投服务……她将其总结为，"运用中西医结合的鸡尾酒疗法，来为我喜欢的朋友们服务。"——好像随性的不像商业。我也以咨询师的归纳能力帮她总结了下，**"有情有趣的科技产业及生活服务者"**。我相信她会满意。

如果进一步剖析，其实不难发现更细致的脉络：

- **递延性**：公关能力、策划和传播服务能力一直是Joyce的职业优势，这是一直"包裹"在投资机构的工作逻辑里的部分，被Joyce拆分并"商业化"了——逻辑很简单，**"有价值就有市场"**；
- **自主性**：喜欢的事情就去做，不管有没有商业化的机会。从美食到情感，从审美到公益——遵循的逻辑更简单，**"有钱难买我喜欢"**。

除了工作形态的变化，生活环境的变化更为显著。Joyce逃离了一线都市，跟随男朋友来到了广东顺德区的郊野乡下。一个出身三代书香门第的大家闺秀，从此开启了"采菊东南下"的乡野生活，并且乐在其中。Joyce说，过去十几年，自己不过是个想证明自己可以在大城市做出名堂来的年少轻狂的少女。当在城市环境中已经触到了自己的上限后，中年的她更渴望回归内心，切换一种反差很大的生活状态，探寻自己更本我的可能性。

在乡野的Joyce，经营着小酒馆，写写美食情感文章，做做创投服务。自主性掌握在自己手里，不再受环境的裹挟。看Joyce的朋友圈，满屏的吃喝玩乐，看不出一点工作的痕迹。她最近的自我评价是，"精神状态遥遥领先"。

Joyce就是这样一个随性且自由的独立女性，选择一人公司的路径也就不足为奇。

"SOLO"解读

一人公司带给Joyce的首先是自由。自由让她把身心健康排在第一位。

但这种重新定义后的生活并非没有代价。Joyce坦言，从财务角度看，她的收入不是按百分比减少，而是直接少了个"零"，但她的幸福感反而增加了。为什么？

Joyce和我对比了她前后的生活变化。在一线城市时，很多消费在她看来都是冗余的。花很多钱在美容院、美甲店、健身房、私教课程、西餐厅、娱乐场所……只有想不到，没有买不到。但哪些真正是自己需要的？更多是在环境里随波逐流或者攀比心态导致的。如果可以像她这样主动逃离一线城市的消费环境，依然能过得自在愉悦，那说明曾经的你是在为环境买单。

Joyce反复提及《世界尽头的咖啡馆》这本书。它启发读者进行自我探索，寻找生活的意义，帮助人们重新审视自己的价值观和生活选择，鼓励每个人追求真正的幸福和满足。这也是她选择逃离城市的原因之一。

Joyce对归隐乡野的另一个颇有投资视角的解读是，一线城市红利殆尽，增长乏力；而大湾区正处于成长期，郊野更是价值洼地，有更大的增值空间，个人价值更容易在这样的发展空间中得以体现。

但Joyce并不建议其他人盲目选择一人公司模式。她反复强调，对自身财务的准确判断应该是决策的基础。要么自己的财务积累可以坚持得更久，要么你砍掉了大部分不必要的开支让你收入锐减仍能平衡生活。她非常不赞同高杠杆负债创业，不管什么创业形态，都应该建立在安全、可持续的基础之上，而财务平衡正是可持续发展的核心。

对于自己也在经营的自媒体，她更多将其视为一个满足情绪价值的载体。她觉得"独行"久了会感觉自己像"孤岛"，如果不能通过自媒体建立更多的社交链接，让结识的朋友成为自己丰富多彩的生活的一部分，在精神层面很难坚持走下去。

精神内核

Joyce 说，"我是一艘船，驱动我的燃料是对世界的强烈好奇，对美的极致追求，以及科学/颠覆性创新改变世界的坚定信念。"从这个角度看，Joyce是一位饱含理想主义情怀的创业者。

在这种理想化的追求过程中，她首先考虑利他，其次才考虑利益。免费的职业咨询、免费的情感咨询、免费的创投咨询……很多事做着做着就成了公益。她认为只有拥有自由，才有做公益的可能，最终也会获得正向的回馈，不管是情绪上的，还是物质上的。而在忙碌内卷的工作状态下，人们往往只能顾及生存和自救，很难有余力去利他或参与公益。

面对圈里的质疑，Joyce 一笑置之："我不是躺平，是与自己和解。"

笔者感受

Joyce 从未刻意强调自己的女性身份，但她身上却闪耀着女性特有的丰富的人文关怀的光辉。她愿意倾听，能体会创业者的个中辛酸，也愿意不遗余力地为他们提供服务，这也让她情绪饱满，精神富足。

Joyce 作为美食博主，也是她热爱生活的映射。她充满激情、灵气四溢，不断激发更多人对生活的热爱与渴望。

在创业思路上，她最大限度地选择了延续性，做自己最擅长、最得心应手的事，通过转换商业模式持续提供服务。商业机会也随之不断产生。

Joyce 反复强调认清财务状况，保有现金流，可持续性比营利性更重要。但是她是从不同的视角解读：如果你的生活本不需要那么多"开支"，想尽一切办法砍掉它们，你就有了更强的财务主动性，进而有了更强的生活的掌控力。

这就是我眼中感性和理性完美结合的"月牙小姐"。

印证关键词

"再定义工作和生活"：新的环境下，一定要重新定义工作和生活。

"人生下半场"：中年遭遇"中场暂停"，再出发前，要思考"下半场"最重要的是什么。

"可持续性"：对一人公司而言，可持续性比成长性、营利性都重要。

"自媒体力量"：通过自媒体传递价值，聚集价值观趋同的群体，找到新的机会。

4.5

"救火队队长"："三娃奶爸"
育儿路上的影视圈杂家

杨远征，生于1980年。苏北人。杨远征的经历很传奇。

20世纪90年代初，他是体校成绩第一的举重运动员，却因身高太高而无缘深造。1996年，心怀武术梦的他被校门口的一张海报骗来北京做黑保安，又因做保安的机缘接触到了地产行业。1998年，18岁的他赚到了人生第一个100万，却又被黑恶势力搞到身无分文，随后改做服务员、面点师、餐厅小老板、洗头工，误打误撞进入东田造型，从而撞进了造型圈，师从众多一线明星御用造型师壮志老师。本着给师傅帮忙的初心，他学了化妆、造型、摄影、灯光等多种技能，曾一度成为众多知名艺人指定化妆师、摄影师。后又变身为广告人、制片人等多栖专业人士，因经常协助剧组解决紧急事务，而被江湖人称"救火队队长"。

起心动念

进入造型圈之前的杨远征就像一叶"浮萍"，随着命运的水波荡漾，飘到哪儿就生长到哪儿，并且就在哪儿崭露头角直至扎根闪耀。不管自己是否喜欢，只要被需要，这叶"浮萍"就变成了"青莲"，深深扎根，开枝散叶。

从出身草根到圈内认可，跌宕起伏的励志经历里，杨远征人如其名，面对人生这场漫长而充满不确定性的征途，这位举重选手出身的硬汉在极其缺乏安全感的情况下毅然扬帆远航，不屈不挠、执着坚定。虽然身份标签不断变换，但他一直保持着独立决策、独立生存的能力。由于忙起来可以常常20几个小时不睡觉连轴转、多地奔波仍不知疲惫，他被朋友戏称为"钢铁侠"，加上超强的学习能力和悟性，或许即便没有造型圈的机遇，聪明又努力的他总能找到自己的生存和成长空间。这为他的"一人公司"生存模式奠定了坚实的基础。

造型圈遵循残酷的市场法则，生存与否全靠手艺的优劣。即便在造型工作室里工作时，底薪也只有1000元。但在2000年初，杨远征的造型收入很快就达到了每天2000元，甚至在商业接洽和工作强度双重极致的时候，他一天能赶9场，一个月最多"日结"31天，他能干出45天的活儿。做造型离不开与摄影团队的紧密联动，当师傅开始关注摄影时，他为了做好配合工作，开始摸索学习，以备不时之需。2009年，在一次突发国际大牌摄影师罢工的尴尬局面下，他的建议和沟通方式激发了模特的光彩，被临时抓去拍照，进而成功跨界进入了摄影圈。

顺风顺水的时候，和很多创业者一样，他人生的第一家公司在西安开张，随后多地开花。很快，他发现了自己最大的弱点是不懂管理，不会有效地组织团队，由于自身要求较高，团队不能很好地满足需求，反而更大程度地消耗了自己的精力，比之前更累。但出于要对团队的伙伴们负责，他依旧坚持。

在疫情的第二年，由于人员无法聚集，杨远征解散了公司。从此彻底开启了"一人公司"模式的独行之路。

这个行业存在天然的协作属性。他接的工作仍然会和之前一样，分发给曾经的助理、专业伙伴协作，业务并无实质的变化。但一人公司的运作让杨远征有更多的时间陪家人、陪孩子——他还是三个孩子的父亲。在他内心，"超级奶爸"比"救火队长"更能体现他的价值。

"SOLO"经历

杨远征从此进入了舒适自洽的状态。演艺圈很多项目是由很多专业小组临时组建完成的，通过松散组织集结不同专业、创造不同价值的人，达成一致的目标。此时只需对自己专业范围内负责的他反而更聚焦、更轻松了。

因为有更多的时间去学习，和从造型到摄影的经历一样，杨远征开始慢慢学导演、制片、美术，对于影视所需的方方面面他都有兴趣学习，慢慢也都成了半个行家。深究广泛学习的动机，其实是源于杨远征对效果和效率的追求。每个专业存在相互的信息不对称和知识体系的障碍，而一个影视作品不但需要造型和摄影，还要融入美术、布置布景、配合灯光，以整体设计出发来产生最佳效果。效率上，每个环节如果能节省十分钟，整个体系的效率就会大大提升，最终节省客户的时间和金钱。

因此，有时候客户会把工作整体交给他，他会找个能力比较强的项目经理来负责执行，自己做总调度。基于之前跨界的经验沉淀，他对各个专业都比较了解，能够融会贯通，视角更全面、系统，因而能够驾轻就熟。他在做自己专业范畴内事务的同时，还能和其他专业密切协作。

而原来做多人公司的时候，他把各个助手派到各个项目中去，随时要知道他们的工作状态，是否遇到挑战，如果有他们驾驭不了的还需要亲自上阵。现在他们之间反而变成了类似公司之间的合作伙伴状态，彼此对自己的专业性负责，不过如果对方需要，他仍愿意以自己的经验和所学的多专业技能支持他们。

就这样，一人公司让杨远征进入进退自如的最佳状态。

"SOLO"解读

杨远征说，从多人公司到一人公司，前后的变化很多。

以前有太多不得已，不想出差、不想开会，都要因为要对公司负责、要对同事负责而参加。虽然之前也有合伙人共创，但各自都比较忙，涉及公司长期发展的事也很难真正做到同频。

现在的一人公司可以让他独立决策公司的发展，砍掉了很多冗余的事项、业务，但却因为更聚焦、更深入，收益并没有因此而减少。

杨远征认为一人公司的持续性尤为重要。恰恰是因为掌握了很多专业，让他的业务的持续性变强了。单一靠一个工种，客户可选择的空间很大，个体的可替代性会很强。而拥有多专业的耦合联动能力，会"东方不亮西方亮"，让他基于综合能力和客户建立更长期的黏性。

杨远征是个话少、内向的人。以前在和师傅做造型的时候，圈里就有人称他们为"哑巴组合"。他更不擅长应酬，这让他显得和演艺圈格格不入。而出于公司利益考量，他总需要参与一些在他看来没有价值且无聊的应酬和饭局。而转为一人公司后，他可以做完工作随时离开，去交往自己认为有价值的朋友，按自己的意愿生活。

杨远征理想的生活方式里，家庭占很大比例。

作为三个孩子的父亲，他有独特的教育方式，甚至和他的工作发生了密切的联系。大儿子已经十七岁了，他和儿子的关系更像朋友，甚至有时像"同事"。只要大儿子时间允许，他都会带着儿子一起开会甚至出差，有时儿子也会力所能及地搭把手。大多数人不知道这是他的儿子，以为只是他的助手。杨远征说，他是希望儿子可以在自己的工作中观察商业的运作方式、体会工作的不易，了解工作的分工，理解人与人的差异。回到家中，他们会彼此分享一些感受，这些是孩子在学校的环境中无法获得的成长。他认为，如果不是一人公司模式，在传统公司模式下很难有如此自由的亲子空间。

有时孩子发现一个商机，他就像合作伙伴一样对孩子的"生意"给予支持。比如他们发现常去的篮球场离卖水的地方很远，很多人为买水不便而头疼，他就给孩子提供本金，鼓励孩子进货、卖水。如何定价、如何营销，他都只辅助，不干涉，孩子就在生活的点滴中自然而然萌生了商业意识。他甚至也不知道自己的教育方式属于什么类型，只是让孩子们尽可能走出象牙塔，跟随他，参与商业活动，高度参与到真实的社会中来。在杨远征的价值观体系中，社会才是最好的大学。他的生存态度、职业发展的内核也成为亲子教育的一部分。他们更像生活上的朋友和工作上的伙伴，共同学习，共同成长。

父母年纪大了，也一直在身边需要他的照顾。在家里，他们几乎每天都七个人热闹地一起吃饭，这是他一天中最幸福的时刻。工作再忙，他都坚持回到家和父母聊一会儿，和爱人聊一会儿，和每个孩子单独聊一会儿。有时他"满脑门子官司"，需要马上"救火"，小儿子还在津津乐道地讲着近日趣闻，他就耐着性子倾听，等儿子讲完再"飞奔"出去。这是他的优先级，而可以有这样优先级排序的基础是他对自己生活和事业的自主性。他觉得，"一人公司"模式下，能更好地孝敬父母、承欢膝下，享受生活，享受工作。

精神内核

杨远征觉得自己的精神内核是"利他"。

他喜欢在工作中帮别人，却不太在意未来能带来什么。哪怕一件事对对方帮助很大，但对他只是举手之劳，或者只是提供一个创意，进行资源的匹配，他也会分文不取。他说，"有一天如果对方因为你曾经的善举而回过头来帮你，是老天的恩赐；如果没有回报，也是极为正常的现象。出发的时候没有功利心，持续利他，人生就到处都是惊喜。"事实是，现在他的很多收益是十年前、十五年前帮助过的人带来的。

他还多次前往灾区抗灾、捐款，去贫困学校援教、捐款。然而这些他很少和其他人提及。他也以这样的观点和实际行动教育孩子们，下一代也因此埋下了"利他"的精神内核的种子。

笔者感受

和杨远征的相识是通过我的联合策划人介绍，最初是向杨老师请教个人IP的设计和打造。随着沟通的深入，越来越挖掘出一个"传奇的草根人物"。

我戏称杨远征是一个"社会大学博士生"。他是一个"杂家"，"杂"的原因深究之后，发现是来源于内在的不安全感和对外的责任感。为了把一件事做好，而不断通过学习扩充自己的边界，探索欲和行动力都非常强，这是大多数人难以达到的状态。

杨远征也是最原生的一人公司的代表。进入社会后，他就进入一种主动生存模式中。从未像牛马一样被动打过工，从未在企业里坐过班，一切选择都在自己手里，从未定义过自己，也从未被任何组织和个体限定。所以当一切回归到自己的世界中时，他可以那么驾轻就熟，气定神闲。

更有趣的是，他所处的市场先天就是高度专业协作的产物，我在想，越来越多的"杨远征"产生，看似更松散，会不会反而能更高地提升这个行业的效率？

在家庭和事业融合的角度，亲子教育和自身事业在杨远征的家庭里，融合得那么自然和紧密。这让我这位奶爸也有了更多启发。**父母不但是孩子为人处世最好的老师，也可以是商业上最好的老师，或者共同进步、共克难关的"同学"或"战友"。更重要的是，你的价值观也因此"导入"，这会是孩子一生的财富。**

印证关键词

"减少无效社交"：随心出发，只做最有价值的社交动作，把无效的社交时间节省下来，陪家人、教育子女，和好朋友相处，是每个人都可以有的选择。

"家庭融入"：以独特的方式把家庭和事业有机融合，对家庭和睦和亲子教育都是有益的。

"持续性"：通过自身专业能力或者多元化能力的提升增加在客户角度的独特价值，产生更强的商业持续性。

"谨慎扩张"：化繁为简、去除冗余，只关注最专业的领域，"价值密度"反而会进一步增加，不失为一种"以退为进"的进取策略。

"以鲜明的个人风格交流和工作"：在自己的领域产生高辨识度的"标签"，让你的客户和伙伴时刻想起你。

4.6

出走半生的少年：用各种生活美学弥补遗憾的
"极致主义妈妈"

起心动念

李安祺，1975年生人，今年将迎来50岁生日。

李安祺的父亲是一名战斗机飞行员，母亲是幼儿园教师。她生在红旗下，长在改革开放的春风里，经历了从计划经济的"粮票""国家分配"到港风"四大天王"，再到智能手机、电商、直播、AI的时代变迁；她既度过物质相对匮乏的阶段，也见证了市场经济的蓬勃发展。和大多数70后一样，她深知生活的不易、习惯为家庭的长远发展做打算，"安居乐业"是她对幸福的定义。

在这种环境下，李安祺和那个时代大多数城市家庭子女的轨迹一样，听着家里人的话，一步一步，踏踏实实。1996年毕业后，她进入在安徽老家很多人向往的事业单位。5年后，她当选了区党代表和人大代表，然后"青干下乡"，像村干部一样深入田间地头为老百姓服务。2002年底，她代表所在城市的150名下派干部去省政府参加了"三千青干汇报大会"。全省一共去了30名代表，她不但作为典型代表之一被电视台跟拍三个月，最终还在会上得到表彰。

然而，本以为可以在这条顺风顺水又内心向往的道路上一直走下去的她，却因为当时她所服务单位的机制问题，遭遇一系列不公正待遇。经过多次努力争取自身权益无果，在"压死骆驼的最后一根稻草"来临的时刻，她决定放弃这份心爱的工作，裸辞"下海"。

她表述这段经历时，多次说，**"非常明确自己要离开了"**。她并没有过多瞻前顾后的"理性思考"，而是坚定地听从了自己发自内心的声音，这个声音无比真实，铿锵有力。李安祺给自己的定义是：**"认定目标就全力以赴，面对不公绝不妥协，毅然决然地告别过去。"**

那之后，安祺反思自己是个"较真儿"的人，用正向的描述可能是"极致主义者"——对内心的感受、对事情的掌控需求皆超过大多数的人。很快，这个特质恰恰也让她"失之东隅，收之桑榆"。

2003 年，28 岁的安祺想留在厦门，在招聘网站上积极找寻新工作。当年她评价"好工作"的标准是：有食堂、有班车、风吹不到、日晒不到。很快，她把简历投递到当时信息科技产业如日中天的"DELL"公司，但因工作经历不符合要求，招聘部经过第一轮面试后就回绝了她。李安祺偶然得知"DELL"将举办大型现场招聘会，她再次去现场应聘，负责收简历的恰巧还是之前的招聘主管，对方第二次拒绝并告知她，别再浪费彼此的时间。

这番话点燃了"较真儿"的李安祺，她当即和招聘主管就如何界定自己的能力是否符合招聘标准展开争论。李安祺坚持要见用人部门的"领导"，引起众人围观，于是，招聘部破例安排业务经理给李安祺直接面试。

此时，李安祺遇见了她之后的"贵人老板"，面试过程中，李安祺讲述了她在村里组织 3000 多名村民进行村级民主选举、投票，并最终抗住压力选出镇里、村里都满意的村主任的过程。这和她面试的电话销售岗所需的抗压、进取、执着的特征非常吻合。于是，"贵人老板"特别给人力资源部发送邮件，为她做了入职担保，李安祺被破格录取。直到今天，李安祺依然感恩这位"伯乐"。

就这样，李安祺不但进入了和原来的工作完全不同的市场化运作的 500 强外企的环境，而且职业跨度也非常大。

李安祺回顾她在"DELL"的历程：人生第一次坐飞机，是拿到"DELL"的入职邮件后，从合肥飞厦门报到。当飞机在厦门的上空慢慢下降，她俯瞰湛蓝的海、那些红顶房子在夕阳下闪闪发光，这景象冲淡了她对未来的一切恐惧，让她终生难忘。

进入新公司，面对与之前完全不同的工作岗位与环境，她极度不适。这是一段脑力与体力都备受煎熬的时期，但安祺再一次以强韧的性格让自己在激烈的竞争中留存下来。

她随身带着一个小本儿，遇到不明白的就记下来；日常的英文邮件与单词，打印出来贴满家里的每个角落，随处可见、随处可学；她每天坐最早的班车，第一个到达工位、最后一个离开；她每天不是在打电话，就是在准备打电话；她每晚坐最后一趟班车回到家，进门就把爱人当成电话那头的客户，反复模拟销售过程。

功夫不负有心人。2003年底，她的"贵人老板"给人力资源部发了一封邮件——李安祺获得"亚太区2003年度服务器销售冠军"的获奖信，她是第一位获得此荣誉的中国大陆销售。李安祺用业绩回报了老板的知遇之恩。之后的日子，李安祺不断打碎、重组，不断自我否定与突破，用了5年时间，从一线销售做到华东区政府销售团队的负责人，平均销售业绩均在100%以上，名列前茅。2008年内部竞聘，李安祺去了"DELL"市场部，负责开发销售数据拓展和引流项目。市场部与销售部的工作内容完全不同，但李安祺第三次用坚韧、毅力和极强的学习、成长力胜任。

"安居乐业"的李安祺，盼着有个娃，但孩子迟迟未到。2012年，她偶然检查出卵巢长了囊肿。术后，她被医生告知，囊肿容易复发且子宫内膜环境差，受孕可能性极低，建议先增强营养、调理身体。于是，她利用周末，花了一年时间学习营养师课程，并在2013年考取人社部"中级营养师"资质，用学到的知识给自己和家人调整饮食结构，喝了一年汤药、坚持运动。虽然一直没有怀孕的迹象，但她从未放弃。

2014年，是李安祺人生的第二个分水岭。刚过完39岁生日的她得偿所愿，迎来女儿。李安祺恨不得付出一切，想做一个完美且周全的妈妈：一边坚持2年的纯母乳喂养，一边白天上班、晚上加班。即便每天只能睡四五个小时也毫不抱怨，为了有更多的时间照顾、陪伴孩子，她放弃了微软百万年薪的工作机会。

终于，在另一个重要时刻：李安祺意识到自己继续这样下去不过意味着再多赚一些钱，职位再升一些，这些确实非常美好，但她又一次听见自己内心坚定的声音，几乎没任何犹豫就选择了离开职场，离开"DELL"，回归家庭，做一个全职妈妈。和之前离开时的选择一样，她没有任何后悔。在她看来，**只要当时那个时点可以听到并遵循自己内心的声音，就一定没有错。**

"SOLO" 历程

李安祺就这样走上一个宝妈的"SOLO"之路，也开启了她的追求极致之路。

离职后，李安祺有时间调理、修养自己的身体，也有时间给孩子做更有营养的餐食。疫情期间，她在线和日本的日料大师学了三年日料。为了更好地与老师交流，她开始自学日语。孩子一上三年级就说课本都是新知识、太难学了，为了让娃理解"世上无难事只怕有心人"，年近半百的她做起了自己毫无概念的小红书博主。做博主的过程中，为了研究清楚短视频的底层逻辑，她开始看书、在网上学习导演的知识体系和技巧为了拍出更美的照片，她再次拿起相机、报了摄影技术提升班……

在这样随着生活的"流向"追求极致的过程中，她不只是随波逐流，而是同时在用这种方式拓展自己的能力和兴趣。经过努力，辞职后的她通过考试，获得了日本国际花艺协会中级花艺师（二级）资质。成为这样的花艺师需要至少完成2000次花束制作，每次制作一小时左右，按照每天工作8小时加双休计算，刚好是近一年的"工时"。

李安祺觉得花艺是一件特别美好的事：花是美好的，制作中会感受到过程的美好，制作完成也能感受到作品的美好，将作品送予他人，还可以传递这份美好。2018年，尤伦斯儿童艺术中心邀请李安祺定期在家长学校教授花艺兴趣课，广受好评。有了这段经历，辞职后，她将自己的兴趣和工作完美结合在一起，成立了自己的第一个**"日式古典花道＆现代花艺工作室"**。她先在小区的微信群里宣传，然后有更多邻居参与学习后，通过转介绍吸引了更多的人，这个群体很稳定，很多人也成了她的好朋友。除了给个人教学之外，李安祺还为企业的市场活动提供花艺服务，她会去上花艺课，并且给礼仪公司做花艺设计。渐渐地，她的收入达到了比外企还高的水平，更重要的是，这样的生活极富弹性，她有充足的时间陪伴、照顾孩子。

更有趣的是，李安祺惊奇地发现，现在的她，**渐渐将"随波逐流"习得的技能串联在了一起。**她用习得的花艺和园艺技能做家居软装、布置精美的生活空间，又用习得的摄影技巧拍摄，用研究所得的自媒体技巧在小红书分享——她的小红书ID就叫**"李安祺"**，并称自己为**"热爱生活的非勤奋博主"**；宝贝女儿时常作为"模特"出镜，在充满母爱的视角下尽享家庭的温暖。目前她有几千个粉丝，他们纷纷表示"这样的环境下生活感觉每一天都是美好的"，这是他们"梦中的家的

样子"。已经有家居和软装公司希望她植入产品广告做宣传，但李安祺单纯地希望小红书一直是自己的"心中净土"。她不希望内容是刻意创作出来的，而是真实生活状态的展示，她想将自己的内心和周围的环境糅合在一起去呈现。不断通过创作留住美好，也通过创作"自我催眠"，李安祺就这样简单地实现了自己的小梦想。

"SOLO"解读

你会发现，李安祺开始"SOLO"之后，"习得"的这些技能，不管是美食、摄影、花艺，还是自媒体，基本都可以概括为"生活美学"。**离开职场后，她发现自己越来越有发现美的能力，越来越爱这个世界。**她可以更加专注于一花一草的搭配，也可以在光影中感受生命的力量。更重要的是，这种发现美和热爱世界的能力，也在潜移默化中影响着她的女儿，静静守护着女儿的心灵。全家都受益于她因为感性而解放、因为追求极致而"习得"的经历。就像《月亮和六便士》的作者威廉·萨默塞特·毛姆说过的：**"一个人能观察落叶、鲜花，从细微处欣赏一切，生活就不能把他怎么样。"**

我问李安祺到底是因为什么凡事都要做到极致？李安祺给了我很意外的答案。她说，父亲是空军飞行员，很少在家。因为从小缺乏父爱，她的内心其实是脆弱的。她需要通过做事情获得称赞和爱，通过不断把事情做到极致而获得更多的情感支持。此外，毕业后第一次和自己挚爱的工作告别也对她

的"极致主义精神"影响深远。**就好像电路曾经"熔断"过一次，她越发懂得日后做任何事情都要全情投入，不要再留任何遗憾。**

我又问李安祺，妈妈这个身份对你有多重要？如果和你现在的工作做平衡，你的平衡点和边界会在哪里？李安祺毫不犹豫地回答，对于她来说，作为母亲，孩子优先永远是最高原则，她可以牺牲一切时间和机会，保证孩子处于最佳状态，而底线就是自己的健康无法支撑。从这一点来看，李安祺也是一位"追求极致的妈妈"。李安祺一直反思自己的初心，依旧是来源于自身的缺失：因为对自己的童年不满意，希望通过孩子的幸福获得代偿。更有趣的是，李安祺有个松弛、自洽的女儿。因为常常追求极致，李安祺时常会进入一种"紧绷"的状态中。每到此时，女儿就会说出一些温暖又让她释然的话，让她瞬间轻松下来。她深切地感受到，在不断给孩子付出的同时，自己也被女儿疗愈。

所以，不夸张地说，**李安祺的"SOLO"之旅是找回自己、疗愈自己的过程。**这个过程需要静下心来和自己不断对话、和解，再对话，再和解。当一个人被外界环境的起伏所干扰，当他急于追求世俗的金钱和地位，是无法完成自我疗愈的。

精神内核

"即便已经50岁，即便我的选择出了问题，重来就好。"对自己的选择负责，是李安祺最重要的内核。

李安祺认为，当已经做出自己的选择时，就要极致去做，把自己"拉满"。全力投入后失败了她可以接受，结局不完美也可以接受，但因为自己没有全力投入而未达预期是她不能接受的。

李安祺说，在做的过程中，还要不断自我审视。要勇于承认自己的问题，发现问题就停下来反思原因，然后再出发。这个过程"慢就是快"。这让我联想起水冻成冰的过程中，通过搅拌、施加压力排出气体，温度缓降，才能得到晶莹剔透的冰。

同时，李安祺也经历了一次重要的内核转变，即从**"选择做完美的自己"**转向**"选择做真实的自己"**。忘掉过去和未来，只活在当下，感受真实的生活状态，真实地表达、真实地爱。

笔者感受

李安祺是一位好朋友的闺蜜，也是九个案例主人公里唯一的妈妈。我花费很多笔墨介绍她的过往，就是因为她真实、鲜活，且具有代表性。

第一次访谈李安祺，她就陷入了深刻的自省之中，甚至很多内心的声音她的闺蜜都不曾知道。

李安祺告诉我，一位妈妈可能是为了孩子而离开职场，但也可能因此收获身心的富足；她还让我懂得，一个因为利己而出发的人，可能产生"主观为自己、客观为他人"的利他价值。

对于她两次重要的抉择，我的感受是，舍弃都是为了让自己更完整。离开工作七年的事业单位，换得不将就、不逆来顺受的"全然自我"的态度；熔断十六年的外企生涯，迎来在多彩生活和持家亲子的平衡中"怡然自我"的时间和空间。

或许独行的世界未必能给我们充分的自由，但有机会给我们最真实的人生。当我们接受了曾经的不堪、接纳了自己时常失意、看到了自己的弱点，就像在月球上探寻到了地球上永远看不到的"月之暗面"，从此就不会再在意阴晴圆缺。

这些也是我时常能在李安祺身上看到"少年李安祺"影子的原因。

印证关键词

"挚爱追寻"：找到可以让自己全情投入又乐在其中的事情，不以回报为目的，随心追逐。

"自媒体力量"：通过自媒体传播生活的态度，让其他人可以体会对事业和生活的理解，进而产生价值认同。

"家庭融入"：在家庭生活丰富的过程中，找到适合自己的事业机会，事业和生活就可以实现很好的融合。

"中年再出发"：审视自己人到中年最重要的是什么，舍九取一，以此锚定自己的下半生，聚焦于此。

4.7

自我救赎：抑郁症少女的金饰加工梦

晓晓（化名）是妥妥的"零零"后，祖籍河北，在京居住，今年刚刚25岁。从北京一所二流大学企业管理专业毕业后，晓晓和很多同龄的大学毕业生一样，陷入了找工作的"焦虑洪流"中。三年前晓晓刚毕业时，人才市场还没有如今这般焦灼，当时她找到了一份"食之无味、弃之可惜"的工作，获得了第一份收入。

但这份"鸡肋"工作经历也只持续了不到一年。因为原生离婚家庭的情感缺失，加上初入社会的压力，晓晓连续几个月睡眠质量极差，注意力很难集中，终日对任何事物都提不起兴趣，体重反而增长了近20斤。经过医院诊断，晓晓患上了重度焦虑症、中度抑郁症以及双向情感障碍。

晓晓不得已辞职，换取大量的休息时间，并通过药物干预治疗。经过半年的调整，晓晓的状态好了很多，不再需要药物干预。此时的晓晓，在北京租着房子，却没有分文收入。她为自己规划了几个出路：继续找工作、继续读研或考公务员。

结果，近两年过去，她依旧处于在家待业状态。因为缺乏很强的目标感和决心，她找过工作，遇到困难，就放弃了；她准备了三四个月的考研，也没有坚持下去；"考公"也是始终停留在计划阶段，没有实际行动。

就这样，晓晓像一个被社会抛弃的"边缘人"，无奈、无助，却又无欲无求。

起心动念

认识晓晓是因为她的叔叔。她叔叔在北京，与我相识。看到她的这种状态，他很担心。因为知道我有过创业导师经历，也能做一些心理辅导工作，就求助于我，希望"能不能开导她干点什么"，并愿意为此付费。我以公益志愿者的身份接受了请求，约好和晓晓在咖啡馆见面聊一聊。

晓晓如约而至，性格有些内敛，文静得和邻家女孩并无两样。我说明自己是她叔叔的朋友，受叔叔委托了解下情况，看能不能有合适的工作推荐给她。晓晓声音很小，彬彬有礼地介绍了自己的情况。

我问她，"那么，你现在是怎样的状态？有什么想法？"她说，"三条路"她都尝试过。虽然没有全力以赴，但似乎一开始就预想到了结果。即便找到工作，可能还是和第一份类似的"鸡肋"工作，在当下越来越卷的环境里，内耗和压力可能随时又会让她的疾病复发；考研是能让她安静下来的出路，但对学习能力一般的她来说，难度也不小。而且更关键的是，身边那么多同学毕业后就读了研究生，如今在毕业的时点依旧为找到一份工作发愁，这让她倍感犹豫；如果考公务员，大概率只能报考河北老家的岗位，而回到老家就要和她妈妈生活在一起，她又受不了她的妈妈天天对她的控制和唠叨。

她甚至尝试送过外卖，但没几天就因为体力不支生了一场病，不得不放弃了这种低门槛的辛苦工作。因此目前的她，每天躺在家里刷刷手机、看看书，随时可能睡着，没有方向，没有期望。而且因为微薄的积蓄早已花光，她基本靠着母亲的经济支持才能继续在北京待下去。

我问她，"想没想过改变？怎么改变？"她说，曾经想过，觉得一辈子不能就这样浑浑噩噩地度过。但不是被身体打败，就是被自己的精神打败，只能走一步看一步，继续留意工作机会。

我沉默了两分钟。觉得今天的咖啡出奇的苦。晓晓的情况应该不是个例，而是代表了一类社会现象。他们在家庭、社会的双重精神压力下无法找到出口，正逐步丧失对这个世界的期待和信念感。我把这个群体称为"**时代洪流里的滞留者**"，但这只是对这个群体性社会现象的描述，无意进行评价或批判。

"SOLO"设想

我问她，"那么，你有什么爱好吗？特别喜欢的那种。"她想了想说，好像也没有。运动、旅游、游戏这些她都没有太大兴趣。我换了种问法："或者，有什么是你做了就会非常开心的事情吗？"她想了想，说出了一个让我意想不到的答案："买金饰"。她说自己有五六十个戒指、项链之类的金饰，形态各异，没事就喜欢把玩它们。这些金饰未必多值钱，有的在淘宝上买的小金饰可能不足千元，但可能是很少见的款式。比起其他女孩喜欢美容、吃喝，她觉得的爱好反而做到了保值。

　　这很特别。**我继续深入了解背后的原因，原来她喜欢金饰的设计和制作工艺。**她告诉我，金饰加工有两种方式，一种是按照设计图纸纯手作打磨，那对匠人的手工能力有很高的要求，另一种是利用模具。模具又分传统雕刻模具和数控机床雕刻制作，前者是老师傅手工在钢或铝板上雕刻图案，耗时数天，后者精度更高，适合复杂花纹，但成本较高。然后还要制作硅胶膜，用液态蜡注入模具冷却形成蜡模，再将多个小件蜡模手工焊接到中心蜡棒（"蜡树"），蜡树反复浸入陶瓷浆料，形成耐高温外壳，烘干后脱蜡，黄金熔化后注入陶瓷壳，冷却后敲碎外壳取出金树，再从金树上剪下金饰，用锉刀、砂轮去除毛刺，最后进行抛光和电镀，成品金饰才算完成。

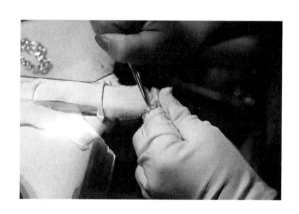

　　她非常喜欢看制作金饰的视频，也在一些工作室体验过部分环节，能把方方的金块打造成一个个栩栩如生的金饰，她觉得这是非常美妙的过程。这也是她喜欢收藏金饰背后的原因。因为很多金饰是手工打造，有些是限量款式，更让她感觉珍贵。

　　我是第一次听人给我讲金饰的制作过程，也觉得非常有趣。看到她洋洋洒洒地讲这些的时候眼里有了光，这让我感到意外欣喜。我说，"你这么喜欢金饰制作，**没想过自己从事金饰加工吗？**"她愣了一下，或许这曾经是她的想法，或许是觉得我问到了她想过的事而感觉意外。她说确实想过，但感觉只能当作业余爱好，而且在别人看来比较"败家"。但我不这样想。我鼓励她，喜欢的事情就去做，别人怎么看不重要。但我想知道这个方向会有哪些阻碍。她说，除了设计和工艺的难度外，模具就是个不大不小的障碍。这种模具要么费人力要么费机器，成本都不低。核心问题是没有规模。比如一枚金戒指的钢模成本约5000元，生产1000件单模成本低至5元/件，但生产100件则高达50元/件。如果只是自己做几件，也要承担5000元的开模费用，成本无法分摊，这样就确实是"烧钱"的爱好了。

我引导她，**既然找到了障碍点，就去想办法解决**。如果能分摊成本，费用就能降低，那是不是可以寻找更多的"同好"来一起分摊？比如和一帮也爱好金饰加工的小伙伴一起就一个设计稿来"众筹"制作一个模具，不就可以大大降低每个人的模具成本？再延伸设想一下，假设有10个小伙伴，依旧是那5000元的模具，由你来负责与模具生产厂家沟通采购以及协调10个小伙伴，模具生产出来后共享使用，每个小伙伴收取600元（含500元成本和100元服务费），这个价格每个人都可以接受，那么你就能获得1000元，也就是20%的利润。解决了这个成本障碍，大家就可以专注到后续都很喜欢的手工工艺过程中。如果日后成品在网上晒出来，有网友喜欢，依旧可以继续手工制作，那么额外产生的收益就可以由参与众筹的大家继续共享，这不就是一个对多方都有利的商业模式吗？

她听得很专注。或许是从未将自己的这个"烧钱"的爱好和"赚钱"关联起来过。她觉得这个想法是可行的。但哪里找到志同道合的小伙伴？我建议她去社区、论坛，甚至在电商网站的评论区里筛选、转化，也可以在小红书上发布自己的金饰照片、介绍及制作过程，来吸引同类人群。等积累了一定群体，就可以设计一个模式让大家来一起共享资源，未来还可以联合多个一人工作室发布作品。

她渐渐接受了我的建议。接下来的一小时，她几乎都在和我讨论这样一个模式落地的可能性和方法。最后我建议她为这件事设计一份商业计划书，把自己的目标、想法和过程都定义出来。她充满热情地欣然表示同意。

最后离开前，我告诉她："这是一次小型的一人创业，也是一次自我救赎。创业需要资金、需要时间。但当你有了目标，有了为之努力的动力，哪怕失败了，从收获一个更健康完整的自己的角度看，也是值得的。假设投入十万元，即便全部损失了，但能让自己成长，变得积极乐观，身体状况也会改善。这总好过有一天抑郁症复发，拿这十万元去看病。这样看，无论结果如何，你都是成功的。"

笔者感受

这是一个和其他8个案例不同的案例。

首先，为了保护主人公的隐私，用了化名。

其次，这对她来说，只是一个经我引导产生的"设想的机会"。但我只通过几个问题，就让她眼里有了光，有了行动的动力，也看到了自己生存的可能性。我后来听她叔叔说，她现在沉浸在金饰加工的事情中，好像找回了自己。虽然还没有产生收入，但我相信在热爱的持续浇灌下，获得收益只是时间问题，彻底摆脱疾病的困扰也是迟早的事。

晓晓是勇敢的，在有如稀泥的生活中，她还可以打捞出那块属于自己的"金子"，珍视它、相信它，保护它。有一天当她走出泥潭，这块"晓晓"的"金子"，将成为她对生活的希望和对生命热爱的永恒记忆。

4.8

逆袭的"不安分份子"：从小镇高考落榜生到独立知名品牌专家

楚学友生于1978年，读过"技校"，进过工厂，在部委工作过，央视工作过，也在同仁堂做过高管，西贝餐饮做过副总裁，现为独立品牌声誉顾问。简单的职业经历就能勾勒出一条并非直线的人生轨迹。

　　楚学友出生在湖北一个大型石油企业的普通双职工家庭，从小父母陪伴很少，常年处于放养状态。成绩滑坡后，他去技校读高中，高考仅考了296分，无缘大学，和很多石油职工子弟一样进了工厂，先后做了车工和业务员。但楚学友并没有沿着父辈稳定的轨迹走下去，自幼喜欢听广播、看书的他，一次偶然机会与他喜欢的传媒事业结缘。

　　做了一年业务员后，他因热衷于写作、投稿，被调到宣传部门，又因接待一次采访，接触到小镇的电视台，成为一名记者。从此楚学友时常出镜，成了十几万人口小镇的"名人"。这期间他不忘进修，一边工作一边自考获得大专学历。通过工作的转变找到自己喜爱的领域后，他也没有就此安分下来。

　　一次单位委派学习的机会，让楚学友来到了北京。这座大都市让小镇青年大开眼界，也激发了他更强的求知欲。楚学友果断辞职，脱产就读北京广播学院（现中国传媒大学），从新闻学本科读到文学硕士，就这样，在工作三年后的六年求学之路，弥补了楚学友高考落榜的遗憾，也让他系统地学习了自己感兴趣的专业学科。不仅如此，热爱学习的他还获得了中南财经政法大学经济法法学学士和香港大学中国商业学院整合营销传播研究生学历。

　　毕业后，楚学友落户北京，进入部委，在原国家安全生产监督管理总局工作，参与了多起全国重大灾难现场的报道和处置工作。部委的工作或许是很多人梦寐以求的归宿，但面对可能的晋升和福利分房的机会，楚学友又辞职了，还为此支付了2万元违约金。

　　此时已是2010年，辞职后的楚学友进入一家做玉米油的快消公司，从此开启品牌营销之路。在同仁堂、呷哺呷哺等知名企业任品牌总监后，他一路做到西贝餐饮主管市场的副总裁。然而，光鲜的职位、丰厚的薪水仍无法让楚学友安定下来。经历了他服务最长的西贝餐饮四年职场生涯后，他又在众人的唏嘘声中辞职了，这一次开始了一人独自创业的时光。

　　这是楚学友第一次试水一人公司，更像是事业转折点的调整期。创业方向是他接触并感兴趣的教练技术，给三家企业做商业教练。因缺乏创业经验，现金流遇到很大挑战。此时，中国知名社区餐食连锁品牌锅圈食汇向他伸出"橄榄枝"。其拥有超 8000 家店、更大规模、更高效的运作模式吸引了楚学友，他再次以资深品牌职业经理人身份出任锅圈首席营销官。后又放弃了有上市预期的锅圈，加入网红餐饮陈香贵任首席营销官。这是他最后一次职场经历。楚学友丰富的职场经历，更像是将自己的时间作为投资，换取丰富多元经验回报的"投资人"的经历，其简历就像多个品牌的"LOGO 墙"。当他认为自己羽翼丰满时，便正式开启一人公司的征程。

"SOLO"经历

2023 年，楚学友创立**"友声誉"**品牌顾问公司（亦为其微信公众号名），没有选择"大而全"的品牌服务，而是通过做减法选择了品牌营销过程中他最有经验、大公司也往往很难做到位的"危机公关"作为自己事业的切入点。随着互联网传播带来的品牌"黑天鹅事件"越来越多，危机公关的需求日益旺盛。楚学友以系统化的知识体系和实战经验为企业授课，在危机事件来临时，以品牌陪跑顾问的角色帮企业"救火"，处理不当热搜事件，减少对品牌声誉的负面影响，被戏称为"热搜拆弹专家"。此外，楚学友还把系统化的知识体系以文字的形式输出，撰写并出版了人生第一本书《**危机公关实战手册**》，进一步提升了个人品牌影响力。

楚学友的另一个身份是**"正念领导力"**的培训师和教练。正念领导力在中国是较新的教练项目，旨在引导受众以开放、接纳和专注的正念协助职业经理人对抗焦虑和压力，更有效地领导团队、做出决策和应对挑战。楚学友通过三四年的学习，获取了正念领导力全球认证。在中国，只有约 200 名正念教练，其中百分之八九十是为医院和大学服务的，为商业赋能的只有二三十位，楚学友就是其中一位。

正念领导力课程在西方已经有 30 年历史，在中国本土培训师出现之前，一直以西方的培训师飞往全球服务类似壳牌、宜家这样的跨国企业为主，因为疫情期间这些培训师无法来华授课，给了中国正念培训师成长和商业化的空间。楚学友服务的也大多是大型企业，每个训练单元大概 4 个小时，基于一个客户定义的主题引入正念冥想、身体扫描、正念行走、正念沟通等模块进行有机地组合，让客户可以切实体会到正念带来的从思想到身体的变化。

楚学友的一人公司就像"一体两翼"的飞机，"危机公关"和"正念领导力"就是他的两个"机翼"，都带给他不错的经济收益和个人满足感。虽然在不到两年的运营中，经济回报还远不及原来职场高管的收入水平，但从另一个视角看，因为单位时间内产出性价比更高，楚学友得以节省大量的时间陪伴家人和研发产品。

在楚学友看来，家庭是生活里非常重要的元素，应该给予足够多的时间。他也非常感谢他的太太，创造了家庭里最为稳定的经济来源，让他可以自由地做自己想做的事情，不焦虑，不内卷，心无旁骛地享受生活。面对孩子的教育，楚学友一直倡导以父母强健、稳定的人格和更大的心量，自然"浇灌"出同样具有"强内核"的孩子。一旦孩子拥有"强内核"，家长就应给予尊重、放手，赋予孩子更多自主权，避免将孩子丰富的创造力、好奇心被固定的条条框框所扼杀。

当他有了更多的时间陪伴孩子，这种"灌输"就变得潜移默化起来。孩子在父亲身边，看他录制自媒体，亲历父亲写书的过程，了解他所从事的事业，慢慢对生活和事业就有了不同的理解。夫妻感情也因为陪伴增多而更加深厚，有时楚学友甚至会陪太太出差，在"移动办公"中，一起体会其他城市的风情，反而让奔波的差旅增添了家庭的温情元素。

"SOLO"解读

楚学友对一人公司有着非常系统的理解。

作为资深品牌人，他对于个人品牌非常重视，他说，**"个人品牌是我一人公司的'基本盘'"**。他认为出书是建立和深化个人品牌最有效的方式，也是把一个研究目标更系统化梳理的过程。目前，他正在策划他一人公司运作两年内的第三本书，保持着持续稳定的输出。在他看来，这如同企业持续的品牌传播，持之以恒就能产生非线性的结果。

自媒体也是不可缺少的部分。视频号（"楚学友解危机"）、小红书，都是他向外传递信息、输出价值的重要渠道。他甚至能把两个传播渠道有机地结合起来，在写书的过程中和网友互动，获取灵感和不一样的视角。

楚学友还有一套业务形态组合理论。**从收益角度看，单一的收益模式会削弱一人公司收入的持续性。因此需要设计一套体系来支撑持续的收益。**

危机公关的企业内训课程客单价最高，也是专业打磨最充分的，但因为是 to B（面向企业）业务，存在很高的不确定性和不可持续性。

将这个课程向下延伸，在线下通过危机公关工作坊的方式面向个人进行授课，客单价就降至原来的五分之一甚至十分之一，在几千元到一万元不等。这样 to C（面向个人）的业态抵御了 to B 业务的一部分风险，但依然存在客户的基本流量盘不足的问题。

解决基本流量盘问题的方法是进一步下沉。通过把危机公关的书籍转化为高度产品化的课程在线上销售，客单价就可以降低至几百元，受众群体也会因此增加更多。

"客单价几万到几千再到几百"，这样的业务下沉实现了 to B 和 to C 的互补，形成了不同客单价的"产品矩阵"。实际效果是"反过来"的——从底层"百级"产品更为广泛的客群基本盘获取流量，然后向上转化到第二级"千级"产品，以及转化到第二级客群所任职企业的第三级"万级"产品变现。

对于成立一人公司不到两年的楚学友而言，这样的体系化经营模式仍在不断打磨和实践中。但他认为，只有经过体系设计和持续实践，才能实现优化。**曾经的假设要不断被自己推翻，"边打边跑边找路"才是最优解。**

楚学友还认为一人公司需要若干"系统"支持。

由于一人公司缺乏团队中的即时被动接受反馈机制，因此需要建立自己的"反馈系统"：自媒体、访谈、互动都有主动获得反馈的作用。

一人公司还要建立"意义系统"，要思考"终极的意义是什么"，并以此来支撑形成做事情的闭环；还有"平衡系统"，是将家庭和事业，健康和财富放在天平的左右两侧来进行衡量，以平衡为"满分"，而不是以天平的某一侧的倾斜为满分依据。

精神内核

楚学友的精神内核是"不安分"。他把职场的经历看成自己人生体验的一部分，在尝试了各种类型的企业后，形成自我认知，深刻地理解自己要的到底是什么。一次次逃离舒适区，一次次迎接全新的挑战，都是为了自己可以独当一面地开展工作。当人停留在某个组织或者某个状态里，自我革新的速度也就被这个企业的创新能力上限所限定了。

不安分的背后是极强的"自我探索欲"。通过面对不同的环境、不同的挑战，挖掘自己更多可能性，才能遇到那个更优秀的自己。如果我们只探索到自己的三成就此止步，我们的生命也只会停留在三成的广度，无法继续拓宽。古希腊哲学家苏格拉底说："我唯一知道的是，我知道自己不知道。承认自己的无知，才是最大的智慧。""不自知"又停止自我探索的人就像永远生活在牢笼里。

笔者感受

和楚学友相识，是因为陈果（本部分最后一个案例主人公）。微信群里引荐后，十分钟就约好了访谈。由此能感受到楚学友极强的行动力和分享精神。

和楚学友的沟通也是很顺畅的，有一种如沐春风的感觉。他的经历丰盈又待人谦和，他的观点直接又深刻。我心里想，这大概就是一个资深品牌人独有的魅力吧。

楚学友也给了我个人很大的启发。我们的经历有很多相似之处，不安分的小镇青年也是我前半生的画像。但在职业发展的后期，他对外传递的形象极其深刻，个人品牌意识极强，且成果斐然。在我看来，他的"基本盘"是他的个人品牌，专业能力、产品、价值，不过是这个"基本盘"的外化部分罢了。

提到对其他做一人公司的伙伴的建议，楚学友不假思索地说，**"不要过来"。**想获得自由的心智和丰厚的回报，就要承担到达路上的一切。如果你没有准备好，不妨准备好再出发；如果你半路发现自己不适合，放弃也未必是坏事。就像他在做的"正念领导力"所宣导的，要时刻有一颗积极向善、自我成长的心，又要不断完成一个又一个挑战，才能达到圆满的状态。

我们都仍在路上。

印证关键词

"重新定义工作和生活的关系"：家庭和事业、健康和财富是不可分割的整体，融会贯通，彼此平衡，才是最佳的个人状态。

"定义你的'独一无二'"：通过看似不相关的两个或多个领域的"标签"，实现自己的差异化策略。

"自媒体"：一人公司的"基本盘"是个人品牌，而自媒体是建立个人品牌的最佳途径。有目标、有计划地建设和实施，将在商业回报上有所收获。

"持续学习"：持续与外界交换能量，通过学习保持自我更新。

"勇于'关张'"：时刻保持开放、冷静、客观的态度，正视困难与不足，谨慎决定出发，敢于适时放弃。

4.9
"知天命"后的"入世"："行业顶流大咖"转做知识开源

1971年出生于西南小城的陈果，从小就是"别人家的孩子"；进入职场后的他，三十年后是妥妥的"行业意见领袖"。这个光环背后，是一份中国顶级职业经理人的履历：

- 1992年毕业于复旦大学管理科学专业，2002年获得香港大学MBA学位；
- 1992年至1999年任职中国工商银行；

- 2000年进入中国惠普有限公司，做到供应链管理课题首席顾问；
- 2004年加入中国IT咨询行业黄埔军校"汉普咨询"，任联合创始人兼副总裁；
- 2008年加入国际商业机器（中国）有限公司（IBM），任全球商业服务部（IBM GBS）副合伙人；
- 2014年任怡安翰威特（Aon Hewitt Consulting）全球合伙人；
- 2017年任国际商业机器（中国）有限公司全球商业服务部（IBM GBS）执行合伙人；
- 2019—2023年，创立了波士顿咨询（BCG）Platinion中国区业务并任董事总经理，兼BCG数字化优势咨询大中华区核心领导人。

不夸张地说，IT咨询领域的从业者几乎没有人不知道陈果的大名。从业务战略到运营转型、从组织变革到数字化转型和信息化实施的咨询服务，千百个里程碑式的项目都留下了他勤奋的身影。他个人在代表职业最高成就的同时，也见证了IT咨询行业20年的发展历程，陪伴了这个赛道的IBM、BCG等外企从欣欣向荣到如日中天。

陈果的人生看起来是大多数人都期待的从名校到名企，从基层到高层，享受高职高薪、高社会地位的"直线模式"。当然这也被社会戏称为"千军万马过独木桥"的模式，也意味着最高的淘汰率。陈果是这个淘汰赛里的"王者"。

但就是这样一个"王者"，在2023年秋天的某个下午，突然以公开信的方式和过往告别，宣布自己即将开启全新的职业道路，以一人公司的方式从事一项前无古人的"知识开源"运动。

起心动念

被问到为什么会离开公司平台，陈果首先表达了一个咨询人的初心。他说，咨询就像企业的医生，医生本身是不希望患者生病的，而是在疾病即将或已经影响病人健康的时候，要给予最专业的支持和救助，因而每个人都健康才是医生的初心。咨询人也一样。准确讲，"咨询是为了不咨询"。而当咨询产业以商业和资本为第一逻辑时，作为咨询公司合伙人，工作的本质就成了"超级销售"，不断地如空中飞人一样往返全国甚至全球各地，拿下更大、更多的订单；在既有客户中，不断地"拱生意"，让客户持续付费。在这样过度商业化的环境下，咨询不断偏离了陈果的初心。

而且，和大多数职场现状一样，在咨询公司里，内卷和内部斗争同样存在。越是高阶经理人，越要付出比普通经理人更多的时间和精力来对抗这些拉扯的力量。

与此同时，陈果感觉身体状况也发生了一些变化。不但十年前有过一次抑郁倾向，影响了工作生活，2023年更是因为工作压力和代谢紊乱，体重达到了近两百斤，身体开始频频告警，不堪重负。

在这三种"熵增"影响之下，陈果下定决心放弃了高薪工作，去寻求不一样的人生。

当然，职场造就的顶级成果也给了他底气。有业界顶级的咨询能力，有不会因为生存而有压力的经济储备，有"六便士"，也有"月亮"，陈果就像查尔斯·斯特里克兰德（英国作家威廉·萨默赛特·毛姆著作《月亮和六便士》主人公）一样蓦然转身，开启了人生新的篇章。

"SOLO" 经历

陈果的"月亮"是**"企业知识开源"的公益事业**。这是一个前瞻性的项目，希望为中国的企业服务行业，包括企业自身的管理提升和数字化转型，以及围绕这个目标的管理咨询、企业软件、企业培训、业务流程外包、IT服务等产业链发展提供重要的支持。通过避免在价值创造和业务创新过程中，由于价值链各方的知识底层内核不一致而造成"重复发明轮子"的问题，可以提高对知识认知的一致性，进而提高沟通效率，促进行业规模性发展。

这也和陈果的自身习惯分不开。他是圈内自媒体产量最高的创作者之一（微信公众号&视频号ID：陈果George）。笔耕不辍的他，随时会利用碎片化时间，输出几千字的高质量专业文章。离开公司后，他还开始尝试短视频和直播——陈果认为在公司工作时不便于开展这些"抛头露脸"的网络活动。他依旧保持"高质高产"的状态，圈粉无数。事实上，在系统化进行知识开源工作之前，他已经作为行业 KOL（Key Opinion Leader 的简称，意为关键意见领袖）成为一位广受瞩目的企业知识传播者。

陈果的"六便士"是**给企业按需做咨询**。陈果奉行"医不叩门"的原则，他原则上不主动去获客，仅对更了解的企业按需解决他们的问题。就像微信秉承的"用完即走"理念，"需要时我就在"，陈果用丰富的咨询经验，以最小的时间代价，对企业关键节点的问题给出建议。**在咨询投入上，陈果希望少而精，以价值为导向而不是以收入为导向输出自己的专业能力。**

有时客户约定好月费的服务机制，但服务一段时间之后没有再主动邀约他，他就视同企业已经解决了问题不再需要他这个"企业医生"，也就不再主动打扰企业，并为企业能够因他而变得更好感到开心。正如他对咨询本质的理解，或许这对他才是最自洽的状态。

"SOLO"解读

截至目前，陈果已经独立运作一人公司近十五个月。这段时间，他的时间分配一直很稳定：三分之一时间做咨询顾问、管理培训，获取维持个人生活水平的现金流；三分之一时间投入没有直接现金收入回报的企业知识开源事业；三分之一时间经营自己的个人品牌，持续输出知识。用他在自媒体中的总结来说，**"过去这一年，是我平生第一次可以根据自己的意愿来分配时间。"**

他说，自己终于从几十年"欠债"的生活方式中解脱出来："过去每天早上一醒，第一件事情就是在手机上查看当天的日程安排，感觉有还不完的债：欠公司的债，欠客户的债，欠其他合伙人的债，欠合作伙伴的债，欠团队同事的债……每笔债都得还，旧的还完，新的又欠下，周而复始，生生不息。"现在的他感觉好极了，突然不用还债，就有机会慢下来，重新评估、盘点最核心的资产——他"自己"。

对于一人公司产生的直接现金收入和公司稳定收入的比较，他并不太在意。他简单算了一笔账，在职场时，作为合伙人的薪酬收入很大一部分其实是团队成员创造的，这就是咨询公司的人员资产杠杆机制，他对他们是类似抽取"税收"的形式。同时，他自己直接创造的收益，也以类似"税收"的方式上交公司。这两块相抵，他的年薪可能也是他做一人公司产生回报的"极值"。但现在他投入有经济回报的工作的时间只有三分之一，因此收入刚好是原来的三分之一，也就合情合理。但这并不意味着其他的三分之二没有价值，只是不以收入的形态体现而已。从企业管理的角度看，他的"资产"利用率并没有降低，资产回报也没有缩水。

作为资深顾问的陈果，还向我提出一个以专业服务输出为主要形态的一人公司商业模式框架：

$$收入＝单位时间单价×服务时长×倍增器（杠杆）$$

他认为可以加杠杆的方式，可能是专利带来的授权费、也可以是将最佳业务实践包装成产品（如软件）形成的软件分发收入、还可能是知识付费带来的类似版权的费用（包括出书）等。选择了适合自己的"倍增器"，就知道了自己在专业服务领域可达到的收益"天花板"。自己在这个范围内自行调节即可。

精神内核

对于一个五十岁出头的人来说，陈果在这个"分水岭"深刻体会到了孔子所说"知天命"的意义："对世相万物已经有了深入的体味和洞察，开始相信自然规律和命运，逐渐放下年轻时的美好幻想，做事情不再追求结果，对个人荣辱已经淡然，能够较为平和地接受生活中的各种情况。"

和很多一人公司的创立者一样，陈果也有自己对"乌托邦世界"的精神追逐。他认为，每个人的"带宽"是有限的，要做足够有价值的事情，最终的评价方式就是要对这个世界产生深刻的影响。而有影响的事情未必是有短期收益或显性回报的，可能是利他的，可能是前瞻的，可能是不被理解的。但只要遵循内心，遵循价值规律，就是值得的，就能让自我不断成长。

一边隐退，一边进取。用陈果的一句话概括，他认为这是"入世"，绝非"避世"。

陈果也有足够的宽容之心接受非议。对于引起诸多关注的"大咖"而言，一个声音产生，就会有其他声音随之发出，或分流吸引力，或彰显自我。对于自媒体和现实生活中不断出现的不同声音，陈果大多积极面对，不打压对方，不自我怀疑，而是以严谨的态度去伪存真，还原"真相"。对于没有标准答案和结论的问题，保持开放、包容、理解、体会的态度，甚至将其内化成自己成长的养分。宽容的背后是对价值的笃定和对自我实现的无限追求。

从专业角度审视，陈果是深刻的、厚重的；从精神层面看，陈果又是简单的，如孩子一样透明、赤诚。这或许才是这位大咖的独特魅力。

笔者感受

陈果是我前半程职场的同行，我们曾拥有高度重合的圈子。在这个圈子里，陈果是我无法望其项背的存在，我也因为"陈果们"的存在而不断进取，日益精进。

直到有了更多互动，尤其是在他独自创业之后，我发现了另一个"陈果"。这个陈果渐渐主动褪去了曾经的光环，变得真实、鲜活。他热爱分享，喜欢文字，思路敏捷，语速很快。他接受新鲜事物的能力不亚于年轻人，这让他眼里一直有光。

我听到过这样一句不知出处的话，**在科技交替的重大变革期，唯一不变的常青技能（evergreen skills）是：写作、演讲、营销、销售。任何一项专业技能搭配这四样，都是无敌的。**这种组合在陈果身上体现得淋漓尽致：陈果是笔耕不辍的文字工作者，是管理专业畅销书作者，是传递知识的老师，更是善于传递自身价值的营销高手和获取商业机会的销售达人。更重要的是，他有一个专业领域的"基本盘"，而且把这个基本盘做到了极致。那么我有理由相信，接下来的人生是他可以驾轻就熟、恣意享受的"下半场"。

独行的队伍里，有陈果同行，与有荣焉。

印证关键词

"重新定义工作和生活的关系"：清点"资产"，以最平衡且自洽的方式重新定义生活。

"中年再出发"：人生下半场，最重要的事未必是最赚钱的，也未必是别人眼里最认可的，内心笃定才能砥砺前行。

"试着加杠杆"：专业服务人员的杠杆是倍增器，可以突破时间的障碍，带来更丰厚的收益。

"自媒体的力量"：以自媒体实现价值传播和价值变现，持续、稳定的输出，带来更大影响力。

"粉丝与私域"：用心经营自己的粉丝和私域群体，以专业精神传递知识和态度，"粉丝即客户"。

"健康养成"：自身健康是可持续性成长的先决条件，身体的任何信号都不容忽视，努力将身心调整到最佳状态。

寄 语

独行路上，
与你同行

有人说，人的一生之中，命运往往共通的有三次转折点：原生家庭，伴侣，觉醒的自己。如果有了优越的家庭，如意的伴侣，那是你的幸运；如果没有，就一定要唤醒那个强大的自己。

深以为然。

这也是一个回归自我的过程，也是从家庭的众人到夫妻的二人、再到自我的一人的减法。但一人并不意味着孤独，真正的孤独往往在川流不息的人群里，在狂欢放纵后的空虚中。当你觉醒，更懂得生命的宝贵和自我的独特，就会更懂得舍弃不必要的干扰，更懂得专注凝练于你的热爱，更懂得世间万物的规律和自我作为万物之一的存在意义。

一人公司的创立和经营过程就是我"自我唤醒和回归"的过程。

有人曾好奇地问我，这些年你做一人公司带来的变化是什么？我回答说：省了不少钱，身体好很多，家庭关系好了很多，而且因为不做自己不想做的事，不参加不想参加的应酬，时间也多了很多。最重要的是，你会活得非常"真实"。当我下意识地说出这些话，尤其是"真实"二字脱口而出时，我的身体"麻"了一下。

"真实感"或许就是我对自己存在的意义的定义。

但在我没有开启这段旅程之前，我并不知道什么是真正的"真实感"，也不清楚它对我意味着什么，更不知道它和我存在的关系。

直到有一天，我感受到走进自然、攀高远望是我生命的一部分需求而非消遣；我发现手机里不知何时录制了大量雨声、蛙鸣、鸟叫、虫鸣、踏在枯叶的脚步声；我体会到每次在校门口翘首以盼，和放学的孩子四目相视那一刻的满足，以及此刻聚气凝神地像打造一件手工艺品一样斟酌着每个字句，我才感觉到我的真实是无法磨灭的。有如法国作家加缪在《西西弗神话》中所说，世界的本质是荒谬的，但人可以通过"清醒地活着"赋予生命意义。

这样在一个充满不确定的世界里，在一个不断被颠覆的时代中，你仍能笃定自己最真实的体验和感受，并以此为基础，与他人、与时代对话。如果每个人都可以如此过活，在我看来，这应该就是个体的最大繁荣。

庆幸我是其中一员。也万幸在这本书的写作过程中，找到了诸多的同路中人，听到他们浓缩数年甚至半生的故事。就像一段目标相同、路径不同的旅途中，偶遇的第一眼就"秒懂"彼此的伙伴，微笑、击掌，再各自出发。我们知道，这路上，我们都在，真实且快乐地活着。

上路吧，成为那个你应该成为的自己。

（对本书的建议以及相关疑问、困惑或案例分享，可通过邮件 solomaker@solourwork.com 或微信视频号、小红书"日咖夜酒李教头"留言与我联系。谢谢！）

参 考 文 献

[1] 阿尔伯特·哈伯德. 致加西亚的信 [M]. 赵立光，艾柯，译. 哈尔滨：哈尔滨出版社，2004.

[2] 吉野源三郎. 你想活出怎样的人生 [M]. 史诗，译. 海口：南海出版公司，2019.

[3] 鲍伯·班福德. 人生下半场 [M]. 杨曼如，译. 南昌：江西人民出版社，2004.

[4] 罗伯特·西奥迪尼. 影响力 [M]. 陈叙，译. 北京：中国人民大学出版社，2006.